O DESTINO DE UMA NAÇÃO

ANTHONY McCARTEN

O DESTINO DE UMA NAÇÃO

COMO CHURCHILL DESISTIU DE UM ACORDO DE PAZ PARA ENTRAR EM GUERRA CONTRA HITLER

Tradução
Eliana Rocha
Luis Reyes Gil

CRÍTICA

Título original: *Darkest hour*

Preparação: Andressa Veronesi
Revisão: Isabel Cury e Huendel Viana
Diagramação: 2 estúdio gráfico
Capa: Adaptada do pôster do filme

CIP-BRASIL. CATALOGAÇÃO NA PUBLICAÇÃO
SINDICATO NACIONAL DOS EDITORES DE LIVROS, RJ

M429h

McCarten, Anthony
O destino de uma nação: como Churchill desistiu de um acordo de paz para entrar em guerra contra Hitler / Anthony McCarten; tradução Luis Reyes Gil, Eliana Rocha. – 1. ed. – São Paulo: Planeta, 2017.

Tradução de: Darkest hour
ISBN 978-85-422-1199-3

1. Churchill, Winston, Sir, 1874-1965 - infância e juventude. 2. Primeiros ministros – Grã-Bretanha – Biografia. I. Gil, Luis Reyes. II. Rocha, Eliana. III. Título.

17-45300
CDD: 923.241
CDU: 929:32(410)

2017
Todos os direitos desta edição reservados à
EDITORA PLANETA DO BRASIL LTDA.
Rua Padre João Manuel, 100 – 21º andar
Ed. Horsa II – Cerqueira César
01411-000 – São Paulo-SP
www.planetadelivros.com.br
atendimento@editoraplaneta.com.br

SUMÁRIO

INTRODUÇÃO

Ao longo dos anos, minhas estantes guardaram alguns volumes sobre os "grandes discursos que mudaram o mundo". A tese desses livros é que esse feito questionável foi alcançado muitas vezes nas condições adequadas: palavras oportunas ligadas a uma ideia oportuna e proferidas por uma pessoa oportuna e brilhante.

Nessas antologias eu podia encontrar no mínimo um discurso de Winston Spencer-Churchill. Muitas vezes dois ou três. Eles soavam levemente antiquados com seu talento como artífice das palavras próximo da pomposidade, no entanto, continham frases requintadas, expressões soberbas, que se tornariam memoráveis por mil anos, tanto no passado quanto no futuro.

Quando me tornei estudioso dos discursos de Nehru, Lênin, George Washington, Hitler, Martin Luther King e outros, alimentei minha admiração pela arte da oratória e pelas cascatas de palavras desses homens. Eles tinham o poder de traduzir o pensamento não expresso de um povo, de galvanizar emoções díspares em um *locus* de paixão compartilhada capaz de fazer do impensável realidade.

O que me surpreendeu em Churchill foi que ele escreveu três desses discursos em apenas quatro semanas. Para ele, maio de 1940 foi um período de grandiloquência inspirada. E fez tudo sozinho.

O que aconteceu nesse momento que o estimulou a essas alturas? Que pressões políticas e pessoais o compeliram, três vezes em poucos dias, a transformar carvão em diamante?

A resposta? A Grã-Bretanha estava em guerra. Os horrores da *Blitzkrieg*[1] viram uma democracia europeia após outra cair em rápida sucessão sob as botas e bombas nazistas. Diante desse horror, com uma caneta na mão e uma secretária à disposição, o novo primeiro-ministro britânico se perguntava que palavras poderiam despertar o país e levá-lo a uma resistência heroica quando a invasão de um terrível inimigo era iminente.

Este livro e o roteiro do filme *O destino de uma nação* [*Darkest hour*, 2017] nasceram dessas questões e desse fascínio. Seu objetivo é analisar os métodos de trabalho, as qualidades de liderança, o pensamento e os estados psicológicos de um homem nesses dias críticos – um homem que acreditava, no âmago de sua alma poética, que as palavras importam e podem interceder para mudar o mundo.

Minha pesquisa inicial me levou a focar no período que vai da inesperada promoção de Churchill a primeiro-ministro, em 10 de maio de 1940, à quase completa evacuação do exército britânico em perigo de Dunquerque (que sinalizou a iminente queda da França), no dia 4 de junho – data em que ele proferiu o último discurso de sua trilogia retórica.

Os Arquivos Nacionais me proporcionaram um instrumento de pesquisa vital: acesso às atas das reuniões do Gabinete de Guerra que Winston chefiou durante esses dias sombrios. Elas lançaram luz sobre um raro período de incerteza em sua carreira, um abalo em sua estável liderança. Pedestais servem a estátuas, não a pessoas, e uma cuidadosa leitura das atas revela não apenas um líder em dificuldades, sob ataques de todos os lados e às vezes inseguro sobre que direção tomar, mas também uma história que eu ainda não tinha ouvido: de um Gabinete de Guerra que, se tivesse feito um acordo de paz com o inimigo, teria mudado a face do mundo para sempre.

1. *Blitzkrieg* ou "guerra-relâmpago" foi uma tática militar alemã que usava forças móveis em ataques-surpresa aos inimigos com o intuito de evitar que tivessem tempo de organizar sua defesa. (N.E.)

Winston chegou verdadeiramente perto de fechar um acordo de paz com Hitler? Perigosamente sim, eu descobri.

A questão que se colocava àquele Gabinete de Guerra – que em 1940 se reunia inicialmente no Almirantado (uma curta caminhada pela Whitehall partindo da Downing Street) e depois no subsolo do Edifício do Tesouro, era se a Grã-Bretanha lutaria sozinha, causando talvez a destruição de suas forças armadas e da própria nação, ou não deveria correr riscos, explorando um acordo de paz com Hitler. Em troca de certos acordos comerciais coloniais na África e em Malta e Gibraltar, o embaixador italiano em Londres havia sinalizado estar disposto a pedir ao líder fascista italiano, Benito Mussolini, que intermediasse esse acordo entre Berlim e Londres. Com lorde Halifax, que disputava a liderança com Winston e era enfático defensor dessa opção, ao menos até que os termos de Hitler ficassem claros; e com o antecessor de Winston, Neville Chamberlain, concordando que essa era a única maneira sensata de escapar de uma quase certa aniquilação, Winston enfrentou horas solitárias, nas quais só contava com seu próprio conselho.

Muitos leitores ficarão surpresos ao saber que o grande Winston Churchill, apresentado à história como um devotado e inflexível inimigo de Hitler, disse a seus colegas do Gabinete de Guerra que a princípio não faria objeção a conversações de paz com os alemães "se *Herr* Hitler estivesse disposto a fazer a paz em troca da restauração das colônias alemãs e o domínio da Europa Central". A certa altura, no dia 26 de maio, ele foi ainda mais longe e teria afirmado "que ficaria *grato* de poder sair das atuais dificuldades, desde que preservássemos a essência de nossa força vital, ainda que ao custo de alguma cessão de território". Que território? Não só o europeu, mas o território britânico. E houve mais. O diário de Chamberlain de 27 de maio registra que Churchill disse ao Gabinete de Guerra que, "se pudesse escapar dessa enrascada entregando Malta e Gibraltar e algumas colônias na África, ele [Winston] não hesitaria em aproveitar a oportunidade".

Será que Churchill considerava seriamente entrar em conversações de paz com um maníaco homicida que abominava mais do que qualquer outra pessoa? Parece que sim. Tantas eram as pressões que ele não apenas considerou a ideia, mas permitiu que Halifax começasse a elaborar um memorando ultrassecreto para os italianos, dispondo as condições britânicas e dando o primeiro passo para descobrir quão severas seriam as condições de Hitler.

Para aqueles que possam achar que essa imagem de um Churchill disposto a considerar seriamente um acordo denigre o grande homem, manchando sua reputação, eu argumentaria o contrário: que a imagem pública de um lutador combativo, que nunca duvidou de si mesmo, não lhe faz justiça; faz dele um ser humano irreal, um clichê, e não o produto de um sonho coletivo. Em vez de diminuí-lo, sua indecisão, sua capacidade de aparentar coragem para manter o moral alto enquanto pensava em diferentes soluções, o recomenda.

Por causa dessas horas tão escuras, Churchill emergiu com dois *coups de théâtre*, exemplos magníficos de epílogos: o primeiro proferido a um grupo de membros do Gabinete que não participavam das discussões do Gabinete de Guerra, e o segundo dirigido ao Pleno do Parlamento, para que o mundo todo ouvisse. O primeiro foi um aquecimento para o que viria em seguida, e dele não existe registro completo, mas os diários de dois homens que o ouviram revelam suas linhas gerais e muitas frases-chave. O segundo discurso entrou para a história no exato momento em que as palavras saíram da boca de Churchill, e ele citou praias, campos de pouso, campinas, montanhas, mares, oceanos e o ar como locais onde os britânicos combateriam o temido bárbaro.

Nesses dois discursos, e em outro proferido algumas semanas antes – no qual ele prometeu ao povo sangue, trabalho árduo, lágrimas e suor, mesmo que eles não os desejassem –, Churchill utilizou todos os instrumentos à sua disposição, lições que tinha aprendido com os gregos e romanos, especialmente com Cícero: primeiro despertando simpatia por seu país, por si mesmo, seus clientes, seus argumentos, e depois fazendo um apelo emocional direto – o que os oradores romanos chamavam de *epilogos* – com a intenção de não deixar um só coração impassível ou um olho seco entre os ouvintes.

Existem modelos para o tipo de pirotecnia verbal que ele usou três vezes em maio e no início de junho de 1940 – notavelmente o discurso de Marco Antônio em defesa de Mânio Aquílio, no qual ele rasgou a túnica de Aquílio para revelar suas cicatrizes adquiridas em batalha –, mas nem a Câmara dos Comuns[2] nem o público britânico jamais tinham ouvido algo semelhante. Com palavras, Churchill mudou o clima político e sustentou a tensão nervosa de um povo abalado, empurrando-o por uma estrada incerta que – posteriormente, contra todas as possibilidades e com todo o sacrifício que Winston previra – o levou à vitória total.

Isso é história.

Quando Winston morreu, falou-se que naqueles dias escuros de 1940, quando a Grã-Bretanha resistiu sozinha diante de um inimigo monstruoso, ele mobilizou a língua inglesa e a enviou para a guerra. E isso não é meramente uma linda metáfora. Palavras eram tudo de que ele dispunha naqueles longos dias. Mas, se o leitor for deixado com uma única coisa com a qual lutar, a lição deve ser: poderia ter sido muito pior.

2. A House of Commons, ou Câmara dos Comuns, é a câmara dos deputados britânica, com representantes eleitos na Inglaterra, Escócia, País de Gales e Irlanda do Norte. Surgiu quando a burguesia ganhou importância social e política, dividindo espaço com a nobreza, representada na House of Lords (Câmara dos Lordes, a câmara superior, formada por nobres, representantes da Igreja Anglicana e do sistema judiciário; a Câmara dos Lordes conta também com os chamados *cross-benchers*, representantes de setores que não têm afiliação partidária, como a Igreja; vem passando por reformas, reduzindo o acesso de nobres hereditários). A Câmara dos Comuns evoluiu como a câmara de representantes diretamente eleita pelo povo, detendo o poder legislativo máximo no país. No caso de impasse entre as votações na Câmara dos Comuns e na Câmara dos Lordes, a lei determina que a posição da Câmara dos Comuns deve prevalecer. (N.E.)

TERÇA-FEIRA, 7 DE MAIO DE 1940

HITLER JÁ TINHA INVADIDO A TCHECOSLOVÁQUIA, A POLÔNIA, A DINAMARCA E A NORUEGA

ELE ESTAVA AGORA PRONTO PARA CONQUISTAR O RESTO DA EUROPA

O PARLAMENTO BRITÂNICO TINHA PERDIDO A FÉ EM SEU LÍDER, NEVILLE CHAMBERLAIN. A BUSCA POR UM SUBSTITUTO JÁ HAVIA COMEÇADO

1

UMA CASA DIVIDIDA

A Câmara dos Comuns do Parlamento Britânico era um tumulto de ataques e injúrias. "Fora, fora!", gritavam das galerias superiores, onde aristocratas e membros da Câmara dos Lordes esticavam o pescoço para ver melhor. "Renuncie, homem! Renuncie!" Os políticos britânicos jamais tinham visto coisa igual. Membros dos partidos de oposição dobravam as folhas da ordem do dia como se fossem punhais e as atiravam na direção da figura alquebrada, quase derrotada e secretamente doente que ocupava o centro das atenções: o primeiro-ministro conservador Neville Chamberlain.

Mas, por diversas razões, Chamberlain ainda relutava em renunciar à liderança – não apenas em razão da profunda incerteza sobre o que poderia lhe acontecer.

A Grã-Bretanha estava em guerra havia oito meses, e a situação piorava. Tanto os políticos quanto o povo imploravam não só por um líder, mas, como exigia o momento, um grande líder – capaz de proporcionar tudo o que os grandes líderes oferecem: palavras que pudessem comover, convencer, galvanizar, inspirar e até mesmo forjar no coração do público sentimentos que ele não sabia que tinha. Dessas palavras surgiriam ações e, dependendo da sabedoria dessas ações, seria o triunfo ou a derrota.

E havia um ingrediente talvez ainda mais surpreendente e que qualquer nação em grave crise gostaria de encontrar em seu líder: a dúvida. A capacidade vital de duvidar de seu julgamento, possuir uma mente capaz de contemplar ao mesmo tempo duas ideias contrárias e só então sintetizá-las; não ter a mente fechada e, portanto, manter-se conversando com todos os pontos de vista. Isso contrastava com uma mente que só conseguia conversar com uma pessoa: ela mesma. Naqueles dias a Grã-Bretanha não precisava de um ideólogo. Precisava de um pensador de 360 graus.

Como Oliver Cromwell escreveu em 1650 à Igreja da Escócia: "Eu vos imploro pelas entranhas de Cristo, pensai que podeis estar enganados". Naqueles tempos de dúvida, e diante das questões tão graves que a nação britânica enfrentava, a ponto de que seu futuro muito dependia dos próximos movimentos, a grande pergunta era: seria possível encontrar tal líder?

"O senhor já está sentado aí há tempo demais, qualquer que tenha sido o bem que tenha feito. Vá embora, peço-lhe. Em nome de Deus, vá!" Foi assim que Leo Amery, representante de Birmingham, encerrou sua fala com estrondosos aplausos na primeira noite do hoje lendário Debate da Noruega, ocorrido na terça-feira, 7 de maio de 1940. A Casa estava reunida havia quase nove horas. Era uma noite quente de verão e já tinha escurecido. Suas palavras foram uma facada no flanco de Chamberlain, seu companheiro conservador.

A Grã-Bretanha estava dividida, e o governo, em vez de trabalhar em harmonia, vinha sendo dilacerado por egos e pequenas diferenças que haviam contribuído para os catastróficos fracassos militares tanto em terra quanto no mar. A possibilidade de o fascismo triunfar e pôr fim à democracia na Europa não era mais inimaginável.

As sementes do famoso debate que ocorria na Câmara naquela noite tinham sido lançadas cinco dias antes, quando chegou a notícia de que a Grã-Bretanha estava retirando suas tropas do porto norueguês de Trondheim depois de sofrer, pela primeira vez, pesado ataque nazista. Leo Amery e membros do Comitê de Vigilância de lorde Salisbury, composto de parlamentares conservadores das duas Casas com o objetivo de fiscalizar o governo, assim como o Grupo Suprapartidário de Ação Parlamentar, que tinha um objetivo semelhante, mas era liderado pelo deputado liberal Clement Davies e incluía membros do Partido Trabalhista, haviam concordado em forçar o debate sobre os tropeços cometidos durante o primeiro embate com as tropas nazistas, e, com isso, tentar finalmente se livrar do líder que, segundo eles, estava decepcionando a eles e a nação.

Chamberlain começou a falar para a Casa sobre a "conduta de guerra" às 15h48 de 7 de maio, o primeiro de dois dias de debates. Suas palavras, sua tentativa de um desempenho salvador, nada fizeram para fortalecer sua posição ou para acalmar os medos de que a Grã-Bretanha estivesse caminhando para um naufrágio. Ao contrário, elas confirmaram que ele estava cansado e defensivo, um homem que apenas empurraria a nação em direção ao perigo. Parecendo "desanimado e angustiado", como afirmou um comentarista mais tarde, continuou falando, enquanto frases muito mais memoráveis eram atiradas contra ele por seus inimigos. Ele conhecia bem aquelas frases, porque ele mesmo as havia proferido: "Paz para o nosso tempo!" (sua promessa arrogante de um ano antes) e "Ele perdeu o ônibus" (quando considerou que Hitler havia perdido a oportunidade de destruir toda a Europa). Agora elas explodiam como granadas a seus pés.

O apoio mudo que Chamberlain recebeu durante seu discurso foi descrito pelo deputado trabalhista Arthur Greenwood como "artificial", porque o clima na Casa nunca fora mais grave: "Seu coração está perturbado. Está ansioso; está mais que ansioso, apreensivo".

Depois de Chamberlain voltar a seu lugar, o deputado conservador, almirante *sir* Roger Keyes, vestido num uniforme militar de gala (coisa nunca vista na Câmara dos Comuns), fez sua entrada teatral e silenciou a Casa. Antigo crítico do primeiro-ministro, Keyes denunciou a "história chocante de inépcia" do governo. Ele sabia o que estava dizendo: tinha testemunhado os erros em primeira mão.

O próximo a falar foi Clement Attlee, líder do Partido Trabalhista, de oposição. Não era famoso por tiradas de oratória, mas o tema o inspirava, e ele foi mordaz ao falar da "inépcia" do governo ao lidar com a situação:

> E não foi apenas a Noruega. A Noruega foi a culminação de muitos outros descontentamentos. O povo está dizendo que os responsáveis pela condução dos negócios de Estado são homens que tiveram uma carreira ininterrupta de fracassos. A Noruega segue a Tchecoslováquia e a Polônia. Em toda parte é "tarde demais". O primeiro-ministro falou em perder o ônibus. E o que dizer de todos os ônibus que ele e seus aliados perderam desde 1931? Eles perderam os ônibus da paz, mas tomaram o ônibus da guerra. O povo descobriu que esses homens, que erraram consistentemente em seu juízo sobre os acontecimentos, os mesmos que pensaram que Hitler não ia atacar a Tchecoslováquia, que acreditaram que Hitler podia ser apaziguado, parecem não ter percebido que Hitler atacaria a Noruega.

Pouco antes da meia-noite do dia 7 de maio, o destino de Chamberlain foi selado, mas pareceu a muitos que o primeiro-ministro não foi capaz de reconhecer isso. Essa cegueira não era nova. John "Jock" Colville, seu secretário particular, escreveu em seu diário na segunda-feira, dia 6 de maio de 1940: "O primeiro-ministro está muito deprimido por causa dos ataques da imprensa [...]. Acho que ele sofre de uma curiosa vaidade e autoestima que surgiram em Munique (referindo-se a setembro de 1938, quando Chamberlain foi acusado de ter concordado com todas as exigências de Hitler, mas afirmado que tinha negociado a paz) e floresceram, apesar de muitas feridas, desde então".

Portanto, foi na manhã de 8 de maio, antes do segundo e mais decisivo dia de debates, diante da evidente relutância de Chamberlain em renunciar, que membros do Comitê de Vigilância e do Grupo Suprapartidário de Ação Parlamentar se reuniram mais uma vez no Parlamento. Decidiram forçar uma divisão da Casa, onde os membros seriam solicitados a votar – como explicou o deputado trabalhista Herbert Morrison – se estavam *satisfeitos* ou *apreensivos* com a condução dos negócios de Estado: em outras palavras, o nocaute que tiraria de Chamberlain os apoiadores de que ele necessitava para efetivamente manter-se na liderança.

O assunto chegou aos membros do Partido Conservador, que começaram freneticamente a buscar apoio entre os parlamentares dos vários blocos de votantes. Colville registrou em seu diário que os conservadores mais velhos estavam "todos falando em reconstituir o governo e discutindo seriamente esquemas, como uma barganha (a ser proposta por [lorde] Halifax para [Herbert] Morrison), segundo a qual o Partido Trabalhista, de oposição, seria convidado a participar do governo em troca da queda de personagens importantes do governo – Sam Hoare, Kingsley Wood, [*sir* John] Simon etc. –, mas apenas com a condição de Chamberlain preservar a liderança".

As facas estavam particularmente afiadas quando a Casa se reuniu às 14h45 para debater a "conduta de guerra".

Os apelos ao deputado trabalhista Herbert Morrison para não dividir a Casa caíram em ouvidos surdos. Os trabalhistas já tinham tomado sua decisão: não serviriam a um governo liderado por "aquele homem", Chamberlain. Morrison discursou apaixonadamente por vinte minutos, exigindo que os membros da Casa votassem de acordo com sua consciência e pensassem intimamente se a Grã-Bretanha poderia continuar no atual estado diante da deplorável condução de uma guerra que já durava oito meses. A mensagem era simples e clara: não só Chamberlain teria que sair, mas com ele todos os que apoiavam a política de apaziguamento, a crença de que a política britânica em relação à Alemanha durante os anos 1930 estava sob domínio – ou seja, que um ditador, se bem alimentado, se retiraria para a sua caverna. Então deveriam sair também *sir* Samuel Hoare (ministro da Aeronáutica) e *sir* John Simon (ministro das Finanças).

A decisão de renunciar pertencia a Chamberlain. Com certeza, enfraquecido por ataques de todos os lados, ele capitularia. Mas ainda resistia, permanecendo em sua cadeira e apenas ocasionalmente olhando para as galerias superiores, de onde vinham olhares de insulto e calúnia. Quando finalmente se pôs de pé – como registram as memórias do deputado trabalhista Hugh Dalton –, ele furiosamente "levantou-se, mostrando os dentes como um rato acuado, e gritou:

'Aceito o desafio e peço a meus amigos, e ainda tenho alguns amigos nesta Casa, que apoiem o governo esta noite no *lobby*'".[1]

O fracasso de Chamberlain em perceber a magnitude da situação que o país enfrentava apenas aprofundou a fúria de seus oponentes, e logo membros dos dois lados se punham de pé, tentando atrair o olhar do presidente da Câmara para conseguir falar. Gritos de "Fora!" e "Renuncie!" ecoaram pela Câmara, mas Chamberlain ficou impassível. Era evidente que um último e devastador ataque seria necessário, e o homem perfeito para conseguir isso se levantou. A Câmara turbulenta fez silêncio. David Lloyd George, o ex-primeiro-ministro liberal, a princípio lentamente e depois de uma maneira cada vez mais visceral, acusou Chamberlain de expor a Grã-Bretanha "à pior posição estratégica em que este país já esteve". O clímax veio com um apelo direto à consciência de Chamberlain: "Dê um exemplo de sacrifício, porque não há nada que possa contribuir mais para a vitória nesta guerra do que o sacrifício de seu cargo".

Observando da galeria superior, com um aceno de aprovação, estava a esposa do presidente da Câmara, *dame* Margaret Lloyd George, que mais tarde escreveu:

> Estou feliz que meu marido tenha participado da renúncia de Chamberlain. Nunca vi uma *cena* como aquela, a Casa estava determinada a se livrar dele, de *sir* John Simon e de Sam Hoare. [...] O uivo que acompanhou sua saída foi horrível e os gritos de "Fora, fora". Eu *nunca* tinha visto um primeiro-ministro se retirar com tal despedida. Ele tinha causado o problema e o Partido Tory[2] sempre disse depois de Munique: "Ele nos salvou da guerra". Pobrezinhos, deveriam ter aberto os olhos.

O debate continuou noite adentro. Chamberlain não sairia gentilmente. Estava a poucas semanas de admitir pela primeira vez em seu diário que "sofria consideravelmente" com o câncer de intestino

1. O *lobby* era o saguão onde os cidadãos podiam ter contato com os membros das duas Casas do Parlamento. (N.T.)
2. Nome dado ao antigo partido de tendência conservadora do Reino Unido. (N.E.)

que o levaria à morte em poucos meses. Talvez em seu íntimo ele soubesse que era sua última chance de evitar ser acusado pelo colapso da Europa, da democracia e do modo de vida britânico. E talvez houvesse outra razão mais íntima para sua relutância.

Alguns assentos à frente dele estava um homem que, na realidade, era muito mais culpado pela campanha da Noruega no mês anterior, que tinha causado a perda de 1.800 homens, um porta-aviões, dois cruzadores, sete destróieres e um submarino.

Winston Spencer Churchill, na qualidade de primeiro lorde do Almirantado, tinha sido o principal arquiteto da desastrosa estratégia naval do país. Mas, com as atenções voltadas inteiramente para o primeiro-ministro, e ainda à espera de sua vez de falar, Churchill permaneceu fora da linha de fogo, aguardando e mantendo suas impressões digitais longe da arma assassina.

Winston não era popular. Na verdade, era uma espécie de piada em sua época, um egoísta, um meio-americano que, nas palavras do deputado conservador *sir* Henry ("Chips") Channon, só defendia uma coisa: ele mesmo. É difícil imaginar hoje, quando a Grã-Bretanha tem 3.500 *pubs* e hotéis, mais de 1.500 estabelecimentos e 25 ruas que levam seu nome, e com seu rosto estampado em tudo, de bolachas de chope a capachos de porta – sem mencionar seu busto, esporadicamente aparecendo no Salão Oval do presidente dos Estados Unidos –, que em maio de 1940 ele era a última ideia na mente das pessoas como uma opção de segurança.

Ainda rotulado como vira-casaca por muitos correligionários por ter mudado de partido – trocando o Partido Conservador pelo Liberal em 1904, e voltando ao Conservador em 1924 –, Churchill, apesar disso, se mostrou surpreendentemente leal a Chamberlain. Assim foi nesse dia também, quando, em meio ao discurso de Lloyd George, ele se ofereceu para ser acusado no lugar do primeiro-ministro: "Assumo total responsabilidade por tudo que foi feito pelo Almirantado, assim como minha parcela de culpa nesse caso".

Lloyd George, cujo fluxo Churchill tinha interrompido, replicou habilmente: "Muito honorável. Um cavalheiro não deve se permitir ser transformado num abrigo antiaéreo para evitar que os estilhaços atinjam seus colegas".

O mea-culpa de Churchill nada mais foi do que a primeira parte de uma falsa missão de salvamento, prevista para fracassar, mas também para vencer seus colegas com uma comovente demonstração de lealdade – uma oportunidade de ouro de mostrar como poderia ser "ministeriável" e dessa forma escrever seu nome como um azarão na corrida.

Quando finalmente chegou a sua vez de falar, os rebeldes ficaram atentos, na expectativa, esperando frases imortais de condenação, mas ele não disse nada imortal, nada de fato que Chamberlain não pudesse ter escrito, ele mesmo, em seu epitáfio. Em vez disso, Churchill proferiu um elogio tão frouxo que entregou exatamente o que queria: muito pouco e tarde demais. A verborragia salvadora que Winston poderia ter desarrolhado estava claramente sendo economizada para outro dia, outra hora. Porque ele já tinha discursos em fermentação, frases silenciosamente ensaiadas e que nos dias vindouros serviriam a outro propósito, mais espetacular, e não deviam ser desperdiçadas ali.

Quando Winston voltou a se sentar, tinha conquistado talvez uma coisa com o seu discurso: sua estrela, se ainda não brilhava, tinha perdido um pouco de seu embaçamento, num momento crítico em que a estrela dos outros tinha se apagado.

Portanto, quando o presidente da Câmara convocou a Casa a votar, muitas cabeças estavam em dúvida. Chips Channon lembrou:

> Nós observamos os insurgentes saírem em fila do *lobby* da oposição [...]. "Traidores", gritamos para eles, "ratos." "Capachos", eles responderam [...]. "281 a 200" [...]. Houve gritos de "Renuncie, renuncie" [...] e aquele velho macaco Josh Wedgwood começou a balançar os braços e cantar "Rule, Britania".[3] Harold Macmillan, que estava ao seu lado, juntou-se a ele, mas foram vaiados. Neville pareceu liquidado por aquelas figuras ameaçadoras e foi

3. Canção patriótica britânica musicada por Thomas Arne para o poema de mesmo nome de James Thomson. (N.T.)

> o primeiro a se levantar. Parecia sério, ponderado e triste [...]. Nessa noite não havia multidões a apoiá-lo como antes de Munique – apenas um homenzinho solitário que fez o melhor que pôde pela Inglaterra.

Apesar dessa vitória por pequena margem, Chamberlain havia perdido a confiança de seu partido, já que 41 deputados conservadores tinham votado contra o governo. O mais jovem deles era John Profumo, que, com apenas 25 anos, havia se esgueirado de seu quartel para votar e mais tarde foi castigado pelo temível líder de bancada[4] dos tories, David Margesson: "Seu merdinha desprezível [...] pelo resto da sua vida você vai se envergonhar do que fez na noite passada". Com a maioria conservadora reduzida a apenas 28 votos, não poderia mais haver debate. Era necessária uma cruzada pública afinada com os pensamentos do secretário particular de Chamberlain, Jock Colville, que observou como era "desagradável que todo mundo concentrasse suas energias em uma crise política interna (*à la française*), em vez de se preocupar com o amanhã, com o próximo movimento de Hitler". Era preciso encontrar um novo líder. Mas quem? Quem era merecedor? E quem estava preparado?

A rivalidade política tinha nublado a desesperada situação em que a Grã-Bretanha se encontrava. Ela precisava de alguém não apenas capaz de unir o Partido Conservador, mas também de reconciliar os partidos de oposição e as forças armadas, que não tinham conseguido trabalhar unidas em sua primeira derrota militar, que terminou abruptamente na chamada "Guerra de Mentira", ocorrida nos últimos oito meses desde a invasão alemã da Polônia.

Channon anotou em seu diário que "rumores e intrigas, complôs e contragolpes" eram agora predominantes entre os principais políticos, mas não foi Churchill, a quem tantos haviam defendido e elogiado nos debates dos dias anteriores, que reuniu o apoio do Partido Conservador. Um nome, acima de todos, estava emergindo como o

4. No original "Chief Whip". No Reino Unido, *whip* é o deputado encarregado de assegurar o comparecimento e a disciplina de voto dos outros parlamentares do partido de acordo com as orientações partidárias. (N.T.)

único sucessor natural de Chamberlain. Era aquele homem que não tinha nem mesmo permissão para se sentar na Câmara dos Comuns. Tratava-se de lorde Halifax, o então ministro das Relações Exteriores e membro da Câmara dos Lordes, que, da Peers'Gallery, observara em silêncio os procedimentos ao lado dos lordes, embaixadores e dignitários dos países aliados da Grã-Bretanha.

O principal obstáculo a que Halifax ocupasse o lugar de Chamberlain estava na própria Constituição. A natureza única do sistema parlamentar britânico estipula que qualquer um que tenha assento na Câmara dos Lordes não pode *também* servir como membro eleito do Parlamento na Câmara dos Comuns. Um sério impedimento constitucional seria, portanto, levantado se lorde Halifax quisesse ser primeiro-ministro e líder parlamentar.

O biógrafo de Halifax, Andrew Roberts, descreve que o ministro das Relações Exteriores e o primeiro-ministro tinham discutido brevemente a impensável liderança de Halifax durante o segundo dia de debates, 8 de maio. Chamberlain havia "deixado claro que, se fosse obrigado a renunciar, queria que Halifax assumisse o cargo", mas, quando o assunto foi retomado na quinta-feira, 9 de maio, a resposta de lorde Halifax não foi a esperada. Em seu diário, ele escreveu que o primeiro-ministro o tinha convocado à Downing Street, nº 10, às 10h15, onde Chamberlain lhe disse que "achava que o cargo não poderia ser abandonado como estava sendo pela Câmara dos Comuns, e que era essencial restaurar a confiança no governo". Mais uma vez, Chamberlain voltou ao assunto de sua substituição, ao que Halifax respondeu (como está registrado em seu diário): "Se eu fosse ele [Chamberlain], continuaria a servir ao governo. Argumentei contra mim mesmo, colocando uma ênfase considerável na difícil posição de um primeiro-ministro incapaz de manter contato com o centro de gravidade da Câmara dos Comuns".

Qualquer um poderia ser perdoado por suspeitar de falsa modéstia nesse caso, já que Halifax, em suas ações subsequentes, mostraria que desejava muito manter as mãos nas alavancas do poder. Em seu diário, observou que "a conversa e sua evidente intenção [de Chamberlain] me deram uma dor de estômago horrível. Repeti, como tinha lhe dito no dia anterior, que, se os trabalhistas dissessem que só serviriam sob meu comando, eu lhes diria que não estava preparado para isso".

Uma dor de estômago? O deputado conservador R. A. ("Rab") Buttler tem uma lembrança muito diferente de uma conversa que teve com o astuto Halifax depois do encontro com Chamberlain:

> Ele [Halifax] me disse que poderia dar conta do trabalho. Também achava que era necessário refrear a influência de Churchill. Esse controle seria mais eficiente se exercido como primeiro-ministro ou como um ministro qualquer do governo Churchill? Mesmo que ele escolhesse a primeira opção, as qualidades e a experiência de Churchill certamente significariam que ele estaria "administrando a guerra, de qualquer modo", e Halifax rapidamente se transformaria numa espécie de primeiro-ministro honorário.

Apesar dos protestos de Halifax, essa parece ser uma razão mais crível para ele ter declinado do cargo máximo da política britânica. Suas reservas eram causadas fundamentalmente pelo fato de que sua posição na Câmara dos Lordes o impedia de ocupar o assento de primeiro-ministro na Câmara dos Comuns. Portanto, até onde isso levaria Halifax como líder da nação?

Ter o título de líder da Grã-Bretanha sem possuir nenhum poder real, além de ser constantemente boicotado por Churchill, que ele sabia ser melhor estrategista e líder de guerra do que ele, dificilmente seria uma perspectiva atraente para um homem com a estatura e o ego de Halifax. Mas como seus colegas políticos puderam avaliar tão mal suas intenções? Os lordes queriam Halifax, o rei George VI queria Halifax, até os trabalhistas queriam Halifax. Parecia que eles estavam demonstrando seu apoio a um homem que, de repente, tinha pouco interesse em aceitar o cargo.

Foi então que, inacreditavelmente, o nome de Churchill chegou ao topo da lista.

Que reviravolta! A opção que dias antes parecia impensável agora era considerada viável. Mas ninguém estava tranquilo com a escolha, porque ele era um enigma, uma amálgama de partes irreconciliáveis: *showman*, exibicionista, fanfarrão, poeta, jornalista, historiador, aventureiro, melancólico, supostamente alcoólatra, indiscutivelmente na idade da aposentadoria, aos 65 anos um homem cuja maior distinção era um constante fracasso, que frequentemente avaliava mal as situações e muito frequentemente, quando necessário, as avaliava muito bem. Considerado um perigoso fomentador da guerra por seus erros como primeiro lorde do Almirantado durante a Grande Guerra (principalmente pelo desastre humano que foi a campanha de Galípoli contra os otomanos do Mediterrâneo oriental, na qual 45 mil homens do Reino Unido perderam a vida), ele tinha passado a maior parte dos últimos dez anos no que chamou de "deserto", depois de um catálogo de outros erros, entre eles sua oposição à Liga de Autogoverno da Índia e sua maneira bruta de lidar com a greve dos mineiros em Gales.

Era natural que Churchill, depois de tantos erros, tivesse dúvidas a respeito de sua própria adequação. De fato, diante da enormidade de seus erros, seria extraordinário – e psicologicamente insustentável – concluir o oposto. Ele sabia que tinha falhado. Sabia que, nessa altura de sua carreira, era alvo de muitas piadas e a delícia dos cartunistas: algo que muitas pessoas que hoje sabem o que ele se tornou podem achar surpreendente. Embora sua ambição de assumir o cargo não estivesse em questão – ele desejava o cargo de primeiro-ministro desde a infância, de modo a cumprir uma narrativa familiar deixada inacabada por seu falecido pai, Randolph – sabia que tinha resolvido mal essas crises passadas e como havia sido alto o custo em vidas humanas. Mas, se ele considerava sua dúvida algo negativo – falando com frequência da liderança como a aplicação decisiva de uma visão esclarecida –, não há razão para concordarmos com ele, porque, se a dúvida não for paralisante, permitirá que pontos de vistas alternativos tenham peso e sejam levados em consideração e, portanto, a dúvida poderia ser considerada um passo vital para uma decisão sensata.

Uma imagem típica de Winston nessa época era a de *sir* Edmund Ironside, comandante do Staff Imperial Geral, que notou essa ambivalência em seu diário: "Naturalmente, o único homem que pode suceder [Chamberlain] é Winston, mas ele é muito instável, embora tenha talento para levar a guerra a um fim".

Portanto, embora a ascensão ao topo da carreira estivesse longe de ser uma certeza, em uma coisa Winston superava Halifax: sua experiência direta de guerra. Suas credenciais militares – ele tinha servido tanto na Guerra dos Bôeres quanto na Primeira Guerra Mundial e observado vários outros combates como jornalista – eram, apesar de todos os seus tropeços, em tudo superiores às do ministro das Relações Exteriores, que pouco sabia de batalhas, ou mesmo de estratégia militar, e tinha apenas um mês antes que fosse revelada sua ignorância em assuntos militares: Roberts conta que, quando perguntado se "um ataque a Trondheim poderia ser mais eficaz do que a Narvik, Halifax foi obrigado a admitir que não era competente para responder à pergunta".

Outra desvantagem de Halifax que manchava sua reputação junto ao público era seu apoio à política de apaziguamento. Mesmo quando Hitler se mostrou insaciável, Halifax continuou acreditando na paz, e paz a quase qualquer preço.

O campo, então, estava vazio de outros concorrentes viáveis, o que era incomum. Mesmo Anthony Eden havia perdido a popularidade. Em março de 1939, Eden tinha o apoio de 38% da população numa pesquisa de opinião sobre quem ela gostaria de ver como primeiro-ministro, comparados a míseros 7% de Churchill e Halifax. Tendo renunciado ao cargo de ministro das Relações Exteriores depois da política de apaziguamento de Chamberlain, tinha voltado ao governo como ministro dos Domínios, mas sua posição inferior no *ranking* o excluiu de qualquer concorrência pela liderança. Assim sendo, com a popularidade de Halifax encolhendo, Churchill assumiu a conduta e a fala – acima de tudo a fala – de um líder.

Para defender sutilmente sua causa, sem dar a impressão de fazer isso, Churchill reuniu-se com vários de seus aliados na manhã de 9 de maio. Eden juntou-se a ele no Almirantado, e, enquanto Churchill se barbeava, "ele repetiu para mim [Eden] os acontecimentos da noite anterior. Pensava que Neville não seria capaz de arregimentar os trabalhistas e que devia se formar um governo nacional".

Em seguida Churchill encontrou seu velho amigo lorde Baverbrook, o poderoso barão da imprensa, que tentou extrair dele uma resposta clara sobre a questão da liderança. Mais uma vez, Churchill saiu pela tangente dizendo: "Servirei sob qualquer ministro capaz de levar a guerra adiante".

Naquele dia Churchill tinha um almoço com Eden e com o lorde do Selo Privado, *sir* Kingsley Wood. Wood deixou claro que apoiava o primeiro lorde do Almirantado como líder e o encorajou a, "se fosse perguntado, deixar clara sua disposição [à sucessão]". Eden lembrou que ficou "surpreso por encontrar Kingsley Wood ali, advertindo que Chamberlain queria que Halifax o sucedesse e que Churchill concordasse com isso. Wood aconselhou: 'Não concorde, e não diga nada'. Fiquei chocado que Wood falasse dessa maneira, porque ele tinha sido um homem de Chamberlain, mas foi um bom conselho e eu o apoiei".

Chamberlain, que já tinha decidido demitir-se, convocou Halifax e Churchill à Downing Street às 16h30 daquela tarde.

Os relatos contraditórios desse encontro que mudou a história tornaram-se uma lenda. O que sabemos é que estavam presentes Neville, Chamberlain, lorde Halifax, Winston Churchill e o líder de bancada David Margesson. O primeiro-ministro os tinha reunido para informá-los sobre sua decisão de renunciar e para resolver sobre quem devia recair a liderança do país. O relato mais imediato dos acontecimentos vem do diário de Halifax. Ele lembra que Chamberlain afirmou sua decisão de renunciar, mas não indicou um substituto preferido; disse apenas que "ficaria feliz de servir a qualquer um dos homens". Como os líderes do Partido Trabalhista – que mantinham o controle em todas as conversas sobre a composição de um governo de unidade – deviam viajar para seu congresso em Bournemouth naquela noite, o novo governo, qualquer que ele fosse, devia conceder-lhes cargos proeminentes, o que significava que uma decisão tinha que ser tomada rapidamente.

A tensão estava insuportável para Halifax. Como "a dor de estômago" continuava, parecia que seu corpo estava rejeitando fisicamente a ideia de liderança. Ele não pensava apenas nas "qualidades [de Winston] comparadas às suas", mas em qual seria exatamente sua posição se assumisse a liderança: "Winston estaria comandando a Defesa [...] e eu [como lorde] não teria nenhum acesso à Câmara dos Comuns. O resultado inevitável seria que, sem esses pontos vitais de contato, eu rapidamente me tornaria uma espécie de primeiro-ministro honorário, vivendo numa espécie de crepúsculo, longe das coisas que realmente importavam". Essa aguda avaliação da situação foi acompanhada por uma opinião de certa forma mordaz sobre "a adequada expressão de consideração e humildade quando ele [Winston] disse que não poderia deixar de sentir a força do que eu tinha dito, e o primeiro-ministro relutantemente, e Winston, evidentemente com muito menos relutância, acabaram aceitando meu ponto de vista". Esse relato é corroborado pelo registro feito, no mesmo dia, no diário do subsecretário permanente do Ministério das Relações Exteriores e braço direito de Halifax, *sir* Alexander Cadogan.

O relato de Churchill sobre os acontecimentos talvez seja o menos confiável. Em seu livro *Memórias da Segunda Guerra Mundial*,[5] ele identificou incorretamente a reunião como tendo ocorrido no dia seguinte, 10 de maio. Com sua verve habitual, Churchill escreveu sobre os momentos que se seguiram à pergunta de Chamberlain – "Você vê alguma razão, Winston, pela qual atualmente um nobre não possa ser primeiro-ministro?" –, depois do que Winston "permaneceu em silêncio [e] uma longa pausa se seguiu. Certamente não durou mais que os dois minutos que são observados nas comemorações do Dia do Armistício". Ele queria que a história registrasse que foi um silêncio tão desconfortável que obrigou lorde Halifax a quebrá-lo e, com os nervos em frangalhos, dizer por que não poderia se tornar primeiro-ministro. De acordo com David Margesson, o silêncio foi rompido quase imediatamente por Halifax, que insistiu na maior adequação de Churchill para a liderança na guerra.

Silêncio ou não, eles tinham chegado a um acordo. *Sir* Alexander Cadogan observou em seu diário que a essa altura "o líder de

---

5. No original *The gathering storm* [A aproximação da tempestade]. *Memórias da Segunda Guerra Mundial*, publicado em dois volumes no Brasil pela editora Nova Fronteira em 1995 e pela Harpen Collins em 2017, é uma condensação em dois volumes da obra *The Second World War*, de Churchill, publicada originalmente em seis volumes, sendo *The gathering storm* o primeiro deles. (N.E.)

bancada [Margesson] e outros achavam que o sentimento da Casa estava virando em direção a ele [Churchill]. Se N. C. [Chamberlain] continuasse [no Gabinete] – como ele estava pronto para fazer –, seu conselho e julgamento iriam fortalecer Winston". E, com isso, eles estavam prontos para permitir que o leão saísse da jaula. Quando a conversa terminou, Chamberlain se encontrou com os trabalhistas Clement Attlee e Arthur Greenwood às 18h15. Os dois confirmaram que estavam dispostos a participar de um governo nacional, mas suspeitavam de que o Partido Trabalhista não serviria a Chamberlain e, portanto, teriam que consultar a executiva quando chegassem ao congresso do partido em Bournemouth no dia seguinte.

Nesse momento Halifax e Churchill se retiraram para o jardim da Downing Street para o chá. Churchill lembra em suas memórias que não conversaram sobre "nada em particular" antes que ele voltasse ao Almirantado para se preparar para a tarefa que tinha pela frente. Naquela noite, Churchill jantou novamente com Anthony Eden e contou a ele o drama dos acontecimentos do dia. Disse que "esperava que N. C. [Chamberlain] ficasse, liderasse a Câmara dos Comuns e continuasse líder do partido". Esperava-se que Chamberlain entregasse sua renúncia ao rei na tarde seguinte e o aconselhasse a chamar Churchill. O mais interessante era que Winston não só se tornaria primeiro-ministro, mas entregaria a si mesmo o recém-criado cargo de ministro da Defesa.

Qualquer que fosse o resultado dessas longas e intensas reuniões de 9 de maio, uma coisa era certa: Winston Churchill comandaria a guerra. E era a hora certa para ele. Enquanto Hitler calmamente alinhava seus tanques nas fronteiras da Holanda, da Bélgica e da França, pronto para executar uma terrível *Blitzkrieg*, ou guerra-relâmpago, a conversa nos corredores do poder logo se voltaria para a potencial rendição de toda a Europa às brutais hordas nazistas.

Churchill lembrou mais tarde: "Senti como se estivesse caminhando com o destino, e que toda a minha vida passada era apenas uma preparação para essa hora e para essa experiência [...]. Achei que sabia muito sobre tudo isso, estava certo de que não ia falhar". O destino da nação estava em suas mãos, e o que Churchill fez com ele foi verdadeiramente extraordinário.

2

O SOCIALMENTE IMPRESTÁVEL

Então, quem era esse homem que estava prestes a liderar a Grã-Bretanha em um dos maiores conflitos de sua história?

Tentar resumir em poucas palavras Winston Leonard Spencer-Churchill é uma tarefa tão ardilosa que temos visto mais tinta gasta sobre ele do que sobre qualquer outra figura da história. Livros a seu respeito suplantam em número os sobre Washington, César ou Napoleão e tornam insípidas as tentativas coletivas de descrever seu grande inimigo Adolf Hitler. Isso ocorre pela simples razão de que raramente na história uma figura fez tanto – bem e mal – e tanta diferença no curso de uma longa vida.

Orador titânico. Bêbado. Inteligente. Patriota. Imperialista. Visionário. Designer de tanques. Inconveniente. Fanfarrão. Aristocrata. Prisioneiro. Herói de guerra. Criminoso de guerra. Conquistador. Motivo de chacota. Pedreiro. Proprietário de cavalo de corrida. Soldado. Pintor. Político. Jornalista. Prêmio Nobel de Literatura. A lista continua, mas cada rótulo, se tomado individualmente, não lhe faz justiça; quando considerados juntos, oferecem um desafio semelhante ao de vinte peças de quebra-cabeça que formam uma imagem unificada.

Então, por onde começar para vê-lo inteiro, claramente, livre do mito, por uma perspectiva moderna e utilizando uma linguagem psicológica atual e familiar?

Imagine o seguinte: Winston sentado em uma poltrona diante de um psiquiatra. Em que categoria de pessoa ele seria classificado? Será que, depois de revelar suas mudanças de humor, ele receberia um diagnóstico de bipolar, maníaco-depressivo, e seria aconselhado a tomar lítio? Ou será que, depois de confessar todas as suas esquisitices, seu inconformismo excêntrico, sua impulsividade, sua disposição para correr riscos e seu amor por ternos malucos de veludo vermelho ou verde, o psiquiatra lhe falaria de um trauma infantil de repressão e de abandono? Que terapeuta teria coragem suficiente de dizer a Winston Churchill que ele tinha uma séria, e no entanto maleável, personalidade narcisista com um toque histriônico? Uma simples lista do que o homem *bebia* todos os dias provavelmente o faria ser diagnosticado, segundo as definições atuais, como um alcoólatra dado à automedicação.

Vamos começar pelo exterior e abrir caminho para o interior: olhando primeiro as forças que o moldaram durante aqueles primeiros anos e que dão uma dica do homem que ele certamente se tornou – um homem capaz de medo e confiança, dúvida e convicção, autodepreciação tanto quanto autoestima, agressividade de um buldogue e uma indecisão dolorosa.

Winston era antes de tudo um vitoriano. Passou os primeiros 27 anos de sua vida sob o reinado da Rainha,[1] quando o Império estava no auge; sua visão de mundo foi esculpida pela suposta dominância da superioridade britânica sobre o resto do mundo.

Era também um aristocrata. Nascido no Blenheim Palace, Oxfordshire, a 30 de novembro de 1874, era o primeiro filho de lorde Randolph Churchill, filho do sétimo duque de Marlborough e de sua esposa, *lady* Randolph Churchill (nascida Jennie Jerome) – supostamente prematuro de sete meses, mas provavelmente concebido fora do casamento.

1. No original, apenas "Queen", mas trata-se certamente da rainha Vitória, que reinou na Inglaterra entre 1837 e 1901. (N.T.)

Randolph e Jennie foram apresentados pelo príncipe de Gales, mais tarde rei Edward VII, na regata de Cowes, na ilha de Wight, em agosto de 1873. Winston conta em seu livro *Minha mocidade* que Randolph "se apaixonou por ela à primeira vista" e, impetuosamente, o casal ficou noivo apenas três dias depois. Eles se casaram numa pequena cerimônia na embaixada britânica em Paris no dia 15 de abril de 1874, dois meses depois que o noivo, com apenas 25 anos de idade, assumiu sua primeira cadeira na Câmara dos Comuns pelo Partido Conservador.

Jennie tinha 20 anos quando Winston nasceu. Ela adotou a típica educação da alta classe vitoriana e deixou que o filho e seu irmão mais novo, Jack, fossem criados por sua devotada babá, Mrs. Elizabeth Everest, a quem Winston apelidou afetuosamente de "Old Woom"; ela o chamava de "Winny". Jennie era uma glamourosa jovem de sociedade e filha de um magnata americano de Nova York conhecido como "O rei de Wall Street". Interromper uma vida de festas, viagens e amores para cuidar dos filhos não era o estilo de Jennie. Winston escreveu mais tarde: "Minha mãe causava uma brilhante impressão aos meus olhos de criança. Para mim, ela brilhava como a estrela da noite. Eu a amava ternamente, mas à distância".

A situação era ainda pior com o pai. Winston o idolatrava, mas a vida de lorde Randolph era consumida por sua carreira política. Considerado um grande orador, Randolph foi um defensor do conservadorismo progressista, respeitado ministro das Finanças e líder da Câmara dos Comuns. Entretanto, essa ascensão meteórica como nova luz do partido Tory não durou muito. Sua estrela perdeu o brilho e, depois de menos de um ano no Gabinete, ele renunciou em 20 de dezembro de 1886 por causa de problemas com o orçamento impopular que apresentou. Randolph continuou sendo deputado, mas os problemas de saúde que o afligiam havia anos avançaram rapidamente.

Segundo se dizia, a doença de que ele sofria era sífilis. Não se sabe ao certo quando e como ele a contraiu, mas possivelmente em 1875. Ao longo de vinte anos até sua morte prematura, com apenas 45 anos, ele sofreu uma agressiva deterioração de suas capacidades mentais causada por "demência paralítica" – uma paralisia generalizada que acomete os insanos. Isso não deu oportunidade para que pai e filho se tornassem íntimos e se entendessem – uma perda que pesou sobre Winston pelo resto da vida. Em *Minha mocidade* ele escreveu:

> Meu pai morreu em 24 de janeiro, no início da manhã. Chamado em uma casa vizinha onde estava dormindo, atravessei correndo a escuridão da Grosvenor Square, debaixo de neve. Seu fim foi indolor. Na verdade, ele estava havia muito tempo em estupor. Todos os meus sonhos de camaradagem com ele, de ingressar no Parlamento ao seu lado e com seu apoio, tinham terminado. Para mim o que restou foi perseguir seus objetivos e defender sua memória.

Como muitos meninos de sua classe na época, Winston tinha sido enviado para o internato aos 7 anos e achou a experiência miserável: "Afinal, tinha sido tão feliz em meu quarto com todos os meus brinquedos [...] agora seriam só lições". Bater nos alunos era comum, e aquele menino precoce, que lia *A ilha do tesouro* e outros livros avançados para a sua idade, era um alvo frequente de surras com vara. Depois de frequentar escolas preparatórias ao redor do país, Winston ingressou na prestigiosa Harrow em abril de 1888. Desde o século XVIII os Churchill cursavam a principal escola masculina rival, Eton College, mas a Harrow, situada em uma montanha e desfrutando de uma ótima qualidade do ar, foi considerada melhor para a constituição doentia de Winston.

Winston não era um bom aluno e por isso foi colocado numa turma inferior. Odiava os clássicos, mas descobriu uma afinidade com inglês e história, matérias que lhe seriam úteis no futuro. Ele descreveu seu professor, Mr. Somervell, como "um homem encantador a quem devo muito". Esse mestre entusiasmado foi "encarregado do dever de ensinar aos meninos mais estúpidos a coisa mais negligenciada – ou seja, escrever em inglês". Palavras, frases e gramática entraram "em [seus] ossos" e nunca o abandonaram.

Em Harrow, Winston descobriu outras atividades que lhe deram prazer e nas quais foi bem-sucedido. Juntou-se aos cadetes, participou de campeonatos de esgrima, foi premiado por saber de cor grandes trechos de poesia e teve vários artigos publicados no *The Harrovian*.[2]

Quando estava chegando ao fim do seu período em Harrow, Winston focou numa carreira militar e começou a se preparar para o exame de admissão na Real Academia Militar de Sandhurst. Em sua primeira tentativa, em julho de 1892, ele não foi bem: alcançou apenas 5.100 de um mínimo de 6.747 pontos necessários. Precisou de mais duas tentativas antes de conquistar um lugar em agosto de 1893. A deterioração do estado mental de Randolph Churchill, porém, fez com que o jovem Winston, de 18 anos, que talvez esperasse uma carta de calorosas congratulações do pai, recebesse em seu lugar uma repreensão arrasadora. Vale a pena citar a carta, para mostrar como o talento do pai para a prosa foi empregado brutalmente para inferiorizar o filho – e inferiorizá-lo para sempre.

> 9 de agosto de 1893
>
> Meu querido Winston,
>
> Estou muito surpreso com seu tom de entusiasmo com sua inclusão na lista de Sandhurst. Há duas maneiras de ter sucesso em um exame, uma louvável e a outra o contrário. Infelizmente você escolheu o último método e parece estar muito feliz com seu sucesso [...].
>
> Com todas as vantagens que você teve, com todas as capacidades que tolamente imagina possuir e que algumas de suas relações lhe atribuem, com todos os esforços feitos para tornar sua vida fácil e agradável e seu trabalho nada opressivo ou desagradável, esse é o grande resultado que você consegue em uma classe de segunda ou terceira categoria, que só serve para um regimento de cavalaria [...]. Agora vale a pena expor esse assunto claramente para você. Não pense que vou me dar ao trabalho de lhe escrever

2. Jornal semanal publicado pela Harrow. (N.E.)

longas cartas depois de cada loucura e fracasso que você cometer e sofrer. Não escreverei novamente sobre esses assuntos e não se preocupe em escrever uma resposta a esta parte da minha carta [sic], porque não vou mais dar a menor importância a qualquer coisa que você diga sobre suas conquistas e proezas. Deixe essa posição indelevelmente impressa em sua mente, ou seja, se sua conduta e ação em Sandhurst forem semelhantes às apresentadas em outras escolas [...] negligentemente despreocupadas e irresponsáveis [...] então minha responsabilidade por você estará acabada. Eu o deixarei por sua conta, dando-lhe apenas a ajuda necessária para lhe permitir uma vida respeitável. Porque estou certo de que você não será capaz de evitar a vida ociosa e inútil de seus dias escolares e dos últimos meses, você se tornará socialmente imprestável entre as centenas de fracassados da escola pública e vai degenerar numa existência miseravelmente infeliz e fútil. Se assim for, você terá que carregar toda a culpa por esses infortúnios. Sua consciência será capaz de lembrar e enumerar todos os esforços feitos para lhe dar as melhores oportunidades a que você teve direito graças à sua posição & como praticamente as negligenciou.

Espero que esteja bem para a sua viagem. Você deve se aconselhar com o capitão James em relação a seu equipamento para Sandhurst. Sua mãe lhe envia o seu amor.

Seu afetuoso pai,
Randolph S. C.

Podemos imaginar o efeito devastador de tal carta sobre um jovem desesperado pela aprovação do pai. Apesar disso, esse "imprestável social" teve um bom desempenho durante seu tempo em Sandhurst e, um mês antes da morte de lorde Randolph, se formou com um honroso 8º lugar entre 150 alunos. Depois do que muitos consideraram um início escolar bastante instável, foi um final muito respeitável de sua educação. Churchill escreveu mais tarde: "Sou totalmente a favor da escola pública, mas não quero voltar para lá".

Em março de 1895 ele ingressou no 4º Regimento de Hussardos da Rainha como segundo-tenente. O treinamento de seis meses para novos recrutas foi intensivo, e Churchill escreveu que "superava em rigor qualquer coisa que eu tivesse experimentado anteriormente em equitação militar". Apesar disso, ele se adaptou rapidamente e abraçou sua recém-descoberta liberdade. Ingressou em um clube de cavalheiros em Londres, manteve-se informado sobre os acontecimentos políticos, misturou-se com a alta sociedade em festas e bailes, jogou polo e participou de uma corrida de obstáculos na Brigada da Cavalaria, mas ainda levava seu treinamento a sério.

Depois da morte do pai, em 1895, a vida parecia melhorar para Winston, até que no dia 2 de julho chegou um telegrama trazendo mais notícias arrasadoras. Sua antiga babá, Mrs. Everest, estava gravemente doente. Ele correu ao norte de Londres para ficar ao lado dela, chegando em casa ensopado depois de ser apanhado por uma tempestade. Em *Minha mocidade* ele lembrou:

> Ela ainda me reconheceu, mas aos poucos ficou inconsciente. A morte chegou tranquilamente. Ela tinha vivido uma vida inocente e amorosa, servindo os outros, e sua fé era tal que ela não teve nenhum medo [...]. Fora minha mais querida e mais íntima amiga nos vinte anos que eu vivera.

Mrs. Everest não foi mãe, mas morreu em paz com um jovem tão devotado quanto um filho ao seu lado. Em toda a sua vida Winston ficou conhecido como um homem muito emotivo e por expressar seus sentimentos em público. Amigos íntimos, mas também políticos e soldados que serviram com ele, contam inúmeras histórias de vê-lo chorando abertamente. Para uma criança sensível, a tensão emocional de ter pais como os seus não deve ser subestimada; se não fosse pelo amor que recebeu da leal Mrs. Everest, ele teria sido um homem totalmente diferente, talvez com um futuro totalmente diferente.

Winston se sentia cada vez mais inquieto na carreira e, enquanto se dedicava a seus deveres militares, observou:

> na última década da era vitoriana, o Império tinha desfrutado um período tão longo de uma paz quase total, que medalhas e tudo o que elas representavam em experiência e aventura estavam se tornando extremamente raras no Exército britânico [...]. O desejo de uma oferta suficiente de serviço ativo era portanto agudamente sentido por meus contemporâneos nos círculos nos quais agora eu era convidado a viver minha vida.

Esse desejo de combate seria satisfeito muito cedo e muito brutalmente, mas, até que essa guerra terrível chegasse às trincheiras enlameadas da Europa, Winston e seus companheiros oficiais ansiavam por ação.

Percorrendo o globo em busca de conflitos, ele topou com a Guerra da Independência de Cuba contra a Espanha, que começara nos primeiros meses de 1895.

Em outubro, algumas semanas antes do 25º aniversário de Churchill, o navio em que estava se aproximou de seu destino final. A excitação de Winston era palpável: "Quando avistei as praias de Cuba, à tênue luz do início da manhã, e elas se destacaram no horizonte azul-escuro, senti como se tivesse navegado com Long John Silver e visse pela primeira vez a ilha do tesouro". Ele enviou cinco despachos ao *Daily Graphic* em Londres. Neles, aprimorou as habilidades que aprendera com Mr. Somervell em Harrow e naturalmente acrescentou algumas lendas sobre a maneira como se esquivara de balas e sobre a emoção da guerra de guerrilha. Depois de apenas um mês em Cuba, tendo oferecido seus serviços à Espanha, Winston partiu para casa com um gosto recém-descoberto pelo jornalismo de guerra... e com tantos charutos cubanos quantos podia carregar.

Na Inglaterra, Churchill mudou-se para a casa da mãe, até que em 11 de setembro ele e outros 1.200 homens do 4º Regimento de Hussardos da Rainha partiram para a Índia, a "joia da coroa" do Império Britânico, chegando a Bombaim no início de outubro.

O regimento estabeleceu sua base na cidade de Bangalore, ao sul. Winston rapidamente se adaptou à nova vida, desfrutando o clima agradável de Bangalore, maravilhado com a beleza do país e orgulhoso da "entusiástica realização do grande trabalho que a Inglaterra estava fazendo na Índia e de sua alta missão de reinar sobre essas raças primitivas, mas agradáveis; para o bem-estar delas e o nosso". Essas opiniões permaneceriam com ele durante toda a sua carreira política, opondo-o a seus futuros colegas conservadores quando se tratou da independência dessa valiosa colônia.

Durante o período de Winston na Índia, sentimentos latentes de sua inferioridade educacional vieram à tona e o estimularam a aprimorar sua formação. Ele "resolveu ler história, filosofia, economia e coisas como essas". Pediu à mãe "livros sobre esses assuntos dos quais tinha ouvido falar. Ela respondeu com entusiasmo, e todos os meses o correio me trazia um pacote substancial do que eu julgava serem obras clássicas". Em *Minha mocidade* ele descreve: "Embarquei naquele esplêndido romance [sua adoração permanente pela literatura] e [...] viajei a pleno vapor sob um vento forte".

No período de novembro a maio de 1897, ele lia de quatro a cinco horas por dia, devorando volumes de história, filosofia, poesia, ensaios, biografias e textos clássicos como *Declínio e queda do Império Romano*, de Gibbon; *História da Inglaterra*, de Macaulay; *A República*, de Platão; Sócrates; *Política*, de Aristóteles; Schopenhauer, sobre o pessimismo; *Ensaio sobre o princípio da população*, de Malthus; *A origem das espécies*, de Darwin. Basta citar qualquer um, e se verá que ele leu, mergulhando inclusive nos 27 volumes do registro dos debates parlamentares e procedimentos legislativos, o *Anuall Register*. Foi uma maratona de educação autodidata: um campo de treinamento intelectual e uma leitura consciente de preparação para o grande papel que ele começava a imaginar para si: como líder, um líder *sábio*, conhecedor da espécie humana e de seus tormentos, ele se embebia das ideias das mentes excepcionais. Em outras palavras, para ser influente, uma pessoa deve estar disposta a ser influenciada.

Na primavera de 1897, depois de dois anos na Índia, Winston estava novamente inquieto. Em cartas para a mãe, frequentemente se referia à possibilidade de se tornar membro do Parlamento. Voltou a Londres e aos pensamentos de ingressar na política, entrando em contato com o Partido Conservador com o pedido de organizar algumas rápidas palestras. Em 26 de junho, aos 22 anos, Winston Leonard Spencer-Churchill finalmente seguiu os passos do pai, como queria havia muito tempo, e fez seu primeiro discurso político.

Seu desempenho foi bem recebido, mas, assim que terminou de falar, apressou-se a voltar para a Índia, onde um conflito se instalara entre a tribo Pathan do Afeganistão e as forças inglesas e indianas. Winston garantiu contratos com o *The Daily Telegraph* e o *Pioneer* e fez algumas reportagens.

No fim de 1897, depois de alguns meses exaustivos na linha de frente desse conflito sangrento, Winston conseguiu desfrutar de um muito merecido descanso. Como era típico de Churchill, ele não estava feliz com essa inatividade e usou esse tempo não só para escrever seu primeiro livro, um relato detalhado do conflito intitulado *The history of the Malakand field force* [A história da tropa do campo de Malakand], mas também sua primeira e única obra de ficção, *Savrola*, uma paródia da sociedade londrina, que foi recebida friamente. Ambientada numa capital ficcional governada por um ditador, a história conta que a primeira-dama foge do marido para os braços do protagonista da história, Savrola – certamente um autorretrato de Winston –, eloquentemente descrito como alguém que "só encontrava descanso na ação, contentamento no perigo, e que só em meio à confusão encontrava a paz [...]. A ambição era sua força motora, e ele era impotente para resistir a ela".

O espectro da morte precoce de lorde Randolph, aos 45 anos, estava sempre presente. O pai era considerado "um homem apressado", e o filho não se revelava diferente.

Em 1898 Winston viajou para o Sudão para se juntar ao regimento de lorde Kitchener, que combatia na Guerra Mahdista. Ali continuou trabalhando como correspondente de guerra e participou de um dos últimos grandes ataques da cavalaria na história inglesa, vangloriando-se de ter matado pelo menos três "selvagens".

Quando voltou à Inglaterra em março de 1899, já tinha decidido entrar para a política. A morte do deputado conservador de Oldham, que obrigou a uma eleição suplementar em junho daquele ano, lhe deu sua primeira oportunidade. Ele fez uma vigorosa campanha, mas não teve sucesso. Essa decepção atrasou seu caminho, e Winston voltou ao jornalismo de guerra e viajou para a África do Sul para relatar um novo conflito: a Guerra dos Bôeres.

Churchill atirou-se no centro da ação, e sua bravura foi amplamente relatada. Quando chegou à Inglaterra a notícia de que, depois de apenas algumas semanas, ele fora capturado pelos bôeres, houve um clamor público. Embora armado com sua confiável pistola Mauser, ele alegou a condição de "não combatente", mas os bôeres não lhe deram ouvidos. Em vez de deixar que seu destino fosse negociado por canais diplomáticos, nosso jovem aventureiro ousou escapar do campo de prisioneiros de guerra em Pretória e caminhou durante horas sob o escaldante calor sul-africano, até que finalmente topou com uma linha férrea e embarcou em um trem para o planalto de Transvaal e para a liberdade. Depois de ter viajado quase 500 quilômetros para a segurança, Churchill viu sua lenda crescer; ele permaneceria mais seis meses na África do Sul, jantando à custa da fama, antes de voltar à Inglaterra em julho de 1900. Lá, imediatamente se preparou para retomar sua carreira política. Seus esforços e sua fama deram resultado e, em 1º de outubro de 1900, Winston Churchill foi finalmente eleito membro do Parlamento pelo Partido Conservador. Estava a menos de dois meses de seu 26º aniversário.

Seria possível argumentar que sua eleição foi um exemplo precoce de uma celebridade que se torna político, mas, como afirmou o eminente biógrafo de Churchill, Roy Jenkins, em *Churchill, a biography*, Winston "acreditava em sua 'estrela'. E sua estrela pairava sobre Oldham". Como sempre acontecia com Winston, sua carreira não lhe bastava. Ele continuou escrevendo e embarcou numa turnê de palestras pelo Reino Unido, Estados Unidos e Canadá, onde recebeu vastas somas de dinheiro para deleitar as plateias com suas lendas de heroísmo na África do Sul. Em 22 de janeiro de 1901, porém, recebeu a notícia da morte da rainha Vitória; a aurora de uma nova era iluminava a nação. No dia do funeral da rainha ele voltou à Inglaterra e finalmente ocupou sua cadeira na Câmara dos Comuns. Jenkins mais uma vez registra em sua biografia que Churchill, "que durante a maior parte de sua carreira foi considerado o último vitoriano da política britânica, tinha, devido à avidez pelos honorários das palestras, perdido a oportunidade de fazer o juramento parlamentar de lealdade à rainha. Quando finalmente foi empossado, em 14 de fevereiro, foi ao rei Edward VII que ele jurou fidelidade". Mas, assim que empossado, fez seu discurso inaugural na Casa em 18 de fevereiro.

Levando em conta sua reputação de vaidoso, nos surpreende que, nos primeiros quatro anos no Parlamento, Winston tenha, em geral, se mantido calado. Como fez durante sua estada na Índia, aproveitou esse tempo para observar e analisar o que ouvia de seus colegas conservadores e dos partidos de oposição, e concluiu que seu lugar nas últimas fileiras do governo não era onde ele queria estar. Queria estar decidindo os destinos da nação. Quase quarenta anos foram necessários até que ele tivesse a oportunidade de fazer isso.

Mas ele não se manteria calado por muito tempo. Logo estava proferindo discursos que desafiavam os pontos de vista de seu próprio partido diante dos gastos governamentais crescentes nas forças armadas. Em *Minha mocidade* ele lembra:

> Eu era fortemente favorável à guerra [dos bôeres], que agora se inflamara novamente de uma maneira desordenada, para uma conclusão vitoriosa; e para esse propósito eu teria usado números muito maiores, e também organizado tropas de maior qualidade do que as que na verdade estavam sendo utilizadas. Teria usado tropas indianas [...]. Achava que devíamos terminar a guerra pela força e com generosidade, e então voltar rapidamente aos caminhos da paz, da contenção de despesas e das reformas.

O fim da Guerra dos Bôeres, em 1902, não colaborou para alinhar as opiniões de Churchill às dos tories mais velhos, e seu apoio ao livre-comércio, contrariando a posição de seu próprio partido, o faria bandear-se, em 31 de maio de 1904, para o Partido Liberal, chocando a Casa. Sua amiga íntima Violet Bonham Carter conta que Winston "fez uma cena para chamar a atenção. De pé, diante da *bar*,[3] ele olhou para o seu lugar costumeiro abaixo do corredor ministerial, inspecionou rapidamente a bancada da oposição, caminhou alguns passos, cumprimentou o presidente da Câmara, desviou de repente para a direita e ocupou seu assento entre os liberais". Deliberadamente, colocou-se ao lado do colega Joseph Chamberlain, antagonista de David Lloyd George.

As demonstrações políticas de Churchill em seus primeiros quatro anos no Parlamento asseguravam que agora ele liderava os esforços liberais para desacreditar os conservadores e proclamar as glórias do liberalismo. Graças em parte a um forte pacto entre o jovem vira-casaca e seu intratável mentor galês, Lloyd George, os liberais tomaram posse em dezembro de 1905, quando Arthur Balfour renunciou ao cargo de primeiro-ministro. A Churchill foi oferecido o cargo de subsecretário de Estado para as Colônias. Era uma posição pouco significativa, que se adequava bem a ele graças à sua experiência efetiva na Índia e na África do Sul, e ele navegou por ela com eficiência. Em abril de 1908, alcançou sua próxima ambição: um cargo no Gabinete como presidente da Câmara do Comércio.

Por mais significativo que fosse ocupar um lugar à mesa do Gabinete, essa significância se esmaecia enormemente quando comparada ao lugar que ele estava prestes a ocupar na mesa de jantar de certa *lady* St Helier.

Como um "feliz 14º" convidado, para evitar que treze pessoas se sentassem à mesa, Churchill voltou-se para a jovem ao seu lado e encontrou os olhos de uma linda mulher que dali a seis meses se tornaria a esposa com quem ele passaria o resto de sua vida. Ela era Clementine Rosier.

Clementine tinha 23 anos, era filha de *lady* Blanche Hozier, e seu pai era... bem, ou Henry Montague Hozier, ou o capitão

3. "The Bar of the House" marca o limite além do qual convidados e visitantes não podem passar quando qualquer das Casas do Parlamento está em sessão. (N.T.)

William "Bay" Middleton, ou o marido da irmã de *lady* Blanche, Algernon Freeman-Mitford, ou algum outro... porque *lady* Blanche era famosa por ter tido e descartado vários amantes.

Formada na Sorbonne, Clementine foi muito cortejada na adolescência e ficou duas vezes noiva de Sidney Peel, noivados que ela mesma rompeu.

Por uma peculiaridade da etiqueta supersticiosa, então, Churchill teve a chance de causar boa impressão na mulher que o ajudaria a lutar não só contra suas próprias dúvidas, mas também contra as dúvidas dos outros; que acreditaria nele, mas também o censuraria por mau comportamento; que lhe seria ardorosamente leal e uma força formidável em sua vida; que, embora não fosse política, possuía habilidades e encantos capazes de rivalizar com os dos melhores membros da Câmara dos Comuns; e que o ampararia durante a sua deplorável depressão, embora sofresse com seus próprios demônios. Mas, acima de tudo, sempre colocaria os interesses dele – e, portanto, os interesses do país – acima dos seus.

Winston e Clementine formavam um casal devotado. Ele afetuosamente a apelidara de "Kat", ela o chamava de "Pug" ou "Pig". Os frequentes períodos de afastamento significaram que eles se corresponderam muito durante toda a vida, muitas vezes assinando as cartas com pequenos desenhos de seus respectivos animais. Para Clementine, o casamento exigia mais do que a costumeira adaptação; ela era esposa de um membro do Parlamento e alguém que estava muito exposto ao olhar público. Poucos meses depois do casamento ela engravidou do primeiro filho. As várias infidelidades de seus pais os levaram à separação quando ela tinha apenas 6 anos, de modo que estava determinada a criar um lar estável para a família, incluindo o próprio Winston.

Em 11 de julho de 1909, Clementine deu à luz uma menina, que eles chamaram Diana. Apesar do seu forte desejo de uma vida doméstica idílica, ela achou o parto e a maternidade traumáticos. Ansioso devido ao estado da esposa, Winston apoiou a necessidade que ela tinha de descanso algumas semanas depois do nascimento de Diana, e Clemmie se retirou para o campo para ficar com a irmã, deixando a recém-nascida em casa com uma ama de leite. Recuperar-se sozinha acalmou suas ansiedades, e logo ela se sentiu confiante para reencontrar-se com a filha antes de retornar a Londres.

Encontrou o marido profundamente ocupado, porque, logo depois de assumir o cargo de presidente da Câmara do Comércio, Winston perdeu a eleição suplementar para Manchester North West, sofrendo uma humilhante derrota para os conservadores. Estava humilhado, mas não fora do jogo, e sua incansável determinação o fez embarcar imediatamente em um trem para a Escócia e se candidatar à eleição em Dundee apenas duas semanas depois – e vencê-la. Aliviado de ter conquistado um lugar que a maioria considerava muito seguro, podia agora concentrar-se em implementar seus planos radicais de reforma social, e saiu vitorioso ao propor a exigência de um salário mínimo para os trabalhadores de baixa renda e o direito de uma pausa para refeições e descanso. Logo se seguiram iniciativas de criar um seguro para desempregados e sindicatos de trabalhadores. A reputação de Churchill nunca estivera melhor, nem seu relacionamento com os companheiros de partido.

O Partido Liberal venceu as eleições gerais de 1910 por pequena margem. Como era previsível, Churchill foi confortavelmente reeleito pelo distrito eleitoral de Dundee, quando então lhe foi oferecido o prestigioso cargo de ministro do Interior. Mas quando a Câmara dos Lordes (lotada de conservadores) rejeitou o orçamento dos liberais (lotado de reformas sociais, muitas delas defendidas por Winston), o novo rei inglês, George v, se intrometeu e deu permissão ao primeiro-ministro, Herbert Asquith, para dissolver o governo e convocar novas eleições gerais. Asquith esperava que a popularidade das reformas propostas por seu partido o levasse a vencer com ampla maioria na Casa e permitiria a aprovação do Parliament Act, que dali em diante limitaria o poder dos lordes. Isso foi bom para os liberais, mas um momento terrível para Churchill, que estava envolvido na primeira das grandes crises de sua carreira, da qual não sairia incólume.

Milhares de mineiros de carvão da pequena cidade de Tonypandy, no fundo dos vales galeses, tinham entrado em greve por causa das péssimas condições de trabalho. A situação se deteriorara rapidamente e houve tumultos. A imprensa denunciou o ministro do Interior por não ter enviado ajuda militar assim que foi solicitada, e o Partido Trabalhista se apressou a divulgar histórias sobre a brutalidade da polícia, dizendo que a reação de Churchill tinha sido opressiva. O caso nunca deixou de ser um problema para ele pelo resto do século XX.

De volta a Londres, a situação não estava melhor para Churchill. Em janeiro de 1911, um assalto fracassado resultou na morte de três policiais por um bando de criminosos russos, que agora estavam refugiados no East End de Londres, atirando indiscriminadamente das janelas da casa onde tinham se entrincheirado na Sidney Street. As Guardas Escocesas foram destacadas para ajudar no esforço policial, e um telegrama foi enviado ao ministro do Interior. Assim que foi informado da situação, ele se apressou a se juntar à festa. Abrindo caminho pela multidão de moradores do East End, Churchill, usando cartola e sobretudo debruado de pele, foi uma visão surpreendente e ostensiva. Quando algumas das primeiras cenas gravadas da Polícia Metropolitana foram projetadas nos cinemas ao redor do país, foram recebidas com zombarias e vaias. Elas mostravam as bravas tropas trabalhando duro durante o "cerco da Sidney Street", enquanto um desnorteado ministro do Interior, parecendo mais do que destoante, espreitava a esquina de um prédio.

Os repórteres zombaram de sua atuação na Sidney Street, e os cartunistas da Fleet Street, cientes de que ele se tornaria um alvo lucrativo, refinaram suas sátiras: Winston como palhaço, Winston como bufão, Winston como Napoleão, Winston como vagabundo. Seu antigo bom nome era cada vez mais associado a passos em falso, tolices e erros de cálculo. Apesar disso, através de certa autoconfiança, ele continuou indefectivelmente certo de suas habilidades.

Promovido ao cargo de primeiro lorde do Almirantado graças à sua louvável reação a uma crise no Marrocos em meados de 1911, Churchill era o homem que Asquith queria para sacudir a Marinha. Não era uma tarefa menor, e o novo primeiro lorde entendeu isso perfeitamente: "Pensei no perigo que ameaçava a Grã-Bretanha, amante da paz, pouco preparada, em sua força e sua virtude, e em sua missão de bom senso e *fair play*. Pensei na poderosa Alemanha elevando-se no esplendor de seu Estado Imperial e aprofundando-se em seus cálculos frios, pacientes, cruéis". A Marinha tinha que se fortalecer para a nova possível ameaça de um "ataque da Alemanha que poderia chegar no dia seguinte".

Esse novo cargo veio com bônus luxuosos, como o iate *Enchantress* e as grandiosas acomodações na Casa do Almirantado, em The Mall, um espaço especialmente útil quando, em 28 de maio de 1911, depois de outra difícil e exaustiva gravidez de Clementine, os Churchill deram as boas-vindas a um filho para dar continuidade ao nome da família. Eles o chamaram Randolph.

Começando por criar um comitê de guerra semelhante ao Gabinete de Guerra do Exército, Churchill buscou o conselho dos ex-primeiros lordes, almirantes e outros antigos funcionários navais sobre as melhores práticas possíveis e onde eles acreditavam estar as dificuldades. Ele implementou a troca de combustível, do carvão para o óleo, com intuito de aumentar a velocidade dos navios de guerra britânicos. No total, aumentou os gastos navais de 39 milhões para 50 milhões de libras. Sua principal intenção era mostrar "aos alemães que, por mais que eles construíssem, a Grã-Bretanha construiria ainda mais". A Europa estava diante de uma corrida armamentista pública que assistiria ao aumento de 50% dos gastos militares nos anos anteriores à Primeira Guerra Mundial.

Os colegas de Gabinete de Churchill estavam conscientes da rápida expansão das forças armadas alemãs, mas os ministros, ao contrário, pareciam mais concentrados nas facilidades que eles acreditavam que Churchill estava recebendo de seu velho amigo Lloyd George, agora ministro das Finanças. De acordo com Roy Jenkins, o "maior inimigo" de Winston não era ninguém menos do que o procurador-geral, *sir* John Simon, que imediatamente sugeriu a Asquith que a perda de Churchill, embora lamentável, não dividiria o partido e poderia até fortalecê-lo, tranquilizando suas facções antibélicas que estavam preocupadas com o orçamento.

Winston também encontrou resistência do público, e, enquanto fazia discursos atacando os perigos da expansão naval alemã, a ameaça parecia distante. Como Michael Shelden escreve em *Churchill, o jovem titã*: "Para muitos na Grã-Bretanha, a ideia dessas duas nações altamente civilizadas encenarem um Armagedom naval, com grupos de encouraçados disparando um contra o outro, era quase impensável". Como a confiança no primeiro lorde definhava, os liberais lentamente começaram a se retirar para a sua tradicional posição antibélica. Até Lloyd George falava agora da Alemanha como uma nação amante da paz. Winston se viu como um solitário defensor da guerra, gritando na praia, impotente, enquanto a maré subia e arrastava um bando de pacifistas. Mas sua determinação era inquebrantável e, quando o tiro fatal foi disparado em Sarajevo em 28 de junho de 1914, ele o ouviu e estava preparado.

"As lâmpadas estão se apagando em toda a Europa, e não as veremos de novo acesas enquanto vivermos." Essas foram as palavras proferidas pelo ministro das Relações Exteriores, *sir* Edward Grey, uma noite antes de a Grã-Bretanha declarar guerra à Alemanha, em 4 de agosto de 1914.

A Marinha sofreu imensas baixas nos primeiros meses de guerra, quando mais de 5.500 vidas foram perdidas. O modo como Churchill enfrentou a situação nos estágios iniciais foi fortemente criticado tanto na imprensa quanto na Câmara dos Comuns. Como ocorrera durante o cerco da Sidney Street, os britânicos ficaram confusos com a decisão de Churchill, a pedido do Gabinete, de viajar pessoalmente ao sitiado porto de Antuérpia, na Bélgica, com a fantasiosa crença de que poderia libertar a cidade. Depois de apenas um dia no campo, ele telegrafou a Asquith, sugerindo renunciar ao cargo de primeiro lorde "e assumir o comando das forças de libertação e defesa em Antuérpia". Talvez pensasse em sua experiência de ataques de cavalaria com o exército ou na excitação que sentira desviando-se dos tiros como jornalista na linha de frente. Fosse qual fosse a causa, Winston parecia incapaz de não se intrometer em áreas fora de sua atuação. A oferta de comandar as tropas na Bélgica foi recusada pelo primeiro-ministro, que ordenou que ele voltasse à Inglaterra imediatamente. Acreditando ser a única pessoa capaz de tomar o forte, Churchill permaneceu ali por mais três dias, evitando qualquer ideia de abandonar seu posto como chefe do Almirantado. Só voltou à Inglaterra em 7 de outubro, a tempo de testemunhar a queda de Antuérpia, mas perdendo o nascimento de sua filha Sarah, que chegara naquela mesma manhã.

Os jornais noticiaram sua arrogante missão, mas ele, ainda assim, continuou irredutivelmente confiante em suas habilidades. O que ocorreu em seguida é tão infamante para a história militar britânica que não mais que um nome é necessário: Galípoli.

A aliança entre o Império Otomano e a Alemanha contra a Rússia em 1914 tinha empurrado seus territórios para a linha de frente da guerra como principais campos de batalha. O plano proposto, visto por Churchill como a melhor alternativa para evitar que as tropas mastigassem arame farpado em Flandres, era uma operação conjunta entre Exército e Marinha, para forçar a passagem pelo estreito de Dardanelos, desembarcando as tropas na península de Galípoli antes de atracar uma esquadra no litoral do mar de Mármara, nas praias de Constantinopla (hoje Istambul). Esperava-se que tais ações induzissem o governo turco a sair da guerra e a assinar um tratado de paz, abrindo o acesso britânico à sua aliada, a Rússia, através do mar Negro.

Churchill não só defendeu fortemente a campanha junto ao Conselho do Gabinete de Guerra, mas também pressionou os chefes militares que tinham a tarefa de executar um plano que consideravam, na melhor das hipóteses, questionável. Vendo em retrospecto, fica claro que esse planejamento, ou a falta dele, foi um fator importante para o resultado catastrófico da campanha de Dardanelos. Em lugar de um plano coeso, bem executado, três planos separados estavam sendo discutidos ao mesmo tempo. Churchill preferia a opção de usar "apenas navios"; seu segundo em comando no Almirantado, o primeiro lorde do mar, almirante Fisher, preferia uma operação conjunta de Exército e Marinha; e o ministro da Guerra, lorde Kitchener, defendia um "plano baseado no Exército". A situação piorou quando se instalou entre os três o que Jenkins descreve como um "caldeirão fervente" de tensão.

Acostumado a obter o que queria, Churchill foi recompensado em 28 de janeiro de 1915, quando o Conselho de Guerra autorizou o ataque naval que ele havia proposto. Depois que várias tentativas fracassadas de abrir passagem pelo estreito minado resultaram na perda de três navios de guerra aliados, ficou decidido que as tropas terrestres deviam ficar de prontidão e tentar tomar a península de Galípoli. Se existissem planos suficientes para que as tropas terrestres entrassem em ação quando as operações navais fracassaram, não teria ocorrido essa vergonhosa confusão de não se saber se Exército ou Marinha comandavam as operações no desembarque no dia 25 de abril. Ainda mais importante, talvez, se os Aliados estivessem mais organizados desde o início, as forças alemãs e otomanas não teriam demorado mais de um mês para preparar sua defesa contra a invasão iminente.

A partir do dia em que as tropas desembarcaram em Galípoli, o conflito levou mais de oito meses sangrentos para chegar ao fim e resultou em quase 400 mil baixas: 73 mil ingleses e irlandeses, 36 mil australianos e neozelandeses, 27 mil franceses, 4.800 indianos e 251 mil otomanos. Os Aliados não estavam preparados para a força da resistência do exército turco, e em janeiro de 1916 foi decidido que a única opção era evacuar.

Em vez de estar ligado ao fim da campanha, o destino de Churchill foi decidido muito antes, quando a renúncia de *sir* John Fisher, primeiro lorde do mar, em 15 de maio de 1915, provocou reclamações de colegas que já o tinham culpado pelo afastamento de Winston como primeiro lorde do Almirantado. Diante de tantas críticas, o primeiro-ministro, Asquith propôs um governo de coalizão com o Partido Conservador para os tempos de guerra, cuja condição foi a destituição de Churchill. Winston foi demitido e rebaixado ao cargo inferior de chanceler do ducado de Lancaster.

Não se pode atribuir apenas a Churchill o fracasso em Galípoli, mas a opinião geral – profundamente ancorada na necessidade coletiva de um bode expiatório, não dissipada por uma enquete pública que revelou o contrário – era que sua teimosia em desconsiderar seus conselheiros, sua postura de intimidar os almirantes e sua negligência em não adotar salvaguardas básicas foram em grande parte responsáveis por ele. Em sua defesa pode-se dizer que, afinal, ele não era primeiro-ministro e tinha submetido todas as suas decisões ao Gabinete de Guerra, mas havia forçado a adoção de seus planos apesar das objeções de Kitchener e de seus colegas do Almirantado. Sua reação não foi de arrependimento, mas de ultraje, como disse a um amigo: "Estou acabado! [...] Acabado para tudo o que me importa – a condução da guerra, a derrota dos alemães".

Um humilhado Churchill mudou-se da Casa do Almirantado, e Clemmie e Winston se viram alijados da sociedade que tinham desfrutado por cinco anos. Clementine mais tarde disse ao biógrafo de Churchill, Martin Gilbert, que esse foi um dos momentos mais dolorosos da vida do marido e que chegou a "pensar que ele morreria de dor". Furiosa com a destituição do marido, ela escreveu a Asquith: "Se atirar Winston ao mar, o senhor estará cometendo um ato de fraqueza, e seu governo de coalizão não será tão formidável como máquina de guerra quanto o atual governo". O primeiro-ministro ficou impassível, e, quando o novo Gabinete de Guerra foi anunciado e Winston não estava entre seus membros, Churchill tomou a decisão de se retirar totalmente do governo e se juntar às tropas no front ocidental.

Inicialmente Churchill voltou à sua velha brigada, os Hussardos da Rainha, mas, ao chegar à França, foi apanhado por um carro e levado direto para o quartel-general de Saint-Omer. Durante o jantar regado a champanhe, foi-lhe oferecido escolher entre o cargo leve de ajudante de campo do comandante em chefe, *sir* John French, e um papel ativo no front. Talvez seja surpreendente que ele tenha escolhido a ação no front, mas a decisão refletia mais do que seu antigo gosto pela aventura. Dava-lhe a oportunidade de se distinguir lutando por uma causa em que acreditava verdadeiramente e de lavar o sangue de Galípoli em suas mãos.

Depois de apenas duas semanas na França, Churchill solicitou ao general French que o promovesse a chefe de uma brigada. Com tão pouca experiência nessa função, e aconselhado pelo primeiro-ministro, que temia uma reação adversa, French vetou a ideia, e Winston foi encorajado a assumir a chefia de um pequeno batalhão com o cargo de tenente-coronel encarregado da 9ª divisão do 6º Batalhão de Fuzileiros dos Royal Scots. No fim de janeiro de 1917, seu batalhão viajou para o front na Bélgica, e Churchill passou três meses e meio nas trincheiras. Não era parte de nenhuma ofensiva importante, mas não havia trégua, porque "o fogo de artilharia dos alemães era contínuo, e seus rifles e metralhadoras, um constante perigo".

Em casa, Clementine continuava lutando pela reputação política do marido, mas, com o governo Asquith em tumulto e a fracassada campanha de Churchill em Galípoli sendo debatida na Câmara dos Comuns, ela temia que ainda demorasse algum tempo até que a hostilidade diminuísse. Apesar das preocupações com sua própria segurança, aconselhou o marido a não ter pressa de retornar, escrevendo: "Para serem grandiosas, a ações devem ser entendidas pelas pessoas simples. É fácil entender seu motivo para ir para o front – seu motivo para voltar exige explicação". Mas, depois que um discurso desastroso proferido na Câmara dos Comuns durante uma semana de licença em março de 1917 o deixou numa posição ainda pior, Churchill ignorou o conselho da mulher e retornou a Londres, em 7 de maio, para tentar restaurar sua reputação.

Churchill levaria quase três anos e uma série de funções até finalmente voltar a assumir um lugar no Gabinete. Nessa época, foi assinado o armistício entre os Aliados e a Alemanha, e, quatro dias depois, em 15 de novembro de 1918, Clementine deu à luz seu quarto filho, uma menina que recebeu o nome de Marigold.

Recentemente reeleito primeiro-ministro, David Lloyd George depositava muita fé no velho amigo quando o nomeou ministro da Guerra em janeiro de 1919. Quase imediatamente, ele passou a defender nos bastidores que as tropas aliadas ainda baseadas na Rússia oferecessem apoio ao Exército Branco na Guerra Civil Russa. Churchill considerava o bolchevismo uma das grandes ameaças à democracia inglesa e, como explica Jenkins, novamente deixou clara sua "crença de que vontade e otimismo eram mais importantes que a adequação de recursos para a tarefa considerada". Seu plano para uma ofensiva no norte da Rússia, destinada a tomar a ferrovia transiberiana, terminou em retirada e em derrota total, fortalecendo a visão agora comum de que ele era um aventureiro militar que não merecia confiança.

Até Lloyd George perdeu a fé em seu ministro da Guerra e, em 1921, transferiu-o para o Ministério das Colônias. Continuava sendo um cargo no Gabinete e pelo menos deu a Winston a oportunidade de viajar com Clementine para participar da Conferência do Oriente Médio no Cairo naquela primavera. Era uma glamourosa cidade colonial, e durante a viagem o casal conheceu ninguém menos que o coronel T. E. Lawrence ["Lawrence da Arábia"] e a exploradora Gertrude Bell. Quando voltou a Londres, porém, em abril, Clementine recebeu a notícia de que seu irmão, Bill Hozier, um charmoso mas conhecido jogador, tinha se matado com um tiro em um quarto de hotel em Paris. Clemmie e Winston tinham sido íntimos dele, e a notícia os atingiu fundo. Então, alguns meses depois, a mãe de Winston morreu. Depois dessas duas perdas, com a casa mergulhada no luto, Clementine recebeu um telefonema: a filha mais nova, Marigold, estava gravemente doente, com septicemia.

O casal correu a ficar ao lado dela e passou em vigília a noite toda. Na tarde de 22 de agosto, Marigold recuperou a consciência por tempo suficiente para pedir que a mãe cantasse sua canção favorita, "Bubbles". Clammie agarrou-se a cada grama de coragem e começou a cantar, até que Marigold tocou o braço da mãe e disse: "Esta noite não... termine amanhã". Morreu na manhã seguinte, assistida pelos pais. Mais tarde Winston contou à filha Mary que, "na sua agonia, Clementine soltou uma sucessão de gritos selvagens, como um animal em sofrimento mortal".

Era uma dor que nunca os abandonaria, mas raramente era verbalizada. Com a típica reserva inglesa, Mary Soames conta que a mãe "não se entregou ao sofrimento, mas, ao contrário, o sufocou e tocou a vida". Ela e Winston foram aconselhados a tirar férias, e assim, em janeiro de 1922, viajaram para a França, onde Clementine descobriu que estava grávida de novo. Menos de um ano depois da morte de Marigold, os Churchill receberam Mary, a quinta e última filha, a tempo de visitar a outra nova aquisição da família: uma casa de campo situada em Kent, pouco mais de 50 quilômetros ao sul de Londres, chamada Chartwell.

A casa, que se tornaria o endereço mais icônico de Churchill – depois de Downing Street, talvez –, estava um tanto decadente e precisaria de uma reforma que custaria uma pequena fortuna. Clementine a detestou, mas fez o que pôde para torná-la acolhedora, sabendo que ela satisfazia o desejo de Winston de um retiro permanente no campo.

Um abrigo seguro no campo não poderia ter vindo em melhor momento para Churchill, porque a coalizão de Lloyd George tinha chegado a um ponto de ruptura e, em outubro de 1922, o primeiro-ministro foi forçado a renunciar. Uma eleição geral foi convocada, mas Churchill estava de cama com apendicite e impossibilitado de disputar sua cadeira parlamentar por Dundee. O resultado foi um desastre: "o que em 1908 parecia um 'cargo vitalício' tinha se esfarelado em suas mãos".

O casal resolveu tirar seis meses de férias na Riviera Francesa, para que Winston pudesse se recuperar. Em 1915, quando foi demitido do Almirantado, ele começara a pintar; agora, seu recente desemprego lhe dava muito tempo para se reconectar ao antigo hobby. Os Churchill voltaram para casa no verão de 1923 para supervisionar o final das reformas em Chartwell. Clementine ainda tinha fortes reservas em relação às finanças, mas o campo era um consolo para Winston. Ali ele podia escrever e pintar, e gostava de ajudar nas reformas.

Mas, sendo Winston como era, não podia ficar muito tempo longe da política. Na campanha eleitoral de 1924, não conseguiu garantir sua candidatura entre os liberais e fez uma tentativa fracassada de concorrer como independente. Achava que liberais e conservadores deviam estar trabalhando juntos, e não em oposição, e em abril daquele ano ficou surpreso ao saber que os conservadores cogitavam arregimentá-lo para o partido, oferecendo-lhe uma cadeira em Epping, Londres. Depois de uma pequena hesitação, Churchill concordou em mudar de lado mais uma vez. E se manteve conservador pelo resto da vida.

Sua campanha se baseou numa agenda fortemente antissoviética, com críticas ao desejo do Partido Trabalhista de um tratado anglo-soviético. Sua posição encontrou eco entre os eleitores, e ele venceu com ampla maioria. O novo primeiro-ministro, Stanley Baldwin, o recompensou nomeando-o ministro das Finanças. Ao aceitar o cargo, conta-se que ele disse a Baldwin: "Isso satisfaz minha ambição. Ainda tenho o traje de meu pai como ministro. Terei muito orgulho de servi-lo nesse esplêndido cargo". Esplêndido ele era de fato, já que vinha com o benefício de acomodações no nº 11 da Downing Street, casa que Clementine e as crianças adoraram e onde viveriam por quatro anos e meio.

Seu período no Tesouro foi prejudicado por várias controvérsias. A primeira foi uma política fiscal que levaria a economia britânica à recessão e provocou greves por todo o país. A ideia de voltar ao padrão-ouro (que a Grã-Bretanha tinha abandonado em 1914 para estancar a rápida queda do valor da libra) já circulava antes da administração Baldwin, e inicialmente Churchill tinha fortes reservas em relação a ela. Ele promoveu uma ampla investigação e buscou o conselho de colegas e acadêmicos. Entre eles estava um brilhante jovem economista de Cambridge chamado John Maynard Keynes, que produzira um panfleto intitulado *The Economic Consequences of Mr. Churchill* [As consequências econômicas do sr. Churchill], no qual argumentava que, se a Grã-Bretanha voltasse ao sistema monetário anterior à guerra, isso seria um desastre para o crescimento da economia e para o emprego. Infelizmente, fortes grupos de apoio dos conservadores e comissões parlamentares venceram, e, assistido pela família da galeria da Câmara dos Comuns, Churchill restaurou o padrão-ouro no orçamento apresentado em abril de 1925.

É senso comum que foi a política mais equivocada do governo Baldwin, e o nome de Churchill estava na conta. As previsões de

Keynes se revelaram corretas – a libra ficou forte demais para a exportação –, e o impacto sobre as indústrias britânicas, em particular sobre a indústria do carvão, foi catastrófico. No auge da subsequente greve geral de 1926 – a única greve nacional da Grã-Bretanha –, 1,75 milhão de trabalhadores pararam suas atividades. A reação de Winston de enviar o exército foi abrandada pela insistência de Baldwin de que os soldados estivessem desarmados. Quando uma cerca de arame farpado foi estendida no Hyde Park, a classe dos colarinhos-brancos foi trabalhar, restaurando alguns serviços: cavalheiros com a insígnia de Eton trabalhavam como porteiros na estação Waterloo, dirigiam locomotivas e ônibus, entregavam jornais. Churchill desceu pessoalmente às docas na tentativa de controlar o motim. Diante do medo crescente de uma explosão de violência, os sindicatos voltaram atrás e a greve foi dominada em apenas dez dias, mas acusações de brutalidade foram levadas à porta de Churchill.

A greve geral perdurou muito tempo na memória da nação, e, com o desemprego ainda alto, os conservadores perderam a maioria na eleição geral de 1929. Stanley Baldwin renunciou, enquanto Churchill manteve sua cadeira por Epping, mas nos dois anos seguintes foi se afastando do partido graças a opiniões divergentes em questões fundamentais.

Winston se retirou para Chartwell e voltou a escrever e pintar. Sem o salário do Gabinete, e depois de sofrer enormes perdas financeiras no *crash* de Wall Street em 1929, os Churchill se viram mais uma vez em dificuldades e – graças aos notórios e excessivos gastos de Winston com charutos e champanhe – sem dinheiro. Foi um isolamento que duraria dez anos.

Apesar de sua imagem política profundamente desgastada, havia assuntos que ele achava conhecer muito bem para negar ao público sua opinião sobre eles, e em 1931 um deles foi o autogoverno da Índia. Mais uma vez, ele estava do lado errado da história e de seu próprio partido ao opor-se à solicitação da Índia de fazer parte dos Domínios, situação semelhante à do Canadá, da Austrália e da Nova Zelândia. Ele temia que, se fosse concedido esse direito, seria o fim do Império Britânico na Índia – o novo governo indiano tentaria retirar os ingleses do país logo que possível.

Do lado oposto, estava o vice-rei da Índia, lorde Irwin, mais conhecido como visconde Edward Halifax. Apesar das ligações de Halifax com o rei e os altos escalões da aristocracia britânica, suas ideias sobre o assunto eram surpreendentemente progressistas. Estava chegando ao fim de seu mandato como vice-rei e acreditava verdadeiramente que, depois de anos de violência e desobediência civil, garantir à Índia o status de domínio era trabalhar pela paz. Baldwin apoiou a proposta do vice-rei e anunciou à Casa que seu partido iria considerá-la "um dever" caso retornasse ao poder no futuro. Em outros tempos uma das mentes mais liberais entre os conservadores, Churchill se sentiu obrigado a renunciar ao seu posto no governo paralelo.[4] Como observa Roy Jenkins: "A questão indiana permaneceu no centro das políticas de Churchill, drenando suas energias, levando-o a um impotente isolamento pelo menos por mais três anos".

De volta ao campo, Churchill concentrou-se em seus escritos e fez turnês pelos Estados Unidos, onde dava palestras e participava de transmissões radiofônicas. Era ainda um orador frequente na Câmara dos Comuns em questões como finanças e segurança internacional, mas suas ideias sobre a Índia faziam-no parecer desligado da realidade. Muitos viam no fim da Primeira Guerra Mundial o fim do Império, mas Churchill, filho das eras vitoriana e eduardiana, conservava uma inquebrantável fidelidade à presença global da Grã-Bretanha.

Churchill acreditava que a Alemanha, sob o ascendente partido de Hitler, o Partido Nacional-Socialista, representava a maior ameaça à Grã-Bretanha, que vinha de um total entendimento dos fatos. Embora não conhecesse a atual situação da sociedade indiana, tinha viajado por toda a Alemanha, onde tinha visto "todos aqueles bandos de robustos jovens teutônicos marchando pelas ruas e estradas da

4. Gabinete formado pelo maior partido de oposição, que "nomeia" deputados para as pastas equivalentes às existentes no governo. O ministro do governo paralelo torna-se o porta-voz oficial do partido sobre o tema que interessa à sua pasta e enfrenta seu equivalente no governo oficial nos debates no Parlamento. (N.T.)

Alemanha, com fogo nos olhos de desejo de sofrer pela pátria". Para ele estava claro: do desejo nacional de recuperar a autoestima perdida surgiria o chamado para as armas; e deste viria o apelo para a volta dos territórios perdidos.

Em abril de 1933 Churchill fez um longo e impressionante discurso aos Comuns sobre a natureza dessa ameaça. Disse acreditar que "a Alemanha se saíra bem depois da Grande Guerra" e que tinha prometido aos Aliados "que seria uma democracia com instituições parlamentares", mas:

> tudo isso tinha sido abolido. O que se vê é uma ditadura – a mais severa ditadura. O que se vê são o militarismo e apelos a todas as formas de espírito belicoso, da reintrodução dos duelos nas universidades à recomendação por parte do ministro da Educação do uso da vara nas escolas elementares. O que se vê são manifestações marciais ou truculentas, e também perseguição aos judeus, dos quais muitos são indivíduos honoráveis. Os membros têm se manifestado, e apelo a todos os que sentem que homens e mulheres têm o direito de viver no mundo onde nasceram, e têm o direito de aspirar a uma vida que até então lhes foi garantida pelas leis da terra onde nasceram [...].

Churchill continuou fazendo advertências como essa no Parlamento, em artigos de jornal, em numerosas cartas a colegas, mas só uma vez na rádio BBC, onde seu fundador, John Reith, viu em Churchill um extremista. Na verdade, Reith proibiu Churchill de falar publicamente sobre o assunto. Em 1935, porém, o governo britânico admitiu que a Alemanha tinha o direito de iniciar o rearmamento e reconstruir sua Marinha no máximo em 35% da Marinha britânica, conforme o Tratado Naval Anglo-Germânico.

Em junho de 1935, quando o conservador Ramsay MacDonald deixou de ser primeiro-ministro devido a problemas de saúde, o velho amigo de Churchill, Stanley Baldwin, o sucedeu, mas ele também era um forte defensor do apaziguamento e das políticas de seu antecessor. A imprensa agora relatava as atrocidades cometidas pelo novo regime nazista, lançando confusão na mente de muitos britânicos que achavam que a Alemanha havia pagado caro a derrota na Primeira Guerra Mundial. Porém, os temores de uma ameaça soviética ainda eram altos, e, como escreve Martin Gilbert em *The roots of appeasement* [As raízes do apaziguamento], "o próprio Hitler alegava estar agindo como principal guardião da Europa contra a propagação do comunismo", de modo que a classe alta da Inglaterra em particular relutava em condená-lo como perigoso.

As ambições militares de Hitler continuaram, e em março de 1936 tropas alemãs marcharam em direção à zona desmilitarizada da Renânia, desafiando os tratados de Versalhes e Locarno, assinados no pós-guerra. Os britânicos estavam distraídos com a crise causada pela abdicação de Edward VIII depois que ele declarou sua disposição de se casar com a divorciada americana Wallis Simpson – um assunto que mais uma vez colocou Churchill, que apoiava a união romântica, do lado oposto do governo. A aversão à simples ideia de outra guerra fez com que o público não desse importância ao fato de a Alemanha estar recuperando territórios de populações de língua germânica.

O governo inglês tinha iniciado um processo de rearmamento nos últimos anos, mas o país não estava em condições de considerar qualquer sanção militar contra o último movimento de Hitler. Churchill advertiu que, se a Alemanha continuasse não sendo desafiada, em pouco tempo lançaria o olhar sobre Áustria, Polônia, Tchecoslováquia e Romênia, e aconselhou que a Grã-Bretanha aumentasse rapidamente seu rearmamento. O apoio público a Churchill começava a crescer, mas ele continuava desacreditado e rotulado pelo governo Baldwin como instigador da guerra. Em maio de 1937, quando Neville Chamberlain substituiu Baldwin como primeiro-ministro, Churchill continuou fora do Gabinete, em grande parte porque os dois tinham se confrontado constantemente no curso de suas carreiras políticas, mais recentemente sobre as relações com a Alemanha e na crise da abdicação.

Embora Chamberlain tenha começado demonstrando um forte interesse pela política externa, suas políticas em relação à Alemanha não foram diferentes das de Baldwin. O ministro das Relações

Exteriores, Anthony Eden, porém, compartilhava da opinião de Winston. Eden já desconfiava da Alemanha e acreditava que as políticas de Chamberlain em relação à Alemanha e sua tolerância com o ditador italiano, Benito Mussolini (depois da invasão fascista da Abissínia), eram grandes erros. Isso distanciou Eden da nova administração, distância que só aumentou quando o lorde presidente do Conselho, lorde Halifax, foi encorajado por Chamberlain a se envolver nos assuntos estrangeiros. Em outubro de 1937, o primeiro-ministro convenceu Halifax a aceitar um convite para se encontrar com Hitler quando visitava a Alemanha numa expedição de caça.

Eden era totalmente contrário a esse encontro e se sentiu sabotado pelo novo primeiro-ministro. Deu estritas instruções a Halifax, informando-o de que devia adotar uma linha dura no que dizia respeito às intenções de Hitler em relação a Áustria, Tchecoslováquia e Polônia. Mas, desde que chegara ao poder, Hitler mostrara uma excepcional habilidade em seduzir políticos britânicos – e com Halifax não foi diferente. Ele voltou de seu encontro na Alemanha entoando elogios ao Führer e, contrariando o conselho de Eden, informou o Gabinete de que tinha tido a oportunidade de confirmar a Hitler que a Grã-Bretanha estaria receptiva a discutir o acesso da Alemanha aos territórios da Europa Central e a restauração das antigas colônias que ela perdera com os tratados do pós-guerra. As afirmações de Halifax de que acreditava verdadeiramente que Hitler não tinha a intenção de iniciar uma guerra não tiveram nenhuma influência sobre Eden e marcaram o início do fim da posição de Eden como ministro das Relações Exteriores.

Eden apresentou sua renúncia em 20 de fevereiro de 1938, e Neville Chamberlain nomeou lorde Halifax como seu sucessor. Churchill ficou arrasado e mais tarde lembrou em suas memórias:

> Meu coração afundou, e por um momento as águas escuras do desespero me inundaram [...]. Nunca tinha tido dificuldade para dormir [...] mas naquela noite de 20 de fevereiro de 1938, e só nessa ocasião, o sono me abandonou. Da meia-noite até o amanhecer fiquei deitado na cama, consumido por sentimentos

> de tristeza e medo. Parecia que uma figura forte e jovem se erguia contra longas e funestas ondas que a atraíam e a dominavam, ondas de medidas erradas e frágeis impulsos. Minha conduta nos negócios do governo teria sido diferente da dele [Eden] em vários aspectos, mas naquele momento ele me parecia encarnar a esperança de vida da nação, a grandiosa velha raça britânica que tanto tinha feito pelos homens e tanto ainda podia lhes oferecer. Agora estava acabado. Observei a luz do dia surgir lentamente nas janelas e vi diante de mim, com os olhos da mente, a visão da Morte.

Dois dias depois, com a anexação alemã da Áustria e a possível perda da Tchecoslováquia no horizonte, Churchill lançou à Casa uma advertência extrema sobre o custo do apaziguamento: "Eu previ que chegaria o dia em que, sobre um ponto ou outro, sobre uma questão ou outra, os senhores teriam que se posicionar, e peço a Deus para que, quando chegue esse dia, não venhamos a descobrir que, mediante uma política insensata, temos que assumir essa posição sozinhos".

Agora não havia mais dúvidas sobre as intenções de Hitler, e os temores de Churchill se confirmaram quando, em setembro de 1938, Neville Chamberlain viajou para a Alemanha para apresentar uma proposta anglo-francesa sobre a questão da região dos Sudetos que os líderes tchecos e sudetos em princípio tinham aprovado. O plano vazou e, como escreve Gilbert, "Hitler, furioso com o fato de os sudetos estarem dispostos a aceitar a autonomia dentro da Tchecoslováquia, incitou-os a exigir mais. Quando eles se mostraram relutantes [...] Hitler pública e violentamente denunciou a proposta".

Com as previsões de Churchill confirmadas, o governo finalmente o aceitou de volta ao rebanho – como se diz. Embora não fosse membro do Gabinete, durante as semanas que se sucederam ao fracassado encontro de Chamberlain com Hitler, Churchill teve várias reuniões com o primeiro-ministro e com o ministro das Relações Exteriores, mas seus companheiros parlamentares ainda hesitavam em aceitar seu conselho e admitir que a política de apaziguamento tinha fracassado.

Chamberlain pressionava por novas negociações com Hitler e viajou a Munique para tentar resolver o assunto. Churchill implorou a Chamberlain que "dissesse à Alemanha que, se ela pusesse os pés na Tchecoslováquia, imediatamente entraríamos na guerra". Seus apelos caíram em ouvidos moucos. Quando, em 30 de setembro, Chamberlain voltou depois de pouco mais de um dia de negociações, uma multidão de apoiadores o esperava no campo de pouso. Ele desceu os degraus do avião acenando uma folha de papel assinada que ficou conhecida como o Acordo de Munique e, triunfante, anunciou à imprensa que o aguardava que o acordo era "simbólico do desejo de nossos dois povos de nunca mais entrarem em guerra". Muitos acharam que ele, na verdade, tinha aceitado todas as exigências de Hitler e, quando a Câmara dos Comuns se reuniu para debater a questão durante quatro dias, Churchill aguardou o momento de maior impacto – às 17h10 do terceiro dia de debates – para pronunciar um esmagador discurso de quarenta e cinco minutos sobre os acontecimentos de cinco dias antes:

> Começarei dizendo a coisa mais impopular e mais indesejável. Começarei dizendo o que todo mundo gostaria de ignorar ou esquecer, mas que apesar disso deve ser dito, ou seja, que tivemos uma total e absoluta derrota [...]. O máximo que ele [Chamberlain] foi capaz de obter para a Tchecoslováquia e nas questões que estão em disputa foi que o ditador alemão, em vez de esforçar-se para agarrar sua refeição sobre a mesa, ficasse feliz em vê-la servida prato por prato [...]. Tudo acabou. Em silêncio, desolada, abandonada, quebrada, a Tchecoslováquia recua para a escuridão [...]. O que considero intolerável é a sensação de ver nosso país cair sob o poder, na órbita e influência da Alemanha nazista, e nossa existência tornar-se dependente de sua boa vontade ou prazer [...]. Não queremos ser conduzidos pela grande estrada para nos tornarmos um satélite do sistema nazista alemão de dominação da Europa. Em poucos anos, talvez em poucos meses, seremos confrontados com exigências que sem dúvida teremos que satisfazer. Essas exigências podem afetar a cessão de

> território ou a cessão da liberdade [...]. Não invejo nosso leal e bravo povo, que está pronto a cumprir seu dever a qualquer custo [...] mas ele precisa conhecer a verdade. Precisa saber que tem havido muita negligência e deficiência em nossas defesas; precisa saber que sofremos uma derrota sem guerra, cujas consequências nos acompanharão ao longo de nosso caminho; precisa saber que passamos por um marco horrível em nossa história, quando todo o equilíbrio da Europa se desarranjou e terríveis palavras foram pronunciadas contra as democracias ocidentais: "Foste pesado na balança e achado em falta".[5] E não se suponha que isso é o fim. É apenas o início do acerto de contas. É apenas o primeiro gole, o primeiro gosto de uma taça amarga que nos será ofertada ano após ano, a menos que, graças a uma suprema recuperação da saúde moral e do vigor marcial, despertemos e assumamos nossa defesa da liberdade como nos velhos tempos.

Menos de um ano mais tarde, depois que os nazistas invadiram a Tchecoslováquia e a Polônia, a Grã-Bretanha declarou guerra à Alemanha.

As assustadoras palavras de Churchill não podiam deixar de ecoar na mente dos arquitetos do apaziguamento à medida que os acontecimentos de maio de 1940 se desenrolaram, mas poucos podiam saber que, naquele dia de outubro de 1938, aquele homem intransigente seria a salvação da Grã-Bretanha.

---

5. Churchill citou a Bíblia, Daniel 5:27. (N.T.)

SEXTA-FEIRA, 10 DE MAIO DE 1940

A ALEMANHA INICIA A OPERAÇÃO "FALL GELB" (CASO AMARELO)

4 MILHÕES DE SOLDADOS SÃO ENVIADOS PARA AS FRONTEIRAS DA HOLANDA, BÉLGICA E FRANÇA

1 MILHÃO DE AVIÕES DA FORÇA AÉREA LEVANTAM VOO PARA REALIZAR A BLITZKRIEG

CAI O GOVERNO CHAMBERLAIN

3

CAI UM LÍDER

Quando a tarde de 9 de maio de 1940 chegava ao fim, Churchill se preparava para a tarefa colossal de liderar a nação e confidenciou ao filho Randolph, que telefonara para o Almirantado: "Penso que amanhã serei primeiro-ministro". Na madrugada do dia seguinte, todas as expectativas de uma transição suave na liderança desapareceram quando – exatamente um mês depois do constrangimento de Churchill com a "desastrada" Campanha da Noruega – Hitler mais uma vez lançou um ataque devastador sobre a Europa.

Pouco depois das 5h30, não foi a chegada da bandeja com seu habitual café da manhã – com um copo de uísque com soda entre as torradas e o prato com ovos – que despertou Churchill, mas as notícias de que a Alemanha tinha invadido a Holanda. "Caixas cheias de telegramas chegavam do Almirantado, do Ministério da Guerra e do Ministério das Relações Exteriores", ele lembrou, e às 6h telefonou para o embaixador francês para discutir a disposição de tropas nas proximidades da Bélgica. Rapidamente ficou claro que a Bélgica também tinha sido invadida, embora os dois países tivessem declarado neutralidade quando a guerra irrompera. Churchill terminou seu telefonema com o francês e se reuniu com os ministros da Aeronáutica e da Guerra, *sir* Samuel Hoare e Oliver Stanley, para discutir a possível reação da Grã-Bretanha. Hoare lembrou que "o espírito [de Churchill], longe de se abalar diante do fracasso ou do desastre, se fortalecia em uma crise, [e ele] estava pronto como sempre com seu confiante conselho". E acrescentou: "Eram 6h da manhã, depois de um feroz debate na Câmara dos Comuns e uma sessão tardia. E no entanto lá estava ele, fumando seu grande charuto e comendo ovos fritos com bacon, como se tivesse acabado de voltar de um passeio matinal".

Os três homens então se dirigiram para o andar superior do Almirantado, onde uma reunião do Comitê de Coordenação Militar estava prestes a começar, às 7h. Foram feitas rápidas atualizações da situação, revelando a velocidade, a escala e o sucesso do aterrador avanço alemão, que tinha começado às 3h pelo horário de Greenwich. A Luftwaffe[1] lançava bombas e milhares de paraquedistas alemães pousavam sobre os principais alvos na Holanda, na Bélgica e agora também em Luxemburgo. O Comitê de Coordenação Militar ordenara o deslocamento do exército inglês, que agora se juntava ao exército francês em sua marcha para a Bélgica. No caos do momento, o chefe do Staff Imperial Geral, *sir* Edmund Ironside, lembrou que, quando entrou em outra sala, "não conseguiu mais sair. Todos os vigias da noite tinham ido embora e os do dia ainda não estavam lá. As portas estavam trancadas com duas ou três chaves. Caminhei até uma janela, a abri e pulei. Tudo pela segurança".

Enquanto Ironside pulava pela janela, o povo britânico fazia o que podia diante do boletim das 7h da BBC, que anunciou: "Há informações, ainda não confirmadas oficialmente, de que os alemães invadiram a Holanda".

Randolph Churchill, que estava servindo no antigo regimento do pai, o 4º Regimento de Hussardos da Rainha, estava em seu alojamento em Hull e telefonou ao pai às 7h30 para tentar descobrir o que estava acontecendo. Winston o informou que "grande quantidade de tropas alemãs estava desembarcando nos Países Baixos, mas que exércitos britânicos e franceses avançavam para encontrá-las e

1. Divisão aérea da Wehrmacht, a força de defesa da Alemanha nazista. (N.E.)

em um dia ou dois haveria uma colisão frontal". Randolph então perguntou: "E o que o senhor me disse ontem à noite sobre se tornar primeiro-ministro?". O pai foi claro: "Oh, não sei sobre isso. Nada importa agora a não ser derrotar o inimigo".

Mas o que realmente aconteceria em relação ao assunto que inflamara os últimos três dias? Quem seria primeiro-ministro? Chamberlain dissera que esperaria a decisão do Partido Trabalhista antes de se comprometer a renunciar. Se os trabalhistas estivessem dispostos a servir um governo liderado por ele, ficaria. Alheios à *Blitzkrieg* que varria a Europa Ocidental, Clement Attlee e Arthur Greenwood tomaram o trem que partiu às 11h34 de Waterloo para Bournemouth, onde se realizaria o congresso trabalhista. Ao que parecia, Chamberlain teria sua resposta naquele dia, mas não naquele momento.

Enquanto isso, pouco antes das 8h, Churchill percorreu seu habitual caminho, saindo do Almirantado e cruzando com a Troca da Guarda da Rainha, seu ritmo garboso coordenado com o de Stanley e Hoare, que caminhavam para o nº 10 da Downing Street, onde o Gabinete de Guerra faria a primeira de muitas reuniões daquele dia. Ocupando seus lugares em volta da mesa de mogno, os vinte ministros, chefes militares e secretários do Gabinete analisaram a situação atual. Na falta de confirmação oficial de que se tornaria líder, Churchill decidiu simplesmente agir como tal. Neville Chamberlain estava sentado "na cadeira", mas foi Churchill quem comandou a reunião, confirmando que "todo o plano para o avanço das forças aliadas para os Países Baixos tinha sido posto em ação. As tropas estavam agora em total estado de prontidão, mas com certeza rapidamente se moveriam".

Em menos de três horas Winston estava comandando a guerra. Talvez alguém possa pensar que Chamberlain, tendo testemunhado esse desempenho assertivo, aceitaria a conclusão do dia anterior de que Churchill o substituiria como primeiro-ministro. Enganou-se. Samuel Hoare e Churchill observaram que, depois dessa reunião, Chamberlain confiou a Samuel Hoare acreditar que devia "adiar sua renúncia até que a batalha francesa terminasse". Era uma afirmação espantosa, porque ele nada dissera digno de nota na reunião das 8h do Gabinete de Guerra. Além disso, o público britânico tinha acordado para ver os acontecimentos do dia anterior estampados nas primeiras páginas:

CHAMBERLAIN DEVE RENUNCIAR: ESPERA-SE QUE CHURCHILL SEJA O NOVO PREMIÊ

FRACASSA A ÚLTIMA APOSTA DO PRIMEIRO-MINISTRO: O "NÃO" TRABALHISTA

PREMIÊ: ÚLTIMO ESFORÇO. RENUNCIA HOJE SE FALHAR A TENTATIVA DE UM GOVERNO MULTIPARTIDÁRIO

SOCIALISTAS NO Nº 10 NA NOITE PASSADA

Como Chamberlain podia renegar tudo com que havia concordado? Entretanto, mais uma vez, como desistir? Se Churchill o sucedesse agora, destruiria tudo pelo que ele havia trabalhado, não só durante os últimos três anos como primeiro-ministro, mas ao longo de toda a sua campanha pelo apaziguamento. Provaria que ele estava errado. Errado sobre tudo. Errado ao ignorar seis anos de advertências de Churchill. "Paz para o nosso tempo" – as palavras que Chamberlain pronunciara quando recuara do plano em Munique em 30 de setembro de 1938 – agora parecia uma frase ridícula. A frágil folha de papel que ele agarrara com força nas mãos: ridícula. Tudo parecia ridículo.

Tudo exceto uma coisa: Churchill. Só ele tinha entendido a ameaça; ao contrário de membros da família real e de muitos aristocratas da Inglaterra, não havia sido seduzido pelos encantos nazistas; e tinha se recusado a manter silêncio apesar das calúnias lançadas sobre ele. Sua recompensa? Fora expulso da sociedade política que ajudara a formar e rotulado de instigador da guerra. No entanto, apegara-se firmemente a seus princípios: não se pode negociar com ditadores.

Só se pode imaginar o que Chamberlain deve ter pensado quando ficou sabendo que tanques alemães estavam varrendo a Europa Ocidental – o que isso significava. O que agora precisava enfrentar. Suas tentativas desesperadas de se apegar ao poder eram atos de um homem humilhado. Em anos recentes, as ações e o legado de Chamberlain têm sido vistos com menos opróbrio do que nas décadas imediatamente posteriores à guerra, mas os poucos meses que lhe restavam de vida devem ter sido os mais difíceis. Depois da reunião do Gabinete de Guerra, ele procurou o ministro das Finanças, *sir* Kingsey Wood, com a ideia de permanecer no poder.

Seria um erro afirmar que teimosia ou pura ambição moveram as tentativas de Chamberlain de se manter na liderança. Ele tinha reais reservas contra Churchill. Como muitos de seus colegas e quase todos os que permaneciam abertos a conversações de paz com Hitler – fruto de uma forte intriga que incluía Halifax –, a simples ideia de ter Winston no comando era assustadora. Churchill líder supremo? Winston Churchill no comando de tudo? Aquele falastrão de 65 anos com problemas de alcoolismo e décadas de erros de julgamento liderando o país? Esqueça o país, era possível se perdoar por ter reservas em emprestar uma *bicicleta* a esse homem.

Em seus últimos atos de resistência, Chamberlain não estava pensando só em si mesmo. Ele representava muitas vozes poderosas que achavam que a Grã-Bretanha precisava, talvez mais do que nunca, de uma liderança estável, sóbria, racional, calma e não emotiva. Não importa o que se pensasse de Winston, ninguém o descreveria dessa maneira. Disposto a utilizar legiões de exércitos em carne e osso como se fossem os soldadinhos de chumbo de sua infância, e com estrofes de poesia heroica ecoando na cabeça, ele era, com certeza, capaz de impor uma rápida destruição sobre toda a nação.

Em maio de 1940, a simples ideia de Churchill como líder deixava apreensivos até mesmo seus mais ardentes admiradores. Assim, quando falou com Kingsley Wood depois da reunião do Gabinete de Guerra, Chamberlain tinha motivos para esperar um apoio de última hora dos amigos, que, mesmo que não reconhecessem suas forças, deviam ao menos concordar com as fraquezas de seu rival.

Muito improvável. Era tarde demais. A Grã-Bretanha precisava de um governo nacional, e seu preço, exigido pelo Partido Trabalhista, era nada menos que a cabeça de Chamberlain.

Kingsley Wood, escolhido como mensageiro desse drama, achou mais humano ser cruel e comunicar as duras notícias antes que "a nova crise tornasse ainda mais necessário um governo nacional, que sozinho pudesse enfrentá-la". Ao ouvir isso de um homem que a maioria considerava seu protegido, Chamberlain finalmente cedeu.

As Divisões Panzer alemãs faziam rápido progresso ao cruzar as planícies da Bélgica, de Luxemburgo e da Holanda, com a França em seu campo de visão, quando o Gabinete de Guerra se reuniu pela segunda vez às 11h30 e ficou sabendo das primeiras baixas no bombardeio alemão a Nancy, na França. Mas a informação era escassa e incerta. Ironside informou ao Gabinete que se suspeitava de que os alemães planejavam atravessar Luxemburgo e a floresta das Ardenas em direção à linha defensiva no rio Mosa, ao mesmo tempo forçando um avanço pela Bélgica em direção às forças aliadas ao longo do canal Albert. Na verdade, os alemães já tinham avançado muito mais do que os Aliados suspeitavam, mas, como explica Philip Warner em seu livro *A Batalha da França*, a neutralidade da Bélgica fez com que suas tropas não estivessem preparadas e treinadas para a invasão "ao longo do Mosa [e] ficaram tão surpresas com a chegada dos planadores alemães que a princípio pensaram tratar-se de aeroplanos em dificuldades; sua primeira reação foi ajudar o que imaginavam serem aeronautas com problemas".

Uma segunda reunião do Comitê de Defesa foi realizada no Almirantado às 13h para discutir a estratégia de bombardeio de "cidades abertas na Bélgica", com Churchill mais uma vez "na cadeira". Em resposta ao pedido de ajuda aos belgas por parte dos Aliados, o general *sir* Hastings Ismay, fiel aliado de Churchill, lembrou que, quando o Conselho Supremo de Guerra se reuniu em novembro de 1939, tinha decidido que, "em caso de uma violação do território belga por parte dos alemães, o plano conhecido como Plano D seria automaticamente colocado em operação. Isso significava que, sem mais instruções, a Força Expedicionária Britânica [mais de 394 mil homens armados enviados à França desde o início da guerra, em setembro de 1939] logo se poria em movimento, em máxima velocidade, em direção à Bélgica". Agora essa hora tinha chegado, e a ata da reunião registra "que, se as evidências acumuladas mostrassem que os alemães tinham 'partido para o ataque', o governo britânico estava inclinado a começar os ataques (o bombardeio) naquela noite às refinarias de petróleo e pátios de ferrovias na Alemanha".

A maratona de Churchill continuou, e, depois de um rápido almoço com seu leal amigo lorde Beaverbrook, ele voltou ao nº 10 para uma terceira reunião do Gabinete de Guerra às 16h30. Ali, foi apresentado um relatório do Subcomitê Conjunto de Inteligência que detalhava os últimos alvos do bombardeio alemão na Holanda, Bélgica, França e Suíça, assim como em cinco locais em Kent (as primeiras bombas alemãs sobre a Inglaterra tinham sido lançadas em outubro de 1939, na costa leste). A discussão anterior sobre ataques de retaliação a alvos alemães continuou. É aqui que vemos como Winston prestava atenção nos mínimos detalhes, assim como nas opiniões daqueles homens confiáveis e experientes que se sentavam ao redor da mesa do Gabinete. O marechal-chefe do ar *sir* Cyril Newall era a favor da retaliação imediata porque "o efeito psicológico de um golpe imediato aos pontos mais vulneráveis do inimigo seria notável em todo o mundo". Ele era apoiado pelo ministro da Aeronáutica, *sir* Samuel Hoare, que afirmou: "Se não atacarmos a Alemanha dura e imediatamente, a opinião mundial nos criticará. A história está cheia de exemplos de que o adiamento de uma decisão acabou fazendo com que ela nunca fosse tomada". Apesar da defesa feita pela Força Aérea, Ironside era contra, citando a opinião de lorde Gort, comandante em chefe da Força Expedicionária Britânica, de que esse ataque "não teria nenhum efeito sobre a batalha terrestre". O comentário de Hoare sobre os "exemplos históricos" deve ter tocado nos ouvidos de Churchill como os sinos do Big Ben, porque, mais do que ninguém, ele entendia que calamidade podia resultar de ações militares impetuosas, e por isso tomou partido de um adiamento de 24 horas. As atas registram então que Chamberlain, "depois de ouvir os argumentos [...] foi a favor de adiar o ataque [...] pelo menos por 24 horas".

Quando a reunião caminhava para o fim, o primeiro-ministro anunciou que havia recebido uma resposta do Partido Trabalhista sobre a questão de um governo nacional. O texto dizia: "O Partido Trabalhista está preparado para partilhar a responsabilidade como parceiro em um novo governo, sob um novo primeiro-ministro, que comandará a confiança da nação". Chamberlain confirmou que, "à luz dessa resposta, tinha chegado à conclusão de que a ação correta seria apresentar sua renúncia ao rei. E propôs fazer isso naquela noite". Mas, apesar de tudo o que ocorrera naquele dia, ele ainda não conseguia admitir aos dezenove homens ao redor da mesa que a pessoa que ele não queria ver assumir o poder estava agora tomando as rédeas da situação.

Terminada a reunião, os membros do Gabinete de Guerra voltaram a seus respectivos escritórios enquanto a decisão dos trabalhistas se espalhava por todo o Partido Conservador. Uma última tentativa desesperada de convencer Halifax a reconsiderar foi feita pelo líder da bancada conservadora, mas, quando ele chegou ao Ministério das Relações Exteriores, descobriu que Halifax tinha ido ao dentista. Andrew Roberts nota na biografia que escreveu sobre Halifax: "Embora [ele] tivesse ido ao dentista duas vezes em dois meses em 1939, dificilmente teria saído do Ministério das Relações Exteriores se estivesse receptivo a essas abordagens de última hora".

Chamberlain partiu para o Palácio de Buckingham logo após o fim da reunião do Gabinete de Guerra. Lá encontrou-se com o rei George VI para renunciar oficialmente a seu cargo e aconselhá-lo sobre quem ele devia indicar para o seu lugar. Não era o nome que Sua Majestade esperava ouvir. O rei lembra em seu diário:

> Pensei quão rude e injustamente ele tinha sido tratado e que eu estava terrivelmente triste que toda essa controvérsia tivesse acontecido. Então tivemos uma conversa informal sobre seu sucessor. Naturalmente, sugeri Halifax, mas ele me disse que H não estava entusiasmado, porque, estando entre os lordes, só poderia atuar

> como uma sombra ou fantasma na Câmara dos Comuns, onde o trabalho de verdade acontecia. Fiquei desapontado com seu comentário, porque achava que H era o homem óbvio e que sua condição de nobre podia ficar em suspenso. Então eu soube que só havia uma pessoa que poderia nomear para formar um governo que tivesse a confiança do país, e essa pessoa era Winston. Pedi a opinião de Chamberlain e ele me disse que Winston era o homem a ser nomeado.

O rei oferecer-se para suspender temporariamente um título de nobreza para que Halifax pudesse se tornar primeiro-ministro? Constitucionalmente, era um meio extraordinário de conseguir o homem que ele queria. A equipe de Chamberlain no nº 10, que Churchill logo herdaria, estava tão consternada quanto Sua Majestade com as implicações dos acontecimentos ocorridos no palácio. Jock Colville, secretário particular de Chamberlain, escreveu em seu diário:

> É um risco terrível, envolve o perigo de precipitações e explosões espetaculares, e não posso deixar de temer que este país possa ser manobrado na situação mais perigosa em que já esteve [...]. Nada pode impedi-lo [Churchill] de conseguir o que quer – por causa de seus poderes de chantagem –, a menos que o rei faça uso de suas prerrogativas e nomeie outro homem; infelizmente há apenas um outro, que não pode ser persuadido, Halifax.
>
> Todos aqui estão desesperados diante dessa possibilidade.

O peso dessas opiniões deve ter sido uma agonia para Churchill. Nenhuma dose de autoconfiança podia impedi-lo de sentir profundamente as dúvidas dos outros. Será que conseguiria livrar-se de seus fracassos passados, das vidas perdidas de que o culpavam, e conquistar a glória que lhe havia escapado? Se o despirmos de suas bravatas, estaremos diante de um homem envelhecido, com uma extensa carreira, que agora tinha uma última oportunidade de ter sucesso onde antes fracassara.

Era nesse momento, quando voltava da Downing Street para o Almirantado, que a necessidade que Churchill sentia do apoio e do conforto de Clammie era avassaladora. A filha Mary lembra: "Durante esses dias tensos e ansiosos Clementine estava fora de Londres [num funeral]. Era angustiante para ela não estar com Winston nesses dias; e ele, sentindo que os acontecimentos caminhavam para um clímax, lhe telefonou, pedindo-lhe que voltasse o mais rápido possível". Ela chegou pouco antes que ele deixasse o Almirantado em direção ao Palácio de Buckingham, fortalecendo sua crença de que era o único homem que podia se tornar primeiro-ministro.

Pouco antes das 18h do dia 10 de maio de 1940, enquanto o carro o levava pelo Mall, ele refletiu que "o público não tinha tido tempo de entender o que estava acontecendo dentro ou fora do país, e não havia nenhuma multidão diante das portas do palácio". Mas a crescente excitação diante da possibilidade de assumir um cargo com o qual vinha sonhando havia tanto tempo o deixou num estado de ânimo um tanto atrevido quando se encontrou com o rei. Ele lembrou:

> Sua Majestade me recebeu com toda a cortesia e me convidou a sentar. Olhou-me de maneira inquisitiva e bem-humorada por alguns instantes e então disse: "Suponho que não saiba por que lhe pedi que viesse". Adotando seu tom, respondi: "Simplesmente não posso imaginar por quê, senhor". Ele riu e disse: "Quero lhe pedir que forme o governo". Respondi que certamente o faria.

Foi um início surpreendentemente bom, considerando as opiniões expressas na reunião anterior entre o rei e Chamberlain. O rei observou em seu diário que Churchill estava "cheio de entusiasmo e determinação para desempenhar os deveres de primeiro-ministro". Era de entusiasmo que ele mais precisava diante da magnitude da tarefa que tinha pela frente – e na qual ele sabia que não devia falhar.

Quando desceu do carro pela primeira vez como primeiro-ministro da Grã-Bretanha, Churchill voltou-se para o seu guarda-costas, o inspetor W. H. Thompson, e disse: "Só Deus sabe a importância disso. Tudo o que espero é que não seja tarde demais. Tenho muito medo de que seja. Só podemos fazer o nosso melhor". Lágrimas lhe vieram aos olhos. Quando se voltou, murmurou alguma coisa para si mesmo. Então, com um olhar determinado, dominando todas as emoções, começou a subir a escada e a planejar seu Gabinete de Guerra.

A política estava realmente no sangue de Winston. Mesmo depois de tudo o que tinha acontecido nos três anos anteriores, ele sabia que, sem o apoio do Partido Conservador, seu período como primeiro-ministro seria muito curto. Seu poder era frágil. A atmosfera da Casa tinha visto muitos conservadores se levantarem e bradarem pela saída de Chamberlain, mas isso não significava que eles estavam felizes com a alternativa. O subsecretário de Estado das Relações Exteriores, R. A. ("Rab") Butler, teria comentado: "Este súbito golpe de Winston e sua gentalha foi um grave desastre desnecessário. Eles [os conservadores mais velhos] se renderam a um meio-americano, um mestiço".

Talvez tenha sido pensando nisso que Winston se sentou à sua mesa na Casa do Almirantado e escreveu a Chamberlain.

Meu caro Neville,

Meu primeiro ato ao voltar do palácio é escrever para lhe dizer quanto lhe sou grato por sua promessa de me apoiar e ajudar o país neste momento extremamente grave e terrível. Não tenho ilusões sobre o que teremos pela frente, nem sobre o longo e perigoso desfiladeiro que teremos que atravessar por muitos meses. Com sua ajuda e seu conselho, e com o apoio do grande partido do qual você é líder, confio que terei sucesso. Seu exemplo de dignidade altruísta e espírito público governará a ação de muitos e será uma inspiração para todos.

Nesses oito meses em que trabalhamos juntos, tenho orgulho de ter conquistado cada vez mais sua amizade e sua confiança. Em larga medida, estou em suas mãos – e não sinto o menor medo por isso. Ademais, tenho fé em nossa causa, que, tenho certeza, não fracassará entre os homens.

Escreverei a você novamente esta noite, depois que me encontrar com os líderes trabalhistas. Estou feliz por saber que você falará pelo rádio à nossa ansiosa população.

Acredite-me,
Sempre seu,
Winston S. Churchill

Que carta foi essa para o homem que quis evitar que ele se tornasse primeiro-ministro! Ela podia ser interpretada de muitas maneiras: genuína, estratégica, atenciosa, pragmática, um pedido de perdão, e assim por diante. Mas, quaisquer que tenham sido as intenções de Winston, foi acima de tudo a coisa mais inteligente a fazer naquele momento. Mesmo que Chamberlain a achasse irritante, dificilmente poderia criticar tal disposição. Lorde Halifax também recebeu uma carta semelhante. Entretanto, a harmonia entre os dois era mais difícil por causa de um fatídico comentário de Churchill: "Me dá muito prazer sentir que estaremos lutando juntos até o fim. Estou certo de que sua conduta à frente das Relações Exteriores é um elemento essencial de nossa força de guerra. Sou-lhe imensamente grato pela disposição de continuar seu trabalho nesse cargo do qual você é ao mesmo tempo escravo e senhor [...]". No período de algumas semanas, essas palavras voltariam a perseguir Churchill quando os dois homens se desentenderam de maneira irreconciliável sobre a questão mais importante da vida deles: a paz com Hitler.

Nesse meio-tempo, Churchill sabia que precisava desses dois homens em seu Gabinete de Guerra, mantendo perto seus amigos e mais perto ainda seus inimigos. Ele não tinha dúvida de que, se um deles renunciasse, provocaria uma revolta generalizada que poria fim à sua liderança quando ela mal tinha começado. Chamberlain devia chefiar a Câmara dos Comuns como presidente do Conselho, e lorde Halifax devia permanecer como ministro das Relações Exteriores. Para completar a equipe, ele convidou Clement Attlee, do Partido Trabalhista, para o cargo de lorde do Selo Privado, e Arthur Greenwood para o de ministro sem pasta. Com isso, esperava neutralizar a aguardada oposição de Chamberlain e Halifax. Em *A aproximação da tempestade*, Churchill conta que "conhecera Attlee e Greenwood havia muito tempo na Câmara dos Comuns. Durante os onze anos anteriores à guerra, em minha posição mais ou menos independente, estivera mais frequentemente em colisão com os conservadores e o governo nacional do que com os oposicionistas trabalhistas e liberais".

Seus pensamentos naquela conjuntura parecem ter se concentrado fortemente na oposição e em saber de que direção ela viria. Como sabemos de seu período como primeiro lorde do Almirantado, Churchill nunca fora capaz de fazer apenas o que lhe competia, para irritação dos que o cercavam. Agora ele decidira resolver o problema de se meter sem ser convidado na área de outras pessoas e criou o cargo, para o qual nomeou a si mesmo, de "ministro da Defesa, sem, entretanto, definir seus objetivos e poderes". Isso lhe deu liberdade para comandar a guerra, assim como o país. Com isso em mente, fez mais três importantes nomeações naquela noite: seu íntimo aliado, Anthony Eden, seria ministro da Guerra; o deputado trabalhista A. V. Alexander, primeiro lorde do Almirantado; e o líder do Partido Liberal, *sir* Archibald Sinclair, ministro da Aeronáutica.

Com seu Gabinete de Guerra completo, Churchill pôde parar por um momento para ler as pilhas de cartas e telegramas que inundavam sua mesa, cumprimentando-o por sua nomeação. Às 21h ele voltou sua atenção para o rádio, onde Neville Chamberlain começava a falar à nação pela última vez:

> Nesta manhã bem cedo, sem aviso ou justificativa, Hitler cometeu mais um dos horríveis crimes com os quais já desonrou seu nome com um súbito ataque a Holanda, Bélgica e Luxemburgo. Em toda a história, nenhum outro homem foi responsável por tão abominável sofrimento humano. Ele escolheu um momento em que talvez lhe tenha parecido que este país estava envolvido nos espasmos de uma crise política e quando poderia encontrá-lo

> dividido. Se contou com nossas divisões internas para ajudá-lo, calculou mal a alma deste povo [...].
>
> Agora, nesta que é minha última mensagem a partir do nº 10 da Downing Street, há uma ou duas coisas que gostaria de lhes dizer. Durante o período de quase três anos em que fui primeiro-ministro, carreguei uma pesada carga de ansiedade e responsabilidade. Enquanto acreditei haver alguma chance de preservar a paz com honra, lutei por ela. Quando a última esperança desapareceu e a guerra não podia mais ser evitada, lutei igualmente para travá-la com todas as minhas forças. Talvez vocês se lembrem de que, na minha transmissão de 3 de setembro do ano passado, eu lhes disse que deveríamos enfrentar coisas malignas. Minhas palavras se revelaram insuficientes para descrever a vilania daqueles que agora apostam tudo na grande batalha que está começando. Ao menos talvez seja um certo alívio saber que essa batalha, embora possa durar dias ou mesmo semanas, pôs fim a um período de espera e incerteza. Porque chegou a hora de nos colocarmos à prova, como os povos inocentes da Holanda, Bélgica e França já estão sendo postos à prova. E vocês e eu devemos nos unir atrás de nosso líder e, com nossa força e inabalável coragem, lutar e trabalhar até que essa besta selvagem que saltou de seu covil para nos atacar seja finalmente desarmada e derrotada.

Foi um discurso nobre e instigante, que mereceu elogios até de seus críticos. A transmissão levou pouco mais de cinco minutos, depois da qual Winston voltou ao trabalho por mais seis horas. Mais tarde, ele escreveu sobre esse dia monumental em *A aproximação da tempestade*:

> Durante esses últimos dias movimentados da crise política minha pulsação não tinha acelerado em momento algum. Aceitei tudo como veio. Mas não posso esconder do leitor deste fiel relato que, quando fui para a cama, por volta das 3h, estava consciente de uma profunda sensação de alívio. Finalmente eu tinha autoridade para dirigir toda a cena. Senti como se caminhasse com o destino, e que toda a minha vida passada era apenas uma preparação

para aquela hora e aquela experiência. Dez anos de isolamento político haviam me libertado dos usuais antagonismos partidários. Minhas advertências dos seis anos anteriores tinham sido tão numerosas, tão detalhadas, e estavam agora tão terrivelmente justificadas, que ninguém poderia me contradizer. Eu não poderia ser censurado nem por fazer a guerra nem por falta de preparação para ela. Achei que sabia muito sobre tudo isso e estava certo de que não ia falhar. Então, embora impaciente pela chegada da manhã, dormi profundamente e não precisei de sonhos encorajadores. Fatos são melhores que sonhos.

Do outro lado da cidade, em sua luxuosa suíte do Hotel Dorchester, Edward Wood, também conhecido como lorde Halifax, pensava em seu futuro. Nos últimos dias abrira mão de ter imenso poder – suas ambições de ser primeiro-ministro teriam que esperar –, mas não abandonara o princípio que definira sua vida: que todo problema tinha uma solução racional e que a última coisa da qual se deve despender é sangue. Como deve ter ficado preocupado de pensar que o homem que ele tinha permitido chegar ao poder em seu lugar representava, praticamente em todos os aspectos, a antítese de sua ideia de liderança.

4

A RAPOSA SAGRADA

Quando Halifax recusou o cargo de primeiro-ministro, em 10 de maio de 1940, *sir* Henry ("Chips") Channon, um amigo americano de grande visão que havia se aninhado na classe alta inglesa, observou em seu diário: "Não entendo por quê, já que um homem mais ambicioso nunca houve, nem com tão alto senso de dever e *noblesse oblige*".

Então, quem era esse homem que todos queriam como líder, mas que, no momento crucial, deu as costas a essa grande responsabilidade?

Com 1,90 metro de altura, pele pálida e olhos fundos, Halifax tinha uma imponente, porém um tanto cadavérica, aparência. Além disso, um defeito congênito o deixara sem a mão esquerda e com o braço esquerdo atrofiado, o que ele escondia com uma prótese ajustada a uma luva de couro preto. Apesar da deficiência, Halifax era um renomado cavaleiro e um fanático caçador de raposas. Era em essência um aristocrata inglês. Nascido Edward Frederick Lindley Wood, em 16 de abril de 1881, era o quarto filho de Charles Wood, segundo visconde de Halifax. Sua infância foi vivida em Yorkshire, mas devastada pela morte trágica e precoce de seus três irmãos mais velhos antes que ele completasse 10 anos, o que fez dele o herdeiro legítimo dos Halifax.

Os Wood eram anglicanos profundamente religiosos. Halifax seguiu o caminho tradicional de Eton College e Oxford University. Depois de formado, em 1909 tomou a decisão de ingressar na política. Tendo herdado várias propriedades em Londres e duas grandes fazendas em Yorkshire, era um candidato natural ao Partido Conservador. Nesse mesmo ano, casou-se com *lady* Dorothy Onslow, descrita como "um paradigma entre as mulheres", muito conhecida por seu encanto, cordialidade, simpatia e gentileza. O casal constituiu família e, em 1910, Halifax recebeu uma cadeira como representante de Ripon, em North Yorkshire.

Quando irrompeu a Primeira Guerra Mundial, Halifax juntou-se aos Dragões da Rainha de Yorkshire e assumiu uma posição ativa em Flandres. O inferno vivo de Flandres, a perda sangrenta de muitos amigos, o clima sombrio de tantas mortes, perseguiriam Halifax por toda a vida e influenciariam suas políticas.

Depois do fim da guerra, ele foi um dos 202 parlamentares conservadores que assinaram um telegrama ao primeiro-ministro, David Lloyd George, que estava participando da Conferência de Paz de Paris, exortando-o fortemente a não hesitar em relação aos termos de reparação por parte da Alemanha.

Em abril de 1921, Halifax teve sua primeira discussão política com Winston Churchill, então ministro das Colônias. Na época membro do Partido Liberal no governo de coalizão, Churchill não concordava com a indicação de Halifax para subsecretário de Estado das Colônias e por isso, durante duas semanas, resistiu a encontrá-lo. Halifax, habitualmente reservado, ficou furioso com esse tratamento e irrompeu no escritório de Churchill para lhe dizer: "Não tenho a mínima vontade de ser seu subsecretário, nem de ocupar nenhum outro cargo. Estou pronto a renunciar e deixar este escritório amanhã, mas, enquanto permanecer aqui, espero ser tratado como um cavalheiro". Ele era descrito por muitos como "arredio, sério, dedicado, perspicaz – todos atributos que se coadunam na caracterização que Churchill fazia dele como 'Raposa Sagrada'". Apesar desse início agitado, os dois conseguiram aparar suas diferenças por algum tempo, e Halifax assumiu seu primeiro, embora modesto, cargo ministerial.

Foi só em 1926 que ele ocupou o primeiro cargo capaz de lhe valer respeito e status entre seus colegas. Foi nomeado vice-rei da Índia, seguindo os passos de seu avô, o primeiro visconde de Halifax, que havia sido secretário de Estado da Índia de 1859 a 1866, e, curiosamente, também de lorde Randolph Churchill, pai de Winston Churchill. Assumiu o cargo em 1926 e recebeu o título de lorde Irwin ao mesmo tempo. Esse novo título o elevou à Câmara dos Lordes, e ele renunciou à sua cadeira de deputado.

A Índia definiu Halifax. Durante cinco anos lá, ele apoiou a ideia de autogoverno do país, que era governado pela Grã-Bretanha, defendendo que a Índia tivesse o "status de domínio pleno" como a Austrália e a Nova Zelândia. Tornando-se popular junto ao líder pacifista Mahatma Gandhi, Halifax entrou em conflito com quase todos os grandes nomes de seu partido, entre eles Winston Churchill, para quem era evidente que Halifax estava disposto a colocar a Índia à frente da lealdade ao Partido Conservador. Mas o plano de Halifax de promover a causa indiana fracassou espetacularmente quando as conversações com os principais políticos indianos sobre as propostas foram rompidas e violentos embates voltaram a ocorrer.

Enquanto crescia a desobediência civil, os conservadores perceberam que a posição de Halifax na Índia era fraca demais, e o líder do partido, Stanley Baldwin, foi advertido por Churchill a não permitir que sua amizade com Halifax "afete seu julgamento" sobre a situação. Não querendo recuar, Halifax pressionou e, em seu último ato como vice-rei, assinou o Pacto Gandhi-Irwin, em 31 de março de 1931. O acordo pôs fim ao período de agitação civil, permitiu a libertação de muitos protestantes presos e pavimentou o caminho para a primeira Conferência da Mesa Redonda, realizada em Londres naquele ano, para discutir a reforma constitucional da Índia, mas tornou Halifax muito impopular junto às facções imperialistas da Grã-Bretanha, em particular junto a Churchill, que criticou seu "catálogo de erros e desastres" como vice-rei da Índia. Essa diferença de opinião fez com que um irado Churchill rompesse com o Partido Conservador e iniciasse seu período de isolamento político.

De volta à Inglaterra em 1931, Halifax retomou sua antiga vida no campo. Seus interesses eram principalmente as caçadas, a religião e a política. Em dezembro desse ano, fez seu discurso inaugural na Câmara dos Lordes. Consta que "continuou se comportando como um membro do governo, embora estritamente não o fosse".

Quando seu pai morreu, em janeiro de 1934, lorde Irwin tornou-se visconde de Halifax. Essa promoção foi acompanhada, um ano depois, por uma ascendência profissional: ele tornou-se ministro da Guerra de seu velho amigo Stanley Baldwin, que retomara o cargo de primeiro-ministro após a renúncia de Ramsay MacDonald por problemas de saúde. Depois de apenas cinco meses, Halifax foi promovido novamente, dessa vez a lorde do Selo Privado e líder da Câmara dos Lordes, depois das eleições gerais de novembro de 1935, vencida pelos conservadores.

A essa altura *Herr* Hitler já era chanceler havia dois anos. E qual foi a atitude de Halifax em relação ao líder alemão?

Ao longo desse período, Anthony Eden, o novo ministro das Relações Exteriores, vinha advertindo contra as possíveis implicações do rearmamento alemão. Halifax, que em 1918 tinha defendido duras punições à Alemanha, agora – depois da Índia – demonstrava certa simpatia pela Alemanha em relação às penas impostas pelos tratados de Versalhes e Locarno. Ao mesmo tempo, enquanto a Grã-Bretanha estava envolvida na crise da abdicação de 1936, quando o rei Edward VIII renunciou ao trono, os tanques de Hitler ingressaram na zona desmilitarizada da Renânia, em flagrante violação dos tratados de Locarno e Versalhes.

Apesar dos temores de Eden em relação a Hitler, inicialmente ele partilhava a opinião de Halifax de que a ocupação da Renânia podia ser resolvida com conversações e negociações, mas, quando os dois se reuniram com outros governos signatários do Tratado de Locarno em 10 de março de 1936, ficaram surpresos, nas palavras de Eden, ao descobrir "que nossa proposta de condenar a ação alemã e então desenvolver uma política construtiva para restabelecer o acordo europeu não tinha chance de ser aceita". É então que vemos Halifax começar a fortalecer na mente a doutrina do "Acordo Europeu": uma ideia que o acompanharia durante todos os fracassos da política de apaziguamento e além do início da guerra, e que voltaria de maneira espetacular nas reuniões do Gabinete de Guerra de maio de 1940.

O governo britânico ignorou os sinais do rearmamento alemão e continuou com sua política de negociações, aceitando a ocupação da Renânia como *fait accomplit*[1] que não valeria o risco de entrar em guerra. Quando Hitler entendeu que não enfrentaria resistência por violar as sanções do Tratado de Locarno, seus planos de retomar os territórios alemães perdidos depois da Primeira Guerra Mundial começaram a progredir para valer.

Na Grã-Bretanha, a União Soviética era vista como a maior ameaça. Além disso, um forte sentimento pró-germânico permeava grandes faixas da aristocracia inglesa, inclusive o rei abdicante, agora duque de Windsor, que se encontraria com Hitler menos de um ano depois de sua abdicação. As preocupações com a retomada dos territórios habitados por populações de língua alemã não eram muito grandes na agenda britânica, e muitos acreditavam nas nobres intenções de Hitler ao oferecer à França um pacto de não agressão, na tentativa de diminuir os temores daquele país. Em uma reunião do Gabinete em janeiro de 1937, Halifax teria dito que gostaria "de melhorar nossos contatos com a Alemanha" e que achava que "os alemães tinham justificativa para seu ressentimento contra a simpatia manifestada à França neste país e as críticas feitas à Alemanha".

Em maio de 1937, quando Stanley Baldwin renunciou, seu sucessor, Neville Chamberlain, que esperava por isso havia muito tempo, passou a seguir uma política franca de apaziguamento, na tentativa de evitar uma segunda guerra mundial. Halifax, em particular, tinha um bom relacionamento com Chamberlain, de modo que rapidamente foi promovido a presidente do Conselho.

Quando o convite para uma expedição de caça à raposa na Alemanha, organizada em novembro de 1937 pelo fundador da Gestapo, Hermann Göring, se expandiu para incluir um encontro com Hitler,

1. Fato consumado, em francês no original. (N.T.)

Halifax ficou numa posição delicada, entre as políticas opostas do primeiro-ministro e do ministro das Relações Exteriores. A crença de Chamberlain de que a reunião era apenas uma cortesia informal ao fim da viagem de Halifax estabeleceu a suspeita de que alguém no acampamento pró-apaziguamento estaria sub-repticiamente autorizado pelo primeiro-ministro a conduzir uma reunião em que muitas políticas externas seriam discutidas. Apesar das objeções levantadas por Eden, Halifax teve permissão para comparecer, mas foi advertido a "limitar-se aos comentários sobre a Áustria e a Tchecoslováquia", dois países que evidentemente estavam na mira de Hitler. Entretanto, em um memorando que Halifax enviou ao ministro das Relações Exteriores quando retornou, Eden ficou horrorizado ao ler que ele havia discutido "possíveis alterações na ordem europeia que poderiam ocorrer com o tempo. Entre essas questões estavam Danzig, a Áustria e a Tchecoslováquia".

O encontro com Hitler começou com uma farsa. Depois de confundir o *Führer* com um lacaio e quase lhe estender seu casaco, Halifax foi logo convencido "tanto pessoalmente quanto politicamente". Escrevendo a seu mentor, Stanley Baldwin, depois de voltar à Inglaterra, Halifax afirmou que "o nacionalismo e o racismo são forças poderosas, mas não sinto que sejam artificiais ou imorais! [...] Não posso duvidar de que esses sujeitos sejam verdadeiros caçadores do comunismo etc.! E ouso dizer que, se estivéssemos na sua situação, poderíamos sentir o mesmo!".

Palavras assombrosas sobre o homem que, quando foi eleito em 1933, se apressou a promover um boicote nacional aos negócios judeus, tirou a cidadania de judeus naturalizados alemães e proibiu casamentos inter-raciais. Mas a carta a Baldwin era inofensiva comparada ao comportamento bajulador de Halifax para com Hitler. Houve uma frase de vaga censura quando ele disse que "havia no sistema nazista muita coisa que ofendia a opinião dos britânicos (tratamento dispensado à Igreja; em menor extensão, talvez, tratamento dado aos judeus e aos sindicatos)", mas as três horas restantes da reunião foram preenchidas com cumprimentos a Hitler por, nas próprias palavras de Halifax, "prestar ótimos serviços na Alemanha" e em explicar que, "se a opinião pública na Inglaterra assumisse uma atitude crítica [...] seria sem dúvida em parte porque o povo da Inglaterra não estava totalmente informado" das maravilhosas mudanças promovidas por ele.

Apesar da clara intenção de Halifax de evitar todos os assuntos que pudessem gerar conflito, sua conversa sobre a diplomacia, na qual o ministro das Relações Exteriores o proibira de abordar, além de seus efusivos elogios a Hitler, mostra um homem não apenas desesperadamente sem profundidade política, mas preocupantemente alienado da realidade da situação. Ele anotou em seu diário que Hitler "me pareceu muito sincero e que acreditava em tudo o que dizia". Ainda mais encantador lhe pareceu Göring: "Sua personalidade reservada era francamente atraente, como um estudante [...] uma personalidade complexa – astro de cinema, grande proprietário de terras, primeiro-ministro, guarda-caça em Chatsworth". A condição de "grande proprietário" de Göring tocou o coração pastoral de Halifax, nublando totalmente qualquer julgamento que ele pudesse fazer se estivesse livre de todo o mel teutônico que tinha inundado seus ouvidos naquele dia.

Quando voltou a Londres era tarde demais. Tinha sido enganado por um talentoso relações-públicas alemão. Ele relatou ao Gabinete que a guerra era "inconcebível" e que "os alemães não tinham uma política imediata de aventura. Estavam ocupados demais em reconstruir o país". Na parte final de seu relatório, Halifax voltou ao conceito que iria ressurgir na maioria das combativas reuniões do Gabinete de Guerra entre 25 e 28 de maio de 1940: negociações dos territórios coloniais como parte do Acordo Europeu. Mas, muito antes dessas reuniões, era uma ideia na qual se baseava a política de apaziguamento que Halifax e Chamberlain agora defendiam ativamente.

Em janeiro de 1938, Chamberlain anunciou oficialmente sua política de apaziguamento colonial, e o governo começou a avaliar quais territórios da Europa poderiam ser oferecidos à Alemanha. A política foi abertamente ridicularizada tanto por políticos quanto pela imprensa, e essa crítica pública provocou queixas do próprio Hitler.

Surpreendentemente, Halifax interveio para acalmar Hitler e evitar que nas transmissões da BBC líderes antiapaziguamento discutissem sua oposição à questão colonial.

Em fevereiro de 1938, quando Eden renunciou, devido às políticas de apaziguamento que favoreceram os objetivos de Hitler na Áustria e de Mussolini no Mediterrâneo, Chamberlain ofereceu o cargo a Halifax.

Apenas duas semanas depois, em 11 de março de 1938, Hitler anexou a Áustria numa rápida operação que ele chamou *Anschluss*. Sabendo que isso aconteceria, Halifax pouco fez para intervir até que fosse tarde demais e as tropas já marchassem para Viena. O embaixador alemão na Grã-Bretanha, Joachim von Ribbentrop, mais tarde chegou a culpar inteiramente Halifax pela *Anschluss*. Nas memórias que escreveu em sua cela no julgamento de Nuremberg depois da guerra, ele se refere a um comentário feito por Halifax em 1937, que segundo ele deu a Hitler luz verde para invadir: "O povo britânico jamais consentiria em ir à guerra porque dois países alemães queriam se fundir".

Depois da *Anschluss*, todas as atenções se voltaram para a parte de língua alemã da região dos Sudetos na Tchecoslováquia. Como Halifax reagiria às intenções de Hitler na região?

Nessa época, Halifax era considerado "um homem de julgamento instável e opiniões vacilantes", que, assim como Chamberlain e um grupo de defensores do apaziguamento – *sir* John Simon, *sir* Samuel Hoare, *sir* Kingsley Wood, *sir* Thomas Inskip, *sir* Reginald Dorman-Smith, conde de Stanhope –, foram descritos, no livro de Martin Gilbert *The roots of appeasement* [As raízes do apaziguamento], como homens que acreditavam "na possibilidade de salvar as relações anglo-germânicas da tempestade causada pelo rearmamento, pela *Anschluss* e pelo antissemitismo para os quais as relações internacionais tinham sido arrastadas". Eles concluíram que era impossível garantir uma resposta militar britânica se a Alemanha usasse a força para anexar um território povoado por uma maioria étnica de alemães.

No verão de 1938 circularam rumores de tropas se concentrando na fronteira tcheca. Quando Hitler rejeitou as propostas britânicas e francesas para uma solução, uma conferência foi convocada em Munique em setembro. Então Halifax – embora não tivesse perdido a fé na racionalidade de Hitler – quis restringir suas apostas e perseguiu uma política de rápido rearmamento da Grã-Bretanha. Mas era muito pouco e muito tarde.

Em sua biografia *The holy fox* [A raposa sagrada], Andrew Roberts escreve:

> Halifax cometeu o desastroso erro de tentar traduzir suas experiências indianas para enfrentar os problemas da Europa. Ele negligenciou o fato de que Hitler não acreditava na negociação nem na não violência. As opiniões que [ele] sustentava na Índia [...] que 90% do problema era psicológico; [...] que negociações diretas e pessoais funcionavam; que humilhações de curto prazo deviam ser toleradas na expectativa de um acordo geral; e que a inevitabilidade histórica se abatera sobre ele; funcionavam bem no contexto da Índia. Quando quis aplicar esses mesmos critérios ao relacionamento com a Alemanha nazista, todas essas hipóteses se revelaram catastróficas.

Quando Chamberlain voltou de Munique em 30 de setembro, acenando com aquela folha de papel e declarando "Paz para o nosso tempo!", Halifax juntou-se aos muitos que celebravam essa aparente vitória, mas essas comemorações deixavam de reconhecer que Hitler seria agraciado, se não com a Tchecoslováquia (ainda não), pelo menos com a região dos Sudetos, como parte do acordo.

Foi o que aconteceu. A Alemanha invadiu a região dos Sudetos em 1º de outubro de 1938 sem disparar um só tiro.

As sucessivas hesitações de Halifax sobre que posição tomar a respeito de Hitler mostraram um homem que não conhecia profundamente a política externa. Em 12 de outubro de 1938, menos de duas semanas depois de celebrar o sucesso de Munique, ele contrariou suas próprias políticas em uma reunião com o embaixador americano, Joseph Kennedy, que de volta a Washington relatou:

> Passei uma hora e meia nesta tarde com Halifax, bebendo chá diante de sua lareira, enquanto ele delineava para mim o que julgo ser a futura política do governo de Sua Majestade. Antes de mais nada, Halifax não acredita que Hitler queira ter uma guerra com a Grã-Bretanha e não vê sentido algum em a Grã-Bretanha sustentar uma guerra contra Hitler, a menos que haja uma interferência direta nos domínios da Inglaterra. O futuro da Inglaterra, segundo ele, é fortalecer-se no ar, e "a propósito a França devia fazer o mesmo", de modo que ninguém possa se atrever contra eles no ar. Então, depois disso, deixar que Hitler vá em frente e faça o que quiser na Europa Central [...] [ao mesmo tempo] estimulando as ligações com os domínios e mantendo-se em boas relações com os Estados Unidos, e então, no que concerne a tudo o mais, Hitler pode fazer o melhor que puder por si mesmo.

Os acontecimentos da *Kristallnacht*[2] – quando ondas de pogrom contra os judeus se espalharam por toda a Alemanha nos dias 9 e 10 de novembro – levaram Halifax imediatamente a repensar. Ele convocou uma reunião de emergência do Comitê de Política Externa e anunciou que "os acontecimentos na Alemanha nos últimos dias, depois da sequência de acontecimentos desde Munique, tornaram um posicionamento muito difícil". Como informara a Joseph Kennedy que faria, estimulou um aumento imediato na produção de aviões e sugeriu o recrutamento compulsório, proposta que foi rejeitada por Chamberlain e pelo ministro das Finanças, *sir* John Simon.

Na reunião do Gabinete de 15 de dezembro de 1938, Halifax declarou sua oposição franca à Alemanha e afirmou que "o fim decisivo que queria ver alcançado [era], nomeadamente, a destruição do nazismo. Enquanto o nazismo durar, a paz será incerta".

Com a chegada do novo ano, 1939, o apoio a Halifax como primeiro-ministro ganhou impulso. Chamberlain estava velho e cansado, e cometia um erro constrangedor atrás do outro. Halifax ficou

2. Noite dos Cristais. O nome faz referência aos vidros partidos que encheram as ruas depois de janelas das lojas, edifícios e sinagogas judaicas terem sido destruídas. (N.T.)

horrorizado quando, sem falar primeiro com seu ministro das Relações Exteriores, o primeiro-ministro fez um comunicado à imprensa no qual anunciou que a situação com a Alemanha estava melhor do que fora "por algum tempo" e que as duas nações estavam discutindo o desarmamento. Chamberlain mais uma vez caiu no ridículo quando, menos de uma semana depois, tropas alemãs invadiram Praga e Halifax pressionou para que a Grã-Bretanha garantisse a segurança da Polônia se Hitler tentasse invadi-la. Era um movimento um tanto arriscado, mas fez com que o ministro das Relações Exteriores parecesse ainda mais forte como potencial futuro primeiro-ministro. A invasão da Polônia pelos alemães, em 1º de setembro de 1939, colocou Halifax numa posição muito mais condenável quando a Grã-Bretanha foi surpreendida pela guerra, mas ele acreditava que seus constantes esforços pela paz nos anos anteriores justificavam suas decisões.

Durante os anos que levaram à crise do Gabinete de maio de 1940, Halifax e Churchill foram pessoal e politicamente como água e vinho. Convicções, ideologias e condutas morais arraigadas resistiam naqueles dois homens inflexíveis. Nenhum deles perdoava o outro por opiniões opostas sobre o autogoverno da Índia e o apaziguamento. No entanto, ambos acreditavam que o seu era o caminho correto para a Grã-Bretanha, que ninguém poderia ser mais patriótico que eles e que a história os havia convocado – virtualmente através das Santas Escrituras – a proteger a nação em sua hora mais grave.

Mais tarde, Halifax escreveu sobre a Inglaterra na Segunda Guerra Mundial:

> A caminho de casa, [nós] nos sentamos ao sol por meia hora, olhando a planície de York. Toda aquela paisagem em primeiro plano nos era familiar – com suas vistas, seus sons, seus aromas; dificilmente aquele campo não despertaria uma associação de ideias meio esquecidas; a cidade de telhados vermelhos e vilarejos próximos, reunidos em volta da velha igreja de pedra onde homens e mulheres como nós, agora mortos há muito tempo, um

> dia se ajoelharam em oração. Aqui em Yorkshire se encontra um verdadeiro fragmento da Inglaterra imortal, como os Penhascos Brancos de Dover ou qualquer outra parte de nossa terra que os ingleses amaram. Então surgiu a pergunta: seria possível que as botas prussianas forçassem passagem por essa paisagem rural para pisá-la e pisoteá-la à vontade? Esse simples pensamento parecia um insulto e uma afronta; como se alguém fosse condenado a ver a mãe, a esposa ou a filha ser violentadas.

Essas palavras fortes e viscerais da parte de um homem frequentemente frio e nada emocional podiam ter sido escritas por Churchill. Os dois amavam a Grã-Bretanha com um fervor profundo e permanente, embora suas diferenças persistissem: Winston acreditava em enfrentar os conflitos com demonstração de força; Halifax acreditava que, se deixassem outros – Índia, Alemanha, Itália – por sua conta, suas ambições não perturbariam a Grã-Bretanha ou a causa da civilidade. O que Roberts chama de "visão *whig*" de Halifax significava que ele acreditava "que havia uma solução racional para todos os problemas e tudo que era necessário era encontrar um *modus vivendi* confortável para todas as partes [...]. Uma precondição necessária a essa visão de mundo era [sic] os partidos nacionais que queriam verdadeiramente encontrar soluções".

Nos anos seguintes, a inquebrantável fé de Halifax na racionalidade essencial das pessoas definiria seus atos, suas esperanças e, em última instância, seu legado.

SÁBADO, 11 DE MAIO DE 1940

CHURCHILL NOMEIA SEU GABINETE DE GUERRA

A BLITZKRIEG *ALEMÃ GOLPEIA HOLANDA E BÉLGICA*

TROPAS ALEMÃS APROXIMAM-SE
DA FRONTEIRA FRANCESA

5

O GRANDE "DITADOR"

Devido à excitação do dia anterior, o novo primeiro-ministro da Grã-Bretanha só conseguiu ir para a cama às 3h. Também não se presenteou com algum tempo livre antes de mergulhar em sua nova função. A primeira coisa que fez ao acordar naquele sábado foi escrever novamente a Neville Chamberlain, solicitando que "você e Edward [lorde Halifax] venham à Sala de Guerra do Almirantado às 12h30, de modo que possamos olhar os mapas e conversar". Chamberlain afirmou que iriam, acrescentando: "Até que preencha a sua equipe, nós três teremos que assumir a responsabilidade pela condução da guerra".

O dia agora apresentava um dilema para Churchill. Tinha acabado de assumir o poder, mas devia enfrentar o delicado equilíbrio de manter satisfeitos os dois lados do novo governo nacional. De um lado estavam os verdadeiros "fazedores de reis", Clement Attlee e Arthur Greenwood, que não só haviam se recusado a servir um governo comandado por Neville Chamberlain, mas também tinham afirmado a Winston que, diante de seus incontáveis fracassos, não o incluiriam no Gabinete de Guerra nem lhe dariam um cargo ministerial. Depois de escrever a Chamberlain e Halifax solicitando sua presença às 12h30, Winston se encontrou com Attlee e Greenwood para uma "longa entrevista", na tentativa de conciliar as decisões que agora precisava tomar, ou seja, se devia incluir Chamberlain e Halifax no Gabinete de Guerra e conceder-lhes um alto cargo. Terminada a reunião, os dois acreditavam ter "agitado Winston consideravelmente", a ponto de fazê-lo concordar que ele próprio devia ser líder da Câmara dos Comuns, e Chamberlain devia servi-lo como lorde presidente do Conselho.

Alcançado esse primeiro acordo, Churchill seguiu para a sua "reunião de ministros" com Chamberlain e Halifax no Almirantado. Estavam presentes também o major-general Hastings ("Pug") Ismay, conselheiro de Churchill e o elo com o primeiro-ministro e as forças armadas, assim como o secretário do Gabinete, *sir* Edward Bridges, e os chefes de staff: o chefe do Staff Aéreo, marechal do ar *sir* Cyrill Newall; o primeiro lorde do Almirantado e chefe do Staff Naval, almirante de esquadra *sir* Dudley Pound; o chefe do Staff Imperial Geral, general *sir* Edmund Ironside; e o vice-chefe do Staff Imperial Geral, general *sir* John Dill.

Os nove homens passaram a discutir assuntos como a remoção do ouro britânico de Amsterdam; as operações de disposição de minas explosivas em Mannheim; perguntar se o rei gostaria de oferecer ao ex-kaiser refúgio de sua atual localização na Holanda; tentar persuadir a Suécia a entrar na guerra do lado dos Aliados; armar a polícia em antecipação de uma invasão da Grã-Bretanha; e a internação de 4 mil a 5 mil inimigos estrangeiros em campos no sudeste e no leste. Concluídos os assuntos referentes à guerra, eles concordaram em se reunir de novo às 22h daquela noite.

É interessante notar que o relato da reunião no diário de lorde Halifax registra que Winston informou aos ministros que "os trabalhistas tentavam criar dificuldades à liderança de Neville na Câmara dos Comuns". O deputado conservador e prolífico comentarista daquele dia, *sir* Henry ("Chips") Channon, também escreveu que:

> Por volta da 1h ouvi que uma terrível batalha era travada no Almirantado, para onde Winston tinha convocado Neville e Halifax; porque parecia que os líderes trabalhistas [...] haviam anunciado

que não só não serviriam a Chamberlain, mas nem a ele. Winston estava num dilema, já que havia oferecido um cargo a Neville na noite anterior, que ele praticamente aceitara, e anunciara essa decisão em seu discurso. Agora Winston podia ser obrigado a escolher entre os trabalhistas e Neville, e talvez não conseguisse formar um governo. Entretanto, depois de lutar o dia todo, ele foi capaz de obter um acordo de última hora, e as mudanças no Gabinete foram anunciadas.

Por que essa "terrível batalha" não está registrada nas atas? O secretário do Gabinete, *sir* Edward Bridges, era responsável pelo registro detalhado de todas as informações pertinentes discutidas no Gabinete de Guerra durante a Segunda Guerra Mundial. Como mais antigo servidor da Grã-Bretanha, era um homem muito discreto, segundo uma das telefonistas de Churchill, Ruth Ive, por "sempre [ser] particularmente preocupado com vazamentos da segurança e indiscrições". Infelizmente, sua rigorosa postura em relação ao que podiam ser considerados comentários delicados frequentemente transformava num relato seco o que com certeza fora um debate feroz, e nesse sentido os diários pessoais dos principais personagens em geral oferecem uma tradução melhor e mais visceral da verdadeira linguagem utilizada.

Para fazer uma verdadeira recriação dessas reuniões e das ainda mais difíceis trocas irascíveis de palavras, quando a guerra terminou Bridges queimou todas as suas notas que não tinham sido transpostas para as atas. Dadas as acaloradas discussões, os papéis deviam ser de fato altamente inflamáveis.

À medida que a tarde de sábado, 11 de maio, progredia, começou a aparecer no Partido Conservador exatamente o que significava a liderança de Churchill, e as especulações sobre quem devia participar do novo governo nacional se intensificaram. Além de o partido ter um líder que poucos queriam e em quem poucos confiavam, a necessária inclusão de Attlee e Greenwood no Gabinete de Guerra estava polarizando os escritórios ministeriais ao longo da Whitehall. O general Ironside acreditava que "[nós] desejamos toda a força da bancada trabalhista para nos ajudar", mas Halifax era de opinião contrária, tendo escrito em seu diário que "Attlee e Greenwood ocupam o lugar de Simon, Sam Hoare e Kingsley Wood. Com certeza não vamos ganhar em intelecto". Chamberlain foi ainda mais longe ao escrever a Churchill, explicando que "são as personalidades que importam, e, embora Greenwood seja amigável e agradável, não acho que ele possa contribuir com muito mais". Churchill mal tinha assumido seu cargo e já enfrentava oposição e interferência de seu próprio partido.

Quando os balões de barragem[1] foram novamente erguidos sobre Londres no céu azul de maio – um sinal evidente do perigo que a capital enfrentava –, lorde Halifax, que recebera uma chave do próprio rei, caminhava com a esposa pelos jardins do Palácio de Buckingham em direção ao Ministério das Relações Exteriores. Como registra seu diário, eles "se encontraram por acaso com o rei e a rainha".

> A rainha foi firme ao falar sobre o comportamento da Câmara dos Comuns. O rei me disse que esperava que, se Neville C. fosse, ele tivesse que tratar comigo, ao que respondi com as adequadas expressões de gratidão, mas também de esperança de que ele entendesse que minhas razões para pensar diferente eram sensatas. No todo, ele não contestou isso, embora estivesse evidentemente apreensivo com os métodos administrativos de Winston.

A apreensão com os métodos de Winston era subestimada, e, quando começaram a chegar aos ministros as notícias sobre quem ele nomearia, uma reclamação coletiva foi ouvida por toda a Whitehall. A BBC fez o anúncio às 21h, depois do que o ministro da Informação, *sir* John Reith, escreveu em seu diário: "Gabinete de Guerra anunciado esta noite, Churchill como ministro da Defesa, além de primeiro-ministro. Os céus nos ajudem. Os três departamentos de Serviço são Sinclair, Eden

1. Balões presos ao chão por cabos de metal, que podiam ser elevados ou abaixados por meio de guinchos, com a finalidade de bloquear o espaço aéreo de baixa altitude aos aviões inimigos. Usados especialmente na Segunda Guerra Mundial. (N.T.)

e Alexander. Isso obviamente é para que Churchill possa ignorá-los e tratar diretamente com os chefes de staff. Horrível". Talvez não seja surpreendente que, na manhã seguinte, *sir* John Reith recebesse uma carta de Churchill, desculpando-se por demiti-lo... e por não tê-lo avisado de que faria isso.

> Quando receber esta carta, o senhor será informado da mudança que está ocorrendo neste gabinete [...]. Estou certo de que me perdoará por não ter lhe dado uma intimação prévia da mudança que julguei necessária. É um assunto de extrema importância nacional que a nova administração seja instalada com o menor atraso possível.

A segunda "reunião de ministros" de 11 de maio tinha sido marcada de última hora para as 22h30 e só terminou depois da meia-noite – o que irritou Halifax imensamente. Ele anotou em seu diário que "essa vida noturna não me faz bem". O que ele e os outros ministros não sabiam era que esse era o método de trabalho de Churchill e a maneira como conduziria a guerra no futuro próximo. As reuniões do domingo, 12 de maio, foram igualmente irritantes. Halifax escreveu:

> A reunião que Winston tinha convocado para as 18h30 só foi realizada às 22h30; intolerável [...]. Devo lhe dizer que, se ele pretende fazer reuniões à meia-noite, pode fazê-las sem mim. Foi uma reunião longa e bastante discursiva, que me deixou intranquilo sobre os métodos de Winston. Fui para a cama à 1h. Essas horas são péssimas para todos, e piores ainda para os chefes de staff. Estou querendo organizar uma rebelião com Neville sobre o assunto.

Era apenas o segundo dia, e Halifax já planejava uma rebelião com Chamberlain contra Churchill.

Será que havia alguma coisa na água que era servida aos primeiros-ministros? Margaret Thatcher alegava que só dormia quatro horas por noite. Churchill pelo menos tinha a desculpa de que a Grã-Bretanha estava em guerra e enfrentava uma crise nacional. Ele reconhecia não ter tempo para passear pelos jardins do Palácio de Buckingham, aproveitando o clima agradável de maio, quando a ameaça de invasão estava sendo discutida em todas as reuniões. Entretanto, em vez de merecer elogios por seu trabalho exemplar, o novo primeiro-ministro parecia só receber queixas. Quando a equipe do gabinete do primeiro-ministro foi oficialmente transferida para Churchill, seu secretário particular, John "Jock" Colville, que mais tarde se tornou um de seus mais confiáveis servidores, notou um "certo ar de desconforto no nº 10, em grande parte devido ao contraste entre a regularidade dos hábitos do primeiro-ministro anterior e a natureza inconsequente de Winston. Suponho que devemos nos acostumar a isso, mas a perspectiva de constantes sessões tarde da noite – 2h da madrugada ou mais tarde – é deprimente".

Apesar das reuniões tardias, Churchill tinha facilidade para acordar cedo, embora muitas vezes conduzisse os assuntos de sua cama. Sem a menor cerimônia, permanecia na cama, fumando charutos, que segundo as lembranças do oficial de operações do Ministério da Guerra, *sir* John Sinclair, "lhe reviravam o estômago naquela hora da manhã [7h]. Eu estendia o mapa sobre sua barriga, quando ela parava de balançar, e lhe dizia como os britânicos estavam dispostos na linha do Dyle". Esse comportamento de Winston não era nada novo, como os funcionários de Chartwell sabiam bem.

Para enfrentar as reuniões tarde da noite, Churchill religiosamente tirava uma soneca de duas horas à tarde, seguida de um banho quente (o segundo do dia) às 19h. Para esse banho, como descreve a biógrafa de Clementine, Sonia Purnell, a banheira devia estar "dois terços cheia e aquecida a exatamente 36°C, atingindo 40° depois que ele mergulhava [...] ele não gostava de perder água, mas adorava dar cambalhotas na banheira – uma manobra alarmante que provocava o deslocamento de galões de água, que iam molhar os casacos dos visitantes na chapelaria que ficava abaixo". Ele se esfregava vigorosamente com uma escova e ditava discursos e memorandos para alguma secretária que aguardava do outro lado da porta. Uma antiga secretária, Chips Gemmell, lembrou que era convocada à porta do banheiro, onde discretamente se identificava com uma tosse. Churchill gritava "Não entre!" – de modo que ela obedientemente "ficava de pé do lado de fora, ouvindo os maravilhosos ruídos no banheiro e imaginava a esponja sendo espremida sobre a cabeça e os sons da água escorrendo pelas regiões baixas. E, ocasionalmente, ele gritava 'Não vá embora!', e você dizia 'Não, não, ainda estou aqui' e os sons do banho continuavam e às vezes [...] ele esquecia o que queria dizer". Roy Jenkins, biógrafo de Churchill, observou nele um "quase propósito, o que significava que um de seus maiores prazeres físicos, depois do álcool, era mergulhar numa banheira quente ou na água morna do mar".

Quando emergia de seu amado banho revigorante, ele não tinha o menor escrúpulo de caminhar pelos corredores que ligavam a Casa do Almirantado ao nº 10 da Downing Street, como contou sua filha Mary Soames: "Vestido como um imperador romano, enrolado em sua toalha de banho, caminhava pingando água do banheiro até seu quarto". Os funcionários deviam considerar-se felizes por ele usar uma toalha. Quando descansava no santuário de Chartwell, a nudez era uma ocorrência frequente. Como conta Purnell, "depois de suas abluções, o camareiro de Winston o secava com uma toalha, mas ele se recusava a se vestir; quando desejava ir para outra sala, fazia isso nu. Novos membros da equipe de serviço ficavam chocados ao ver um homem gordo e muito rosado inteiramente nu, caminhando apressado na direção deles e exclamando: 'Estou passando, não olhem!'". Outro anúncio é lembrado por Elizabeth Gilliatt, também antiga secretária: "Estou saindo em estado natural, é melhor você olhar!" – ao que as secretárias fugiam pelos corredores o mais rápido que seus saltos lhes permitissem.

Quando finalmente resolvia se vestir, contas exorbitantes chegavam das lojas Army & Navy graças à insistência de Winston de que só as roupas de baixo de seda rosa-pálido serviam, por causa de sua pele delicada. Jock Colville, um dos secretários particulares de Winston, lembra que elas o faziam parecer "um belo porco". As roupas de seda eram acompanhadas de ostentosos roupões de seda bordados com dragões ou flores. A lenda de seus gostos extravagantes e hábitos excêntricos se espalhou até Berlim, onde Joseph Goebbels registrou em seu diário: "Um livro sobre Churchill relata que ele bebe demais e usa roupas de baixo de seda. Ele dita mensagens no banho ou de cuecas, uma figura espantosa que o *Führer* acha muito divertida".

Churchill não se incomodou de saber que os nazistas o consideravam uma piada – porque não é ruim ser subestimado pelo inimigo. Mas os que o conheciam afirmam que ele não era bêbado. Ele bebia álcool havia tanto tempo que adquirira uma tolerância extraordinária – com apenas deslizes ocasionais. Uma vez, quando perguntado como conseguia beber durante o dia, sua resposta foi simples: "Prática".

Então, qual eram verdadeiramente seus hábitos em relação à bebida?

Ele tomava seu primeiro uísque com soda, embora bastante fraco, cerca de uma hora depois de terminar sua bandeja matinal de ovos com bacon. Durante a guerra, seu ódio ao leite condensado era tão forte que ele parou de beber chá como acompanhamento tradicional do café da manhã e o substituiu por um copo de vinho branco doce alemão. Uma garrafa de champanhe Pol Roger era consumida no almoço, e outra garrafa ao jantar, seguida de um bom porto ou conhaque digestivo na madrugada. Ele manteve esses hábitos diários por toda a vida, com raras exceções. Como esse homem podia guiar o país em suas horas mais perigosas nesse estado? Como os nazistas, você pode se perguntar.

A imagem icônica de um poeta que fumava charutos e vivia com um copo de uísque na mão – uma imagem que o próprio Churchill fez muito para promover – pode parecer divertida hoje, mas no domingo, 12 de maio de 1940, sua reputação não era um assunto digno de risos. Para seus colegas conservadores ele era um tipo diferente de piada – um homem cuja última campanha militar terminou em desastre nos Dardanelos e que se cercava de amigos cortesãos de "má fama". Com isso em mente, lorde Hankey, ministro sem pasta, escreveu a um colega defensor do apaziguamento, *sir* Samuel Hoare, para lhe contar, depois de visitar o Almirantado:

> Encontrei um caos total esta manhã. Ninguém estava administrando a guerra nesta crise. O ditador [Churchill], em vez de comandar, estava envolvido numa disputa sórdida com políticos da esquerda sobre funções secundárias. N.C. [Chamberlain] estava desesperado com tudo isso. A única esperança está na dupla central de Churchill, Chamberlain e Halifax, mas duvido que os velhos e sábios elefantes [Chamberlain e Halifax] serão capazes de conter o Elefante Velhaco [Churchill]. Duvido.

Churchill tinha consciência do perigo que essas opiniões representavam. Cada movimento seu estava sendo fiscalizado e, se ele queria continuar primeiro-ministro, teria que encontrar uma maneira de vencer os dissidentes.

Seu apoio público era muito forte. Fazia quase um ano que os jornais tinham começado a pedir sua inclusão no governo e que em Londres haviam surgido cartazes que perguntavam: "Churchill a que preço?". Mas ele precisava de mais do que do apoio da nação para ter sucesso. Iniciativas elegantes tinham sido lançadas no dia anterior em suas cartas para Chamberlain e Halifax após chegar à liderança. Afinal, Chamberlain ainda era líder do Partido Conservador e, apesar da oposição trabalhista, presidente do Conselho.

Outra gentileza a Neville foi a decisão de Churchill de não se mudar imediatamente para o nº 10 da Downing Street. Em vez disso, Winston ficaria no Almirantado por mais um mês, para permitir que o casal Chamberlain se mudasse aos poucos. Churchill fez tudo o que pôde para suavizar as frágeis relações partidárias, especialmente por estar programado para o dia seguinte, 13 de maio, seu primeiro discurso à Câmara dos Comuns como primeiro-ministro.

O general Ismay lembrou que:

> Dois ou três dias depois de ele se tornar primeiro-ministro, caminhei ao seu lado da Downing Street para o Almirantado. Algumas pessoas que esperavam diante da entrada privativa o saudaram com gritos de "Boa sorte, Winnie. Deus o abençoe". Ele ficou visivelmente comovido e, assim que entramos no prédio, se desfez

> em lágrimas. "Pobre gente", ele disse, "pobre gente. Eles confiam em mim e não posso lhes oferecer nada senão desastre por um longo tempo."

Com a tarefa de formar um governo fora do comum, os pensamentos de Winston agora se voltavam para o que podia oferecer não só a seus colegas políticos, mas também à nação em sua hora mais escura.

SEGUNDA-FEIRA, 13 DE MAIO DE 1940

TROPAS ALEMÃS INVADEM A FRANÇA ATRAVÉS DA FLORESTA DAS ARDENAS

GUILHERMINA, A RAINHA DA HOLANDA, FOGE PARA A INGLATERRA

6

SANGUE, TRABALHO ÁRDUO, LÁGRIMAS E SUOR

Fazia apenas dois dias que Winston Churchill "beijara a mão do rei" e assumira o cargo de primeiro-ministro. Embora tivesse uma guerra para conduzir e um governo para montar, havia outra tarefa crucial à sua espera: seu discurso inaugural na Câmara dos Comuns como novo primeiro-ministro.

Apesar do triunfo de ter chegado ao cargo, Winston andara em terreno instável nos dias anteriores. O discurso precisava silenciar os críticos em Whitehall e gerar o apoio de que ele precisava desesperadamente. Em resumo, tinha que ser um belo discurso.

E ele sabia disso.

A Câmara ainda não se reunira desde o dramático debate sobre a Noruega em 9 de maio e a invasão dos Países Baixos no dia seguinte, e um grande número de deputados conservadores sentia profundo remorso por suas ações. Muitos dos que haviam votado contra o governo tinham-no feito por frustração e para expressar sua raiva, sem atentar que isso levaria à queda de Neville Chamberlain. Era esse mesmo grupo de indivíduos penitentes e receosos que agora, com uma sensação de "cliente arrependido", olhava com desprezo para o seu primeiro-ministro ao vê-lo entrar na Câmara. Foi uma recepção tímida, com pequenas saudações das bancadas dos trabalhistas e liberais, mas pouco aplauso e até mesmo um silêncio pétreo dos conservadores.

A Câmara dos Comuns vivera o caos por alguns dias. Chips Channon descreveu a atmosfera em seu diário:

> Absurdamente dramático e muito winstoniano: primeiro, fomos convocados por um telegrama assinado pelo presidente da Câmara, que pedia que não mencionássemos o encontro. Mas como ambas as casas haviam sido convocadas, devem ter sido enviados mais de 1.300 telegramas, vistos talvez por milhares de pessoas, literalmente.
>
> Cheguei às 14h15 e encontrei um clima de confusão e embaraço. Ninguém sabia quem havia sido renomeado, quem caíra ou fora trocado. Foi uma "semana maluca"; eu me juntei a um grupo de ministros desnorteados [...]. Eles batiam papo, divertidos, apreensivos, desinformados.
>
> Neville entrou, do seu jeito usual, tímido, retraído, os deputados perderam a cabeça; gritaram; deram vivas; agitaram suas Ordens do Dia, e sua recepção foi uma verdadeira ovação.

Assim como havia sublevações em casa, os relatórios sobre o front de guerra da semana anterior revelavam um agravamento progressivo da situação na Holanda, na Bélgica e na França. A tensão na Câmara era palpável. Cabia agora a Winston tentar acalmar essa "confusão e embaraço", e aliviar os medos dos parlamentares com palavras, e só com palavras.

O próprio Churchill não poderia ter concebido um momento melhor, e em certa medida, é claro, ele era também responsável por isso.

Às 14h54, ficou em pé, parou diante da Área de Debates e começou a falar:

> Eu peço que se proponha
> Que esta Casa dê as boas-vindas à formação de um governo que representa a decisão unida e inflexível da nação em conduzir a guerra contra a Alemanha a uma conclusão vitoriosa.

Até aqui, tudo bem – um pouco palavroso, mas, sem dúvida, altivo. Seu saque havia caído dentro da quadra, e agora começava a troca de bolas...

> Na última sexta-feira à noite, recebi de Sua Majestade a incumbência de formar um novo governo. O desejo e a vontade evidentes do Parlamento e da nação são que este governo tenha a base mais ampla possível e possa incluir todos os partidos, tanto os que apoiaram o governo anterior como os da oposição. Já concluí a parte mais importante dessa tarefa. Formamos um Gabinete de Guerra com cinco membros, que representam, com os liberais da oposição, a unidade da nação. Os três líderes de partidos concordaram em fazer parte ou do Gabinete de Guerra ou de altos cargos do Executivo. Os postos dos três Serviços de Combate foram preenchidos. Foi necessário fazer isso em apenas um dia, dadas a extrema urgência e a gravidade dos acontecimentos. Vários outros cargos, cargos-chave, foram definidos ontem, e hoje à noite vou submeter à apreciação de Sua Majestade outra lista. Espero completar a nomeação dos principais ministros amanhã. A nomeação dos demais ministros costuma ser mais demorada, mas acredito que, quando o Parlamento voltar a se reunir, essa parte de minha tarefa estará concluída, e teremos um governo completo em todos os aspectos.
>
> Julguei ser do interesse público sugerir que a Casa se reunisse hoje. O senhor presidente da Câmara concordou, e tomou as necessárias medidas, segundo os poderes a ele conferidos pela Resolução da Câmara. Hoje, ao final dos trabalhos, será proposto um recesso até terça-feira, 21 de maio, com, é claro, provisão para uma reunião antecipada caso seja necessário. O assunto a ser considerado nesta semana será notificado aos Membros na primeira oportunidade. Agora convido a Casa, pela Moção que está em meu nome, a registrar sua aprovação às medidas propostas e declarar sua confiança no novo governo.

Formar um governo desse porte e complexidade é um empreendimento sério por si só, mas devemos lembrar que estamos nos estágios preliminares de uma das maiores batalhas da história, que estamos combatendo em vários outros pontos na Noruega e na Holanda, que temos que estar preparados para o Mediterrâneo, que as batalhas aéreas são contínuas e que muitos preparativos, como os que têm sido indicados por meu honorável amigo embaixo nas galerias, têm que ser feitos aqui em casa. Nessa crise, espero ser perdoado por não me dirigir à Casa mais extensamente. Espero que meus amigos e colegas, ou antigos colegas, que foram afetados pela reconstrução política, me perdoem, e perdoem totalmente, por qualquer eventual falta de cerimônia, com a qual sempre é necessário agir. Eu diria à Casa, como disse àqueles que aceitaram participar deste governo: "Nada tenho a oferecer senão sangue, trabalho árduo, lágrimas e suor".

Temos diante de nós uma provação das mais duras. Temos diante de nós muitos e muitos longos meses de luta e sofrimento. Vocês perguntarão, qual é a nossa política? Eu direi: É travar a guerra, por mar, terra e ar, com todo o nosso poder e todas as forças que Deus nos der; travar guerra contra uma tirania monstruosa, nunca superada no sombrio e lamentável catálogo dos crimes humanos. Essa é a nossa política. Vocês perguntarão, qual é o nosso objetivo? Eu responderei com uma só palavra: vitória, vitória a qualquer custo, vitória a despeito de todo o terror, vitória por mais longa e difícil que seja a estrada; pois sem a vitória, não há salvação. Compreendam bem; não há salvação para o Império Britânico, não há salvação para tudo o que o Império Britânico defende, não há salvação para o desejo e o impulso de eras de que a humanidade caminhe em direção ao seu destino. Mas assumo minha tarefa com entusiasmo e esperança. Tenho certeza de que a nossa causa não fracassará entre os homens. Neste momento, sinto-me autorizado a pedir a ajuda de todos e dizer: "Venham, então, vamos avançar juntos, com nossas forças unidas".

Depois de falar por apenas sete minutos, Churchill retomou seu assento.

Seu apelo final por unidade e força não havia sido poderoso o suficiente para que seus oponentes corressem para dar-lhe apoio, e Channon registrou em seu diário que a fala – hoje amplamente vista como um dos maiores discursos feitos por um político – "não foi bem recebida". Embora a Câmara não tivesse sido acalmada, Lloyd George quis prestar seus respeitos ao novo primeiro-ministro:

> Eu me congratulo com o país pela sua elevação ao cargo de primeiro-ministro neste momento tão crítico e terrível. Se posso ousar dizê-lo, creio que o Soberano fez uma sábia escolha. Todos conhecemos os brilhantes dotes intelectuais do honorável cavalheiro, sua destemida coragem, seu estudo profundo da guerra e sua experiência em sua operação e direção – ou talvez não [...]. Ele exerce sua suprema responsabilidade num momento gravíssimo e em tempos de riscos maiores que os que já confrontaram um ministro britânico em qualquer época.

Esse alto elogio de alguém que havia sido primeiro-ministro em tempo de guerra levou Churchill às lágrimas, e segundo o deputado Harold Nicolson ele "enxugou suas lágrimas", mas nessa sua fala, e nas que se seguiram, Channon observou que "apenas as referências a Neville despertavam entusiasmo".

Os registros de diários desse dia são mais generosos. Nicolson descreveu a fala de Churchill como "muito curta [...] mas direto ao ponto"; Jock Colville chamou-a de "um pequeno discurso brilhante"; e Channon anotou: "O novo primeiro-ministro falou bem, até com dramaticidade [...]". Mas ninguém teve suficiente confiança para reconhecer o real poder do que é hoje considerado uma magistral demonstração de retórica política à altura do Discurso de Gettysburg.

O desapontamento de Churchill é compreensível. Trabalhara arduamente no discurso, sabendo que a história o ouvia. Refinara o texto várias vezes, ponderando, com a sensibilidade de um poeta, cada frase, cada ritmo, cada palavra. Até deixara escapar a frase-chave – aquela pela qual o discurso é hoje conhecido – em conversas que tivera nos dias precedentes, a fim de testar seu impacto. Malcolm MacDonald, um dos ministros que Winston nomeara mais cedo naquele dia, relembra:

> Entrei na presença dele. O grande homem andava para cima e para baixo na Câmara, a cabeça inclinada – em profunda meditação – sobre seus grandes ombros, e com as mãos segurando as lapelas do casaco, como se estivesse fazendo um discurso na Câmara dos Comuns.
>
> Ele olhou em volta, avistou-me, e disse em tom de oratória, sem deter seus passos: "Meu caro Malcolm, é bom vê-lo. Não tenho nada a lhe oferecer, a não ser...". Por um momento, ele hesitou de propósito em sua fala. Eu fiquei desapontado, achando que ele não tinha mais nenhum alto cargo a me oferecer exceto o de superintendente dos correios ou outro cargo menor similar. Então ele prosseguiu, "sangue, trabalho árduo, lágrimas e suor".
>
> Fiquei perplexo, imaginando se ele teria criado um novo ministério para tempos de guerra, e estivesse me pedindo que fosse ministro de Estado de Sangue, Trabalho Árduo, Lágrimas e Suor.
>
> Ele olhou para mim, observando minha reação, parou, e então, com uma voz que de repente ficou informal e amistosa, comentou: "Quero que seja ministro da Saúde do meu governo".
>
> [Leo] Amery estivera esperando por mim no escritório privado do ministério [...] e então me perguntou: "Ele também lhe ofereceu sangue, suor, trabalho árduo e lágrimas?".
>
> Respondi "Sim"; e Amery comentou que havia recebido a mesma proposta. "Ele deve estar ensaiando o discurso dele de hoje à tarde no Parlamento."

É nesse relato que temos um vislumbre do processo e dos métodos usados pelo Churchill orador – andando pela sala segurando as lapelas, repassando sua fala mentalmente várias vezes. Jock Colville lembrou que "a composição de um discurso não era tarefa que Churchill se dispusesse a saltar ou fazê-la às pressas". De fato, comentava-se que ele dedicava uma hora de trabalho para redigir cada minuto do discurso. Nesse caso, embora as circunstâncias dos quatro dias anteriores tivessem interferido muito nos preparativos de Churchill, não haviam produzido um dano irreparável, pois na verdade ele se preparara para esse discurso a vida inteira.

Em seu período de autoeducação na Índia em 1896, Churchill estudara uma miríade de grandes pensadores e historiadores, mas foi nas obras de Sócrates, Platão e Aristóteles que um assunto em particular chamou sua atenção: a arte da retórica. Em ensaio não publicado que escreveu um ano depois, intitulado "The Scaffolding of Rhetoric" [O andaime da retórica], o Churchill de 23 anos escreveu: "O poder da retórica não é nem totalmente nato nem inteiramente adquirido, mas cultivado. As peculiaridades do temperamento e do talento do orador devem ser suas por natureza. Mas seu desenvolvimento é estimulado pela prática". Na realidade, uma prática de mais de quarenta anos.

Podemos buscar as origens de "sangue, trabalho árduo, lágrimas e suor" no *De divinatione II*, de Cícero (44 a.C.), e na *História de Roma*, de Tito Lívio (*c.* 29 a.C.), quando *sudor et sanguis* ("suor e sangue") foram emparelhados pela primeira vez e usados com frequência. Séculos mais tarde, John Donne diria em seu poema de 1611 "Uma anatomia do mundo": "Que é inútil borrifar ou aliviar com tuas lágrimas, ou suor, ou sangue". Em 1823, lorde Byron escreveu: "Ano após ano, recolheram centavo por centavo/ Milhões arrancados com sangue, suor e lágrimas – para quê? para alugar!"; e no poema "Ixion", de Robert Browning, de 1883, estão as palavras: "Lágrimas, suor, sangue – cada espasmo, horrível antes, agora glorificado".

Churchill também foi influenciado por discursos de políticos e líderes militares. Em 1849, o revolucionário e patriota italiano Giuseppe Garibaldi fez um discurso inflamado aos seus soldados sitiados na praça de São Pedro, em Roma; uma frase dele pode ser traduzida como: "Não ofereço nem paga, nem terras, nem provisões; ofereço fome, sede, marchas forçadas, batalhas e morte". Quase cinquenta anos mais tarde, o discurso de Theodore Roosevelt a um colégio de guerra naval em 1897 dizia: "Por causa do sangue e suor e lágrimas, da labuta e da aflição, por meio dos quais, nos dias que já se foram, nossos ancestrais alcançaram triunfos".

"Os amadores tomam emprestado, os profissionais roubam" – na famosa frase de Picasso ou de T.S. Eliot, dependendo de quem a tenha roubado de quem.

Em 1900, Churchill começou a ruminar sua versão ao escrever sobre o tempo que passara em um campo de prisioneiros bôeres de guerra. Em *London to Ladysmith via Pretoria* [De Londres a Ladismith via Pretória], ele previu com acerto que a vitória britânica na guerra da África do Sul seria "apenas uma questão de tempo e dinheiro, expressos em termos de sangue e lágrimas". Visivelmente satisfeito com a expressão, usou-a de novo em um artigo de jornal para o *Saturday Evening Post* no mesmo ano: "Tudo isso poderá parecer muito triste e brutal em tempos de paz, mas será menos que sangue e lágrimas quando vier a próxima guerra".

Essa "próxima guerra" seria a Primeira Guerra Mundial, sobre a qual Churchill escreveu uma história em cinco volumes intitulada *The world crisis* [A crise mundial]. No último volume, publicado em 1931, descreveu a devastação sofrida no front oriental e que as páginas de seu livro iriam "registrar os árduos esforços, períodos, sofrimentos e paixões de milhões de homens. Seu suor, suas lágrimas, seu sangue banharam a infindável planície". Dois anos mais tarde, a expressão "tolices de sangue e labuta" apareceu em sua biografia do duque de Marlborough; e em um artigo de 1939 sobre a guerra do general Franco na Espanha, escreveu sobre as "novas estruturas da vida nacional, erigidas sobre sangue, suor e lágrimas, que não são dessemelhantes e, portanto, podem se unir".

O impacto visceral dessas quatro palavras sobre Churchill no decorrer de quarenta anos é inegável. Em seu presciente ensaio de 1897, o jovem Winston descreveu como "o orador é a encarnação das paixões da multidão. Antes de inspirar nos outros qualquer emoção, ele próprio deve ser comovido por ela. Quando desperta indignação neles, seu coração está cheio de ira. Antes de levá-los às lágrimas, as suas devem fluir. Para convencê-los, ele próprio deve acreditar". Então, a impressão é que Churchill estaria preparado para a acolhida indiferente recebida na Câmara dos Comuns no dia 13 de maio – talvez até a esperasse, pois não falava apenas aos colegas políticos. Falava à nação, ao mundo e, na realidade, à história.

Churchill precisava transmitir a gravidade da situação que a nação enfrentava naquele momento e também pedir às pessoas que confiassem nele para liderá-las com segurança até o amargo final. Após o preâmbulo oficial, o cerne de seu discurso segue um padrão de retórica com climas oscilantes: começa deixando claro o quanto é intenso o perigo, mas em seguida se apresenta como a esperança que vai trabalhar incansável e destemidamente por eles. Repete isso com mais duas avaliações cabais de perigo, mas termina com uma nota entusiasmada de coragem e otimismo. É o modelo clássico. Winston quis que os ouvintes sentissem sua nova realidade agudamente, mas que não ficassem com medo. Mostrou a si mesmo como um líder desafiador, mas igualou-se com humildade ao seu povo.

Com muita habilidade, Churchill emprega dois recursos retóricos cruciais aqui, ambos extraídos da Antiguidade. Um é a anacenose, uma figura de linguagem na qual se apela aos ouvintes ou oponentes que deem sua opinião ou julgamento sobre o assunto em pauta. Ele usa o recurso em "Vocês perguntarão, qual é a nossa política?" e em "Vocês perguntarão, qual é o nosso objetivo?", trazendo os ouvintes para dentro do drama, junto com ele. O outro recurso é a anáfora, a repetição de uma palavra ou palavras no início de dois ou mais versos, parágrafos ou sentenças sucessivos. Ele repete: "Travar a guerra, por mar, terra e ar... travar guerra contra uma tirania monstruosa" e "A vitória, vitória a qualquer custo, vitória a despeito de todo o terror, vitória por mais longa e difícil que seja a estrada; pois sem a vitória, não há salvação".

Em *The roar of the lion* [O rugido do leão], o historiador Richard Toye descreve como "a repetição dessa simples palavra 'vitória' cinco vezes em uma única sentença criou uma marcante impressão do foco e determinação de Churchill; ele não promete a vitória, mas promete, sim, não se deter antes de alcançá-la, e isso significava que suas advertências de sangue e terror vinham junto com um sentimento de otimismo".

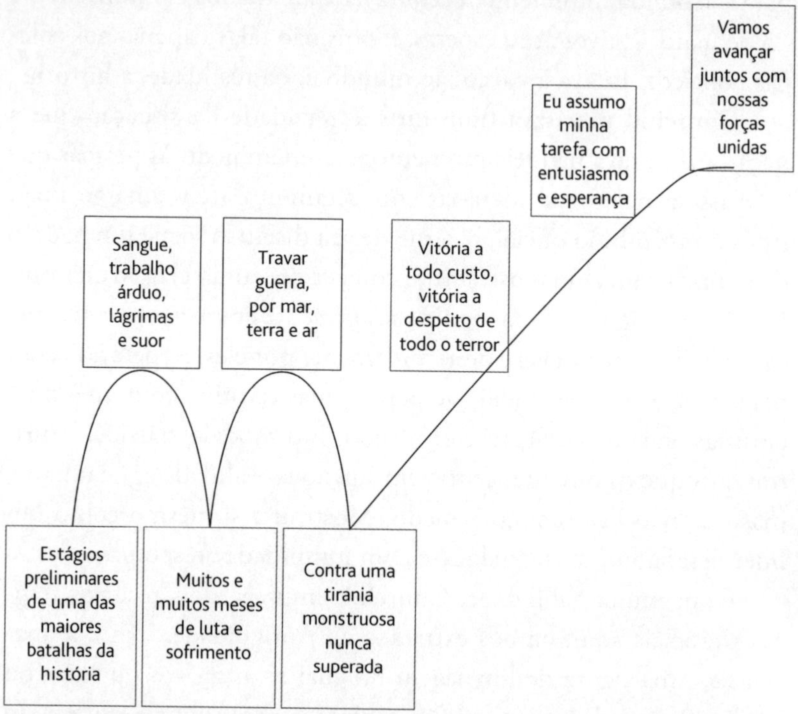

O salto triplo da retórica

Desse modo, Churchill apelava à longa tradição do estoicismo britânico. Apoiando-se de novo em noções de seu "O andaime da retórica", via a grande oratória como uma espécie de truque inteligente, que ludibria a plateia com "uma série de eloquentes impressões, substituídas antes de poderem ser examinadas muito detidamente e que desaparecem antes que possam ser atacadas".

Somos deixados então com uma emoção, mas não ficamos muito seguros de como chegamos a ela, nem inclinados a entender por quê. Com que facilidade, ao longo das eras, os cidadãos têm sido iludidos desse modo.

Estruturalmente, podemos ver como essas técnicas retóricas também foram transmitidas dentro da Câmara dos Comuns. Em seu livro *The history of the english-speaking peoples* [A história dos povos de língua inglesa], Churchill cita um discurso feito em 1800 por

William Pitt ao debater o conflito britânico com Napoleão durante a Revolução Francesa:

> [O senhor Fox] desafia-me a dizer, numa frase, qual é o objetivo da guerra. Não sei se sou capaz de fazê-lo em uma frase; mas, em uma palavra, posso lhe dizer que é "segurança": segurança contra um perigo, o maior que já ameaçou o mundo. Segurança contra um perigo que nunca havia existido em nenhum período anterior da sociedade. Segurança contra um perigo que em grau e extensão jamais foi igualado; contra um perigo que ameaça todas as nações da Terra; contra um perigo ao qual resistiram todas as nações da Europa, e nenhuma delas com tanto sucesso quanto esta nação, pois nenhuma delas resistiu de modo tão uniforme e com tamanha energia.

Em radical contraste com os discursos egomaníacos de Hitler – que enfatizavam a palavra "eu" – Churchill, cujos anos de estudo haviam aprimorado seu agudo entendimento da nação que agora liderava, sabia o poder do "nós" ao exortar o público britânico a assumir uma luta tão terrível. Se o desafio tinha que ser apresentado em seu discurso como uma clara batalha entre dois impérios – um democrático e bom, o outro totalitário e absolutamente mau –, então ele sabia que "*Nós devemos*" era muito mais adequado do que "*Ich werde*" [Eu vou]. As frases curtas e simples do anglo-saxão vinham como canhonaços de pronomes no plural: "*we have before us*", "*with all our might*", "*come then, let us go forward together with our united strength*" [*temos* diante de *nós*/ com todo o *nosso* poder/ venham, então, *vamos* avançar *juntos*, com *nossas* forças unidas]. Seu trabalho era lisonjear um povo assustado, colocando-o em papéis centrais no grande drama do mundo; e, como sabemos, a lisonja leva a pessoa a qualquer parte.

Em "O andaime da retórica" Churchill escreveu sobre como "os que não refletem costumam imaginar que os efeitos da oratória são produzidos pelo uso de palavras longas. O erro dessa ideia pode ser visto no que já foi escrito. As palavras mais curtas da língua são geralmente as mais antigas. Seu significado está mais entranhado no caráter nacional e elas têm apelo mais forte para um entendimento direto [...]". As palavras no discurso de Churchill seguem com exatidão esse método: "batalha"; "sangue, trabalho árduo, lágrimas e suor"; "guerra"; "vitória"; "terror"; "salvação"; "impulso"; "esperança"; "forças unidas".

Plutarco, citando Platão, escreve que a retórica é "a arte de trabalhar na alma dos homens por meio das palavras, e seu principal propósito é conhecer o caráter e as paixões, que são, por assim dizer, as cordas e as notas da alma e exigem um toque muito hábil e delicado". Com esse discurso, Churchill conseguiu seu objetivo de ganhar sua plateia-chave – o grande público – e foi recompensado com uma reação entusiasmada no dia seguinte. Ao contrário dos relatos em primeira mão vindos da Câmara, tanto o *The Daily Telegraph* como o *Evening Standard* reportaram que a declaração de Churchill tivera uma "acolhida calorosa". A publicação pelo *Standard* de um cartum icônico de David Low (abaixo) traduziria o tom de confiança da nação em seu novo primeiro-ministro.

Enquanto os jornais eram impressos, o Gabinete de Guerra reunia-se no nº 10 da Downing Street para discutir as últimas atualizações do continente. Churchill informou à reunião que "achava que um ataque aéreo ao país era inevitável. Qualquer que fosse o rumo da guerra na França", agora era tempo de ele fazer uma abordagem pessoal e detalhar a "gravidade da situação" a um homem que ele torcia para que tivesse ouvido seu discurso de resistência: o presidente Franklin D. Roosevelt.

ALL BEHIND YOU, WINSTON

TERÇA-FEIRA, 14 DE MAIO DE 1940

HOLANDA SUFOCADA DEVE CAIR NAS MÃOS DOS ALEMÃES EM QUESTÃO DE DIAS

APÓS DOIS DIAS DE VIOLENTAS BATALHAS, DIVISÕES PANZER ALEMÃS CRUZAM O RIO MOSA E ENTRAM NA FRANÇA

PERSISTE A INDEFINIÇÃO SOBRE AS INTENÇÕES ESTRATÉGICAS DA ALEMANHA

O SUPREMO COMANDANTE DO EXÉRCITO FRANCÊS, GENERAL MAURICE GAMELIN, IGNORA ADVERTÊNCIAS DE QUE A ALEMANHA ESTÁ MONTANDO UMA ARMADILHA E CONTINUA O AVANÇO DE SOLDADOS NOS PAÍSES BAIXOS, DESGUARNECENDO A LINHA MAGINOT

7

O AGRAVAMENTO DA SITUAÇÃO

O povo britânico acordou no dia 14 de maio com os jornais anunciando o magistral pronunciamento de Churchill na Câmara dos Comuns, e repercutindo aquela mensagem do cartum: "Todos atrás de você, Winston".

Mas a situação da guerra rapidamente se tornava mais sombria. A maior invasão que o mundo já vira – 3 milhões de soldados alemães em rápido avanço (com outros 2 milhões uniformizados de prontidão em casa) – acontecia com extrema rapidez. Enquanto isso, os Aliados, com seus precários telégrafos e telefones de campanha e seus enlameados mensageiros de motocicleta, esforçavam-se para avaliar a grande dimensão daquele terror ou a melhor maneira de fazer frente às várias ameaças.

A rotina diária das reuniões esfumaçadas do Gabinete de Guerra, do Comitê de Defesa e do Comitê de Chefes de Estado-Maior continuou sem descanso, enquanto emergiam fragmentos do quadro geral. Nas Salas de Guerra, o apertado *Bunker* debaixo do Whitehall, que serviu como centro de planejamento operacional para os britânicos ao longo da guerra, Churchill, na Sala de Mapas, observava como os alfinetes coloridos (verdes para a Alemanha) eram espetados nos grandes mapas da Europa Ocidental, e logo depois retirados e reposicionados mais para oeste a cada novo relatório que chegava por telefone. Churchill descreveu esses primeiros dias como "peculiares" por causa de como "convivia-se com a batalha, na qual todos os pensamentos se concentravam, sem que nada se pudesse fazer a respeito".

O Gabinete de Guerra reunia-se no nº 10 da Downing Street às 11h30 para ouvir as últimas atualizações. A essa altura, o front ocidental recebia o grosso do ataque alemão, com o exército francês recuando para Antuérpia e tentando junto com os belgas defender a linha contra as divisões alemãs blindadas e motorizadas. A maior concentração do ataque era mais ao sul, no front Namur-Sedan (belgo-francês), onde os soldados alemães haviam cruzado o rio Mosa e entrado na França. Notícias como essa causavam impacto no âmago do Gabinete de Guerra, pois o Mosa servia desde os tempos romanos como barreira, protegendo as planícies da França, Bélgica e Holanda da antiga ameaça de invasão pelo leste.

A Holanda talvez não resistisse muito tempo. Lorde Halifax informou ao Gabinete de Guerra que mais cedo naquela manhã fora procurado pelo embaixador francês, que se disse muito preocupado com a mensagem recebida da rainha Guilhermina da Holanda, naquele momento instalada no Palácio de Buckingham pelo rei George VI. Os franceses haviam interpretado as palavras dela como uma indicação de que os holandeses cogitavam entrar em negociações de paz com a Alemanha. Numa tentativa de acalmar os receios franceses, Halifax disse que interpretava a mensagem de maneira exatamente oposta, e que a atitude do governo holandês era inflexível: eles não mostravam nenhuma disposição para conversações de paz.

Quanto à ameaça da Itália de entrar no conflito ao lado da Alemanha, Halifax chamou a atenção do Gabinete de Guerra para um telegrama que recebera do embaixador britânico em Roma, alertando que "não devemos encarar qualquer provocação verbal da Itália como intolerável a ponto de nos levar a uma declaração de guerra [com a Itália] [...]. A não ser que o *signor* Mussolini já tenha decidido dar o mergulho, ainda restam três ou quatro semanas para que ele decida se a performance militar será adotada ou não". As intenções de Mussolini iriam se revelar cruciais bem antes de três ou quatro semanas, e causariam uma cisão irreparável entre as duas principais figuras do Gabinete de Guerra, Halifax e Churchill. Nesse meio-tempo, emergiram questões mais urgentes.

Churchill compareceu ao Comitê de Chefes de Estado-Maior às 18h, e depois ao Gabinete de Guerra, às 19h, informando-os sobre uma mensagem telefônica recebida do primeiro-ministro francês Paul Reynaud:

> A Alemanha pretende desferir um golpe mortal em Paris. O exército alemão avançou por nossa linha fortificada ao sul de Sedan. O problema é que não temos como resistir aos ataques conjuntos de tanques pesados e esquadrões de bombardeiros. Para deter o avanço alemão enquanto ainda há tempo e fazer com que nosso contra-ataque seja bem-sucedido, é necessário bloquear os tanques alemães e seus bombardeiros de apoio. Isso só pode ser feito por uma enorme força de caças. Vocês já tiveram a gentileza de enviar quatro esquadrões, o que é mais do que prometeram, mas se quisermos vencer essa batalha, que pode ser decisiva para a guerra inteira, é preciso enviar de uma vez, se possível hoje, mais dez esquadrões. Sem esse apoio, não é certeza que deteremos o avanço alemão entre Sedan e Paris. Entre Sedan e Paris não há fortificações à altura da linha que precisamos restabelecer quase a qualquer custo.
>
> Confio que nesta crise a ajuda inglesa não nos faltará.

A facilidade com que os alemães cruzaram o rio Mosa deixou os franceses chocados. Para poderem cruzar tão rápido, segundo o general Ironside, deviam certamente ter usado "tanques anfíbios protegidos por blindagem impenetrável ao fogo dos tanques franceses". Mais uma vez, a "situação era obscura demais" para permitir que o Gabinete de Guerra se comprometesse a enviar mais soldados à França. Em vez disso, julgou-se "essencial obter informações o mais cedo possível, não apenas sobre o que aconteceu mas também em relação às futuras intenções dos franceses" e se eles teriam condições ou não de montar um contra-ataque à altura.

Já pela manhã no Gabinete de Guerra, lorde Halifax recebera confirmação de um adido naval britânico em Roma de que "navios mercantes eram reunidos e armados em vários portos [...] e vinham sendo instaladas minas e defesas com redes". Mas chegara também um relatório contraditório do embaixador britânico em Roma comunicando que uma fonte confiável "da mais alta hierarquia fascista comentou que o *signor* Mussolini teria declarado categoricamente que a Itália *não* entraria na guerra". Seguiram-se discussões, avaliando se seria melhor não fazer nada ou pensar em medidas de proteção, como fechar o canal de Suez para evitar a passagem de suprimentos italianos. Churchill concluiu que "o curso de ação mais prudente seria esperar e ver que ação os italianos iriam empreender, para tomar decisões à luz disso". A reunião então foi postergada para o dia seguinte, e Winston voltou ao Almirantado para continuar a trabalhar.

Uma espécie de "sala de guerra" pessoal havia sido montada por Churchill no hall da Casa do Almirantado. Jock Colville lembrou que, entre a "curiosa e feia mobília estilo golfinho" que levou Churchill a chamar o lugar de "sala dos peixes", foi alocado espaço para uma secretária particular e para uma das especialmente treinadas "datilógrafas noturnas" de Winston. "Ao lado da sua escrivaninha há uma mesa cheia de garrafas de uísque etc. Na própria escrivaninha há todo tipo de coisas: palitos de dente, medalhas de ouro (que ele usa como pesos de papéis), punhos especiais que ele veste para não sujar as mangas de seu casaco, e uma série de comprimidos e pozinhos".

Por volta das 22h30, um "grupo variado apareceu", formado pelo general Ismay; Anthony Eden, ministro da Guerra; *sir* Arthur Sinclair, ministro da Aviação; David Margesson, líder da bancada conservadora, que Churchill decidira manter; lorde Beaverbrook, recém-nomeado ministro da Produção Aeronáutica; e Joseph Kennedy, o embaixador americano (e pai de JFK). Colville os chamou de "estranhos companheiros de cama!" e ouviu-os discutir o avanço alemão – e percebeu "opiniões alarmistas e [...] não confiáveis do sr. Kennedy".

Churchill uma vez mais trabalhou até depois da 1h, embora já estivesse de pé às 7h do dia 15 de maio para falar com o primeiro-ministro francês. A notícia era terrível. Churchill descreveu o humor de Reynaud como "muito agitado"; na noite do dia anterior o contra-ataque francês ao sul de Sedan havia sido malsucedido, portanto "o caminho para Paris estava aberto e a batalha havia sido perdida. Ele chegou a falar em desistir". A última coisa que Churchill precisava era que o mais forte aliado de seu país perdesse a cabeça, desistisse de lutar e deixasse a Grã-Bretanha sozinha contra a força bruta dos nazistas. Churchill decidiu tentar convencer Reynaud a mudar de ideia:

> Que ele [Reynaud] não devia se impressionar por mensagens de pânico [despachos militares] desse tipo; que apenas uma pequena parte do exército francês estava envolvida e que os alemães que haviam invadido estariam agora numa posição vulnerável. Ele disse também várias vezes que, não importava o que os franceses fizessem, continuaria a lutar até o fim.
>
> O senhor Reynaud perguntou se poderíamos enviar mais soldados em seu auxílio. O primeiro-ministro assinalou que, como ele bem sabia, isso era impossível.
>
> O primeiro-ministro pediu e obteve do senhor Reynaud permissão para falar diretamente com o general Georges [comandante em chefe da França do front nordeste]. O general Georges ligou mais tarde, pouco depois das 9h.

Felizmente, a conversa de Churchill com o general mostrou-se infinitamente mais tranquila, e ele em seguida informou na reunião das 10h do Comitê dos Chefes de Estado Maior e na reunião das 11h do Gabinete de Guerra que embora "a situação fosse sem dúvida grave [...] os alemães haviam penetrado num front muito amplo, mas ele agora estava bloqueado".

Bloqueado? A boa notícia foi comunicada e passada adiante.

Mas o alívio durou pouco. Lorde Halifax tinha notícias ruins. Primeiro, o ministro da Holanda em Londres havia ligado naquela manhã para informar-lhe que os holandeses iriam "anunciar a rendição de Roterdam e Utrecht a fim de poupar mais perdas inúteis de vida". Alfred "Duff" Cooper, o novo ministro da Informação de Churchill, imediatamente percebeu o possível desastre para as relações públicas caso o povo britânico soubesse pela imprensa da proclamação holandesa e ficasse em pânico pela possível retirada da Holanda da guerra. Churchill concordou que "deve ficar claro que a ação anunciada [...] nada mais é do que uma capitulação militar em uma área particular".

A segunda má notícia de Halifax para o Gabinete de Guerra era um relatório de Joseph Kennedy, que havia sido informado por um colega em Roma de que

> a situação se tornara muito grave [...] agora ele achava que as possibilidades eram de 10 para 1 de que ela [Itália] se alinhasse à Alemanha [...]. *Signor* Mussolini já tomara a decisão. Estava convencido de que as informações sobre operações militares que *Herr* Hitler dera ao *signor* Mussolini no passado haviam sempre sido corretas; e a informação que *Herr* Hitler enviara naquele dia mostrava uma vitória total alemã na Bélgica e na Holanda.

Um clima pesado se abateu sobre a sala. Se a Itália entrasse na guerra, então a França, enfrentando dois inimigos, teria ainda menor probabilidade de sobreviver. Nesse contexto, a Grã-Bretanha logo poderia ser a única nação entre Hitler e seu total domínio da Europa. O general Ironside escreveu em seu diário:

> A guerra está chegando cada vez mais perto de nós e preocupa ainda mais. Estamos vivendo uma nova fase da história, cujo curso nenhum homem consegue prever. Ninguém acreditava que viéssemos a entrar na guerra, com certeza não tão cedo em uma luta mortal. Não fizemos quaisquer preparativos, nem mesmo para desenvolver a indústria de guerra, e agora não temos como recuperar terreno. É tarde demais. O ano pode ver-nos

> derrotados, mas não poderá nos levar a vencer a Alemanha, exceto se for por meios econômicos.

Halifax, que cada vez mais olhava para a Itália buscando um raio de esperança, sugeriu que "poderia ser de alguma valia se o primeiro-ministro [...] enviasse um comunicado ao *signor* Mussolini". Churchill prontamente concordou em fazer isso, assim como a esboçar os "detalhes da mensagem pessoal que se acertara enviar ao presidente Roosevelt informando-o da gravidade da situação".

Deve ter corrido bastante suor pela testa de Chamberlain naquela abafada e fumacenta Sala do Gabinete da Downing Street. Para os 22 outros homens sentados em volta da mesa, e que agora testemunhavam a desesperada tentativa de Churchill de recompor os pedaços e salvar a Inglaterra do mesmo destino da Europa, suas falhas devem ter ficado palpáveis. Quando a longa reunião terminou, Chamberlain voltou à sala de Halifax para conversar. Em seu diário, Halifax descreve o ex-primeiro-ministro como "um bocado abalado pelos acontecimentos políticos [...]. Ele me disse que sempre havia pensado não ser capaz de encarar a tarefa de primeiro-ministro na guerra, mas quando isso aconteceu ele conseguiu enfrentá-la; e no entanto agora que a guerra começava a se intensificar não tinha como não se sentir aliviado por estar eximido dessa responsabilidade".

Com essa grande responsabilidade agora sobre os ombros, Churchill sentou-se para escrever ao presidente Roosevelt. Ao contrário de Halifax, ele via os Estados Unidos como o bastião mais imediato da Grã-Bretanha contra os nazistas.

Churchill, em seu mandato de primeiro lorde do Almirantado, desenvolvera uma relação muito forte com Roosevelt, e agora podia falar com franqueza:

> Embora eu ocupe no momento outro cargo, tenho certeza de que o senhor não vai desejar que interrompa nossa correspondência confidencial e privada. Como sem dúvida estará ciente, a cena rapidamente ficou sombria. O inimigo dispõe de acentuada superioridade aérea, e sua nova técnica vem causando profunda

> impressão aos franceses. Estou convencido de que a batalha em terra mal começou, e gostaria de ver as massas envolvidas. Até o momento, Hitler tem trabalhado com unidades especializadas em tanques e na força aérea. Os pequenos países simplesmente foram esmagados, um por um, como lenha cortada em pedaços. Devemos esperar, embora isso ainda não esteja confirmado, que Mussolini saia correndo atrás da sua parte no saque à civilização. A expectativa é que também nós sejamos atacados aqui, num futuro próximo, tanto por ar como por soldados paraquedistas e transportados de avião, e estamos nos preparando para isso. Se necessário, seguiremos na guerra sozinhos, e não temos medo disso. Mas confio que o senhor presidente concordará que a voz e a força dos Estados Unidos não servirão de nada se forem retidas por muito tempo. Talvez acabe vendo, com impressionante rapidez, uma Europa nazificada, totalmente subjugada, e o peso disso pode ser maior do que nossa capacidade de suportá-lo. Tudo o que peço agora é que proclame não beligerância, o que indicaria que está disposto a nos ajudar com tudo o que antecede o real envolvimento das forças armadas [...].

Ele então relacionou seis necessidades imediatas, desde um empréstimo de quarenta ou cinquenta dos velhos destróieres americanos, a várias centenas das "aeronaves de último tipo" e equipamento antiaéreo, à compra de aço americano e outras matérias-primas. Tudo isso, explicou ele, "deveremos continuar pagando dólares pelo tempo que conseguirmos, mas gostaria de me sentir razoavelmente seguro de que, quando não conseguirmos mais pagar, vai nos fornecer o material do mesmo jeito".

Churchill também solicitou "a visita de uma esquadra dos Estados Unidos aos portos irlandeses" como uma forma de dissuadir uma invasão da Grã-Bretanha via Irlanda; finalmente, pediu que o presidente "mantivesse o cão japonês quieto no Pacífico, usando Cingapura da maneira que fosse conveniente". Assinando a carta "com todos os melhores votos e respeitos", tudo o que podia fazer agora era aguardar a resposta do presidente.

Desde o início do agressivo governo de Hitler em 1933, os Estados Unidos haviam mantido uma posição firme de neutralidade, com Roosevelt declarando abertamente que seu país não teria participação alguma em um eventual conflito europeu. De fato, no final da década de 1930, o Congresso aprovou várias Leis de Neutralidade (*Neutrality Acts*) para proibir comércio ou empréstimos financeiros a países beligerantes. Quando a guerra eclodiu, em 1939, esses termos foram revistos e foi legalizada uma base de venda do tipo "cash-and-carry" [pague e leve] (exceto armas), permitindo que os Estados Unidos dessem apoio não oficial à Grã-Bretanha e à França, considerados os dois únicos países capazes de pagar em "*cash*" [dinheiro vivo] e "*carry*" [levar] os itens para casa eles mesmos.

Duas semanas antes de Churchill empunhar sua caneta e escrever a Roosevelt, a Grã-Bretanha havia garantido uma compra de 324 caças Curtis P-40 para o Exército e de 81 caças Grumman para a Marinha. A posição oficial era que os aviões estavam de momento "sendo construídos nos Estados Unidos e para os Estados Unidos". A Grã-Bretanha pediu permissão para que um de seus porta-aviões recolhesse as aeronaves de um porto americano, mas isso foi negado por Roosevelt devido às cláusulas da Lei de Neutralidade; no entanto, ele sugeriu que "nós [os Estados Unidos] podemos providenciar para que as aeronaves sejam levadas em voo até a fronteira do Canadá, de lá empurradas até cruzar a fronteira para então voarem até Botwood [Terra Nova]". Empurradas até cruzar a fronteira? Sim. As cláusulas proibiam qualquer auxílio mecânico. Mas essa oferta quase cômica, em sua ardilosa complexidade, era também uma extraordinária demonstração de determinação para driblar a própria Lei de Neutralidade. A arrasadora vitória de Roosevelt na eleição de 1936 havia sido obtida com base em uma firme posição antiguerra, e Churchill sabia que apesar do grande apoio público na América à causa aliada, o envolvimento abertamente assumido do país na guerra nessa conjuntura seria complicado.

Churchill, como mencionara em sua carta ao presidente, agora esperava que a Itália fascista viesse a entrar na guerra ao lado de Hitler. Portanto, a intimidade com que escrevera a Roosevelt não se estendeu a Mussolini quando, na manhã de 16 de maio, ele enviou uma carta breve e de certo modo teatral àquele que logo se tornaria seu inimigo em Roma:

> Agora que assumi o cargo de primeiro-ministro e ministro da Defesa, relembro nossos encontros em Roma e sinto o desejo de transmitir palavras de boa vontade ao senhor como chefe da nação italiana no curso daquilo que parece ser um abismo em rápida ampliação. Será tarde demais para evitar que um rio de sangue corra entre o povo inglês e o italiano? Sem dúvida, somos capazes de infligir sérios danos um ao outro e maltratar-nos mutuamente de modo cruel, levando trevas ao Mediterrâneo com nossa rixa. Se o senhor assim o decretar, assim será; mas declaro que nunca fui inimigo da grandeza italiana, e tampouco fui no íntimo adversário do governante italiano. É ocioso prever o curso das grandes batalhas agora travadas na Europa, mas estou certo de que, seja o que for que aconteça no continente, a Inglaterra irá até o fim, mesmo que seja sozinha, como já fizemos antes, e acredito com bastante certeza que seremos ajudados cada vez mais pelos Estados Unidos e, na realidade, por todas as Américas.
>
> Peço que acredite que não é por nenhum ânimo fraco ou por medo que lhe faço esse solene apelo, que permanecerá nos registros. Ao longo das eras, acima de todos os outros clamores, sobressai o de que os herdeiros conjuntos da civilização latina e cristã não devem ser contrapostos em um conflito mortal. Rogo com toda a honra e respeito que dê ouvidos a isso antes que o terrível sinal seja dado. Ele nunca será dado por nós.

A impressão era que as velhas rixas persistiam não apenas em Hitler, mas também em Mussolini, e quando este respondeu, dois dias mais tarde, expôs com clareza seus sentimentos:

> Respondo à mensagem que me enviou para dizer que certamente o senhor está ciente das graves razões de caráter histórico e contingente que puseram nossos países em campos opostos.

> Sem voltarmos demais no tempo, quero lembrá-lo da iniciativa tomada em 1935 por seu governo de organizar em Genebra sanções contra a Itália quando esta se empenhou em assegurar um pequeno espaço sob o sol africano sem causar o menor dano aos seus interesses e territórios ou aos de quem quer que fosse. Quero lembrá-lo também do real e presente estado de servidão em que a Itália se encontra em seu próprio mar. Se foi para honrar sua assinatura que o seu governo declarou guerra à Alemanha, haverá o senhor de entender que o mesmo senso de honra e respeito por laços assumidos no tratado ítalo-germânico guiam hoje a política italiana e vão guiá-la no futuro diante de qualquer evento que se apresente.

Depois de solicitar ajuda à América e decência à Itália, Winston foi direto à reunião do Gabinete de Guerra às 11h30 do dia 16 de maio. De novo, as notícias ali eram sombrias.

O general Ironside informou à sala que os alemães haviam pegado os franceses de surpresa ao romperem a Linha Maginot e que "não havia dúvida de que a situação era absolutamente crítica [...]. Tudo agora depende de se a França vai desferir com vigor o contra-ataque que o general Gamelin propôs lançar". Os franceses haviam subestimado drasticamente a capacidade dos tanques alemães de cruzarem o ponto mais frágil da linha, perto da floresta das Ardenas, supondo que o terreno iria se revelar muito difícil. Predominava a opinião de que a linha, em seus 136 quilômetros de fortalezas e pontos fortes de defesa, era praticamente impenetrável. A linha custara a tremenda soma de 7 bilhões de francos para ser construída, ao ficar pronta em 1935, mas deixara uma grande fronteira de 400 quilômetros desprotegida entre a França e a Bélgica. Portanto, os muros estavam bem construídos, mas a porta dos fundos havia sido deixada aberta.

Sabedor em primeira mão do estado de agitação do primeiro-ministro francês Paul Reynaud, Churchill concordou que quatro esquadrões de caças deviam ser despachados para a França antes de sua própria viagem naquela tarde para uma reunião de emergência do Supremo Conselho de Guerra no Quai d'Orsay, em Paris.

Ele decidira que o velho amigo da Grã-Bretanha precisava ser estimulado a promover uma heroica resistência.

Acompanhado pelo general Ismay e pelo subchefe do Estado-Maior Imperial, general *sir* John Dill, Churchill cruzou o canal a bordo do seu confiável avião Flamingo, acompanhado por dois caças a jato Hurricane. No caminho, afiou suas armas diplomáticas e decidiu aumentar a infelicidade da França falando em francês (assim como inventava palavras novas, como "*paintatious*" para descrever paisagens que pediam para ser pintadas, Churchill com frequência também falava "*franglais*" [franglês] de propósito, cunhando expressões memoráveis, como quando, numa acalorada discussão com o general Charles de Gaulle em Casablanca, em janeiro de 1943, disse: "*Si vous m'obstaclerez, je vous liquiderai!*", ou seja: "Se você me puser obstáculos, eu o liquidarei!").

Ismay relembra essa viagem em suas memórias:

> A partir do momento em que pusemos os pés no campo de aviação de Le Bourget, havia uma atmosfera evidente de depressão [...]. À medida que dirigíamos pelas ruas, víamos as pessoas apáticas e resignadas, e elas não davam nenhum sinal daquela paixão de resistir que havia inspirado o clamor "*Ils ne passeront pas*" [Não passarão], do conflito anterior. Demonstravam pouco interesse pela nossa comitiva fortemente escoltada, e não se ouviam saudações a Churchill [...]. O Quai d'Orsay [...] estava mais deprimente ainda. O senhor Reynaud, o senhor Daladier [ministro da Defesa e ex-primeiro-ministro] e o general Gamelin aguardavam nossa chegada numa grande sala, com vista para um jardim que me parecera tão agradável e bem cuidado na minha última visita, mas que agora estava desfigurado por várias fogueiras. Os arquivos franceses já estavam sendo entregues às chamas.

Churchill entrou na sala com um ânimo assertivo. O moral francês estava baixo num nível desesperador, e ele precisava agir depressa para impedir a total capitulação. Telegrafou ao Gabinete de Guerra para informá-los do pânico em Paris e "mais uma vez enfatizar a gravidade mortal daquele momento". Sua sugestão foi que "devemos enviar os esquadrões de caças solicitados (isto é, mais seis) amanhã", e pediu que eles se reunissem às 23h daquela mesma noite para discutir as propostas em sua ausência, mandando-lhe a resposta à meia-noite. Tal estratégia havia até então sido rejeitada porque enfraqueceria gravemente as defesas britânicas, mas Paris ficara totalmente indefesa e não restava opção. Meia hora depois, o Gabinete de Guerra telefonou de volta para dar sua concordância. Ismay relembra:

> [Churchill ficou] muito satisfeito ao ver que o Gabinete de Guerra endossara sua recomendação tão prontamente, e achamos que iria ligar para o senhor Reynaud na mesma hora para dar-lhe a boa notícia. Mas não fez isso. Decidiu contar-lhe cara a cara. Isso foi bem característico. Todos sabem a satisfação que sentem alguns de nossos amigos, especialmente os mais novos, ao verem nossas expressões ao abrir o pacote de algo que nos foi presenteado. Era essa a motivação do senhor Churchill naquela hora. Ele estava prestes a presentear Reynaud com uma pérola de valor inestimável, e quis ver seu rosto quando a recebesse.

Churchill e Ismay então correram no meio da noite para dar a Reynaud a notícia antes de voltarem a Londres às 7h de 17 de maio. Mas Reynaud não estava em seu escritório; nem em casa com a esposa. Estava com a amante, *Mme.* la Contesse de Portes, no modesto apartamento dela na Place du Palais Bourbon, onde o encontraram à vontade em seu roupão de banho. Winston, aparentemente imperturbável, quis ter uma plateia maior para a sua mensagem e insistiu que Daladier, o ministro da Guerra, fosse solicitado a acompanhá-los. Mas Daladier tampouco estava em casa com a esposa. Foi *Mme.* la Marquise de Crussol que passou a ligação a Daladier, amante dela, dizendo que *M.* Churchill queria falar com ele sobre um assunto de extrema urgência.

A oferta de Churchill de mais aviões foi recebida com alívio, gratidão e afetuosos apertos de mão, mas os três homens duvidavam que isso fosse mudar muito as coisas. O maior medo de Winston nessa hora era que a França optasse rapidamente por um acordo de paz com Hitler. Pois então o peso todo da resistência recairia apenas sobre a Grã-Bretanha e seu império.

Na volta à Downing Street, o primeiro-ministro compareceu ao Gabinete da Guerra às 10h para relatar a visita à França. Churchill expressou seu pesar pelo fato de eles "terem sido confrontados com a mais grave decisão que um gabinete britânico já tivera que tomar", mas o Gabinete de Guerra retrucou que "havia fortalecido [os franceses] em um grau considerável".

A reunião em Paris não fora fácil. O compromisso britânico de enviar seis esquadrões de caças era excessivamente generoso, considerando que contavam com apenas 39 para a proteção da Inglaterra. Churchill descrevera os esquadrões aos franceses como "a vida do país" e explicou o quanto será necessário conservá-los, já que os britânicos haviam já perdido 36 aviões na defesa do Mosa. Os franceses contra-argumentaram que "haviam iniciado a batalha com 650 caças, e tinham agora apenas 150", ao que Churchill replicou que "nós bombardeamos todos os lugares onde nos foi pedido fazê-lo, e estávamos empenhados em visar apenas aqueles objetivos vitais que impedissem o inimigo de atacar de dia. Não era razoável que os aviões britânicos fossem solicitados a tomar veículos de combate blindados alemães. Isso deveria ter sido feito por ações em terra". Churchill concluiu seu relato na reunião do Supremo Conselho de Guerra e a seguir leu em voz alta a resposta que acabara de receber do presidente Roosevelt.

Infelizmente, não foi o comunicado salva-vidas que ele desejava receber. Roosevelt explicou que estava, "é claro, dando toda a atenção possível à sugestão feita em sua mensagem", mas que quaisquer esforços para ajudar os Aliados iriam "demandar tempo".

Mas para a Europa Ocidental o tempo havia se esgotado. O Gabinete de Guerra concordou que nas circunstâncias presentes deveria ser feita ao povo britânico uma declaração de um estado de "suprema emergência". Não podia mais ser adiado. Chamberlain "convidou o primeiro-ministro a transmitir por rádio uma declaração no dia seguinte".

Na manhã do domingo, 19 de maio, Clementine Churchill voltou cedo da missa na igreja de St. Martin-in-the-Fields, no centro de Londres, pois saíra quando o padre fazia um sermão pacifista. Winston disse-lhe: "Você deveria ter gritado 'vergonha', o senhor está profanando a Casa de Deus com mentiras!". Numa hora como aquela, o pacifismo era exatamente o oposto do que a nação precisava ouvir – e o oposto do que Churchill se preparava para dizer à nação. Mais tarde naquele dia, Colville registrou que ao se sentir frustrado e depois de "uma semana fatigante, [Churchill] retirou-se para Chartwell [...] para desfrutar de umas poucas horas de sol e espairecer alimentando seus cisnes negros sobreviventes (os demais haviam sido comidos por raposas)". No entanto, foi quase imediatamente convocado a voltar à Downing Street para uma reunião do Gabinete de Guerra às 16h30.

A França ainda não montara nenhum contra-ataque confiável, e com o exército alemão avançando rapidamente para o litoral, começaram as discussões entre as forças armadas sobre uma possível retirada dos 400 mil homens da Força Expedicionária Britânica (FEB) do norte da França, perto da fronteira com a Bélgica, para o porto de Dunquerque. Essa sugestão provocou uma séria preocupação no gabinete, e Winston acreditava que, se a FEB fosse obrigada a aceitar essa medida, eles "seriam rigorosamente trazidos para uma armadilha de bomba, e sua perda total seria então apenas uma questão de tempo [...]. Devemos encarar o fato de que o exército belga talvez viesse a ser totalmente perdido, mas não iríamos prestar-lhes qualquer serviço sacrificando nosso próprio exército".

A reunião do Gabinete de Guerra foi encerrada às 18h Churchill finalmente começou a redigir seu discurso.

Sentou sozinho em seu escritório no Almirantado, caneta na mão, um maço de folhas em branco diante de si. De novo enfrentava o desafio: que palavras, em que ordem? Que notas fazer soar, quais evitar?

Sua caneta e sua imaginação devem ter voado, pois apenas três horas mais tarde já estava sentado diante do microfone da BBC, tendo à frente páginas cheias de correções acrescentadas, para tentar de novo recuperar o apoio de uma nação inquieta.

Um aspecto do pronunciamento desse discurso que o público nunca viu beira o cômico. Como conta o biógrafo William Manchester: "Depois de quarenta anos na Câmara dos Comuns, Churchill instintivamente balançava a cabeça da esquerda para a direta [enquanto falava]. Isso não iria funcionar na BBC, então Tyrone Guthrie, do Old Vic [o teatro, em Londres], ficou em pé atrás dele e segurou a cabeça [de Winston] firmemente pelas orelhas, enquanto ele falava acomodado em uma mesinha numa pequena sala do estúdio [...]".

Segurá-lo pelas orelhas? Mantenha essa imagem na mente, enquanto o relógio de parede da BBC bate 21h, e então ouça Churchill, debaixo de uma luz verde, começando a falar ao microfone:

> Dirijo-me a vocês pela primeira vez como primeiro-ministro em uma hora solene da vida de nosso país, de nosso império, de nossos aliados e, acima de tudo, da causa da Liberdade. Uma tremenda batalha está sendo travada na França e em Flandres. Os alemães, por meio de uma notável combinação de bombardeio aéreo e pesados tanques blindados, irromperam pelas defesas francesas ao norte da Linha Maginot, e robustas colunas de seus veículos blindados avançam pelos campos abertos, que durante o primeiro e o segundo dias estiveram sem defesa. Eles penetraram fundo e espalharam o alarme e a confusão em seu caminho. Atrás deles vêm agora caminhões trazendo a infantaria, e atrás destes, de novo, grandes massas estão também a caminho. O reagrupamento dos exércitos franceses para fazer frente e também para atacar essa cunha invasora vem prosseguindo há vários dias, apoiados em larga medida pelos magníficos esforços da Royal Air Force.
>
> Não devemos nos deixar intimidar pela presença desses veículos blindados em lugares inesperados atrás de nossas linhas. Se estão atrás de nosso front, os franceses também estão em muitos pontos lutando ativamente atrás dos fronts deles. Ambos os lados, portanto, estão em posições extremamente perigosas. E o exército francês e nosso próprio exército estão bem dirigidos,

como acredito que continuarão a estar; se os franceses mantiverem esse espírito de recuperação e contra-ataque pelo qual são famosos há tanto tempo; e se o exército britânico mostrar a tenaz resistência e o sólido poder de luta dos quais tivemos tantos exemplos no passado – então uma repentina transformação desse cenário pode vir a ocorrer.

Seria tolo, porém, tentar ocultar a gravidade desta hora. E mais tolo ainda perder o ânimo e a coragem ou supor que exércitos bem treinados e equipados, com 3 a 4 milhões de homens, podem ser vencidos num espaço de poucas semanas, ou mesmo meses, por uma investida ou um ataque de veículos mecanizados, por mais formidável que seja. Devemos aguardar com confiança a estabilização do front na França e o envolvimento geral das massas, que irão permitir que as qualidades dos soldados franceses e britânicos se combinem com perfeição contra as dos adversários. Quanto a mim, tenho confiança inabalável no exército francês e em seus líderes. Apenas uma parte muito pequena desse esplêndido exército está diretamente comprometida; e apenas uma parte muito pequena da França foi invadida. Há boas evidências de que quase todas as forças especializadas e mecanizadas do inimigo já foram colocadas na batalha; e sabemos que tem sofrido perdas muitos pesadas. Nenhum oficial ou soldado, nenhuma brigada ou divisão, que entra em confronto com o inimigo, onde quer que o encontre, deixa de dar a sua valorosa contribuição ao resultado geral. Os exércitos devem abandonar a ideia de resistir além das linhas concretas ou dos obstáculos naturais, e precisam compreender que o domínio só pode ser recuperado por um ataque furioso e incessante. É esse o espírito que deve animar não só o Alto-Comando, mas inspirar cada combatente.

No ar – muitas vezes em séria desvantagem, e com frequência em situações de desvantagem até agora tidas como insuperáveis – temos abatido nossos inimigos numa proporção de 3 ou 4 para 1; e o equilíbrio relativo entre as forças aéreas alemã e britânica é agora consideravelmente mais favorável a nós do que no início do conflito. Na derrubada de bombardeiros alemães, estamos lutando nossa própria batalha, assim como a da França. Acredito que nossa capacidade de combater até o fim a força aérea alemã tem sido fortalecida pelos violentos confrontos que tiveram lugar e ainda prosseguem. Ao mesmo tempo, nossos bombardeiros pesados estão atacando todas as noites o cerne do poder mecanizado alemão, e já infligiram graves danos às refinarias de petróleo das quais depende diretamente o esforço nazista de dominar o mundo.

Devemos esperar que assim que seja alcançada uma estabilização do front ocidental, o grosso desse horrendo aparato de agressão que se abateu sobre a Holanda com ruínas e escravização vai se voltar em poucos dias contra nós. Tenho certeza de que falo por todos ao dizer que estamos prontos a enfrentar isso; a resistir; e a revidar – em qualquer grau que as leis não escritas da guerra permitam. Haverá muitos homens e muitas mulheres na Ilha que quando a provação se abater sobre eles, como virá se abater, vão sentir-se reconfortados e até orgulhosos por estarem compartilhando os perigos que nossos garotos enfrentam no front – soldados, marinheiros e aviadores, que Deus os abençoe –, pois estarão poupando-os pelo menos de uma parte do ataque a que estão submetidos. Será que não é este o tempo de todos nos empenharmos ao máximo para dar-lhes maior poder? Para vencermos a batalha, temos que prover nossos homens com quantidades cada vez maiores das armas e munição de que eles necessitam. Precisamos ter, e rapidamente, mais aviões, mais tanques, mais bombas, mais canhões. Há uma necessidade imperiosa dessas munições vitais. Elas aumentam nossa força contra o inimigo, poderosamente armado. Elas reduzem o desperdício da luta obstinada; e saber que esse desperdício será logo controlado nos permite recorrer mais prontamente às nossas reservas e utilizá-las agora, quando tudo conta tanto.

Nossa tarefa não é apenas vencer a batalha – mas vencer a guerra. Depois que essa batalha na França diminuir de intensidade, virá a batalha pela nossa Ilha – por tudo o que a

Grã-Bretanha é e por tudo o que significa. Essa será a luta. Nessa suprema emergência, não devemos hesitar em dar cada passo, até os mais extremos, para extrair de nosso povo o último grama e a última polegada de esforço que seja capaz de dar. O apego às nossas posses, as horas de trabalho, nada são em comparação com a luta pela vida e pela honra, pelos direitos e pela liberdade, à qual estamos devotados.

Recebi dos chefes da República Francesa, particularmente de seu indômito primeiro-ministro, o senhor Reynaud, as mais sagradas juras de que seja lá o que acontecer eles vão lutar até o fim, quer seja ele um fim amargo, quer seja glorioso. Além disso, se lutarmos até o fim, este só poderá ser glorioso.

Tendo recebido esse encargo de Sua Majestade, formei um governo de homens e mulheres de todos os partidos e de quase todos os pontos de vista. Já divergimos e discutimos no passado; mas agora um laço nos une a todos – guerrear até conseguir a vitória, e nunca nos rendermos à servidão e à vergonha, sejam quais forem o custo e a agonia. Este é um dos períodos mais terríveis da longa história da França e da Grã-Bretanha.

E é também, sem dúvida, o período mais sublime. Lado a lado, sem auxílio a não ser de seus parentes e amigos nos grandes domínios e dos vastos impérios que estão sob sua proteção – lado a lado, os povos britânico e francês têm avançado para salvar não apenas a Europa mas a humanidade da tirania mais asquerosa e destruidora da alma que já obscureceu e manchou as páginas da história. Atrás deles – atrás de nós –, atrás dos exércitos e frotas da Grã-Bretanha e da França – reúne-se um grupo de Estados fragmentados e de raças agredidas: os tchecos, poloneses, noruegueses, dinamarqueses, holandeses, belgas – sobre todos eles a longa noite da barbárie vai cair, sem contar com uma única estrela de esperança, a não ser que vençamos, como devemos vencer; como temos que vencer.

Hoje é Domingo da Trindade. Séculos atrás, foram escritas palavras destinadas a conclamar e a estimular os servidores fiéis da Verdade e da Justiça: "Armai-vos, e sede homens de coragem, prontos para a luta; pois é melhor perecer em batalha do que ver o ultraje de nossa nação e de nosso altar. A vontade de Deus está nos Céus; que seja feita".[1]

Como havia feito seis dias antes, Churchill expressou-se como um mestre da retórica, capaz de animar as pessoas para a sua causa nos momentos mais cruciais.

A reação dos políticos na época foi imensamente positiva. Anthony Eden escreveu a Churchill naquela noite dizendo: "Você nunca fez algo tão bom ou tão grande. Obrigado, e agradeço a Deus por você". Como anotou em seu diário o capitão Claude Berkley, um dos membros da secretaria do Gabinete de Guerra: "O primeiro-ministro pronunciou um magnífico discurso por rádio ontem à noite, que finalmente colocou a verdadeira situação diante do povo. Ele está sendo 'sublime' em cada estágio, e depois de ter evitado por pouco um grave colapso em Paris há quatro dias, conseguiu animar todos aqui". O ex-primeiro-ministro Stanley Baldwin escreveu a Churchill dizendo: "Ouvi sua conhecida voz ontem à noite e teria gostado de apertar sua mão por um breve momento e lhe dizer que do fundo do coração desejo-lhe tudo de bom – saúde e força mental e corporal – pelo insuportável fardo que recai sobre você agora".

Churchill ia precisar mais do que imaginava dessas palavras de apoio, pois os primeiros tanques alemães haviam chegado ao litoral francês em Abbeville e suas tripulações já punham os olhos do outro lado do canal, a apenas 80 quilômetros da Inglaterra.

1. A citação é extraída de Macabeus 1, 3:58-60, um dos livros deuteronômicos da Bíblia, e foi ligeiramente modificada por Churchill. O texto original, segundo a Bíblia dos Capuchinhos, diz: "Preparai-vos e portai-vos como valentes, prontos a lutar amanhã cedo contra estas nações, coligadas para nos arruinar e destruir o nosso santuário. É melhor, para nós, morrer no combate do que ver o extermínio do nosso povo e do nosso santuário. Que se faça a vontade de Deus!". (N.T.)

SEGUNDA-FEIRA, 20 DE MAIO DE 1940

O COLAPSO DE TODO O 9º EXÉRCITO FRANCÊS ACABA COM A ESPERANÇA DE UM CONTRA-ATAQUE

A FORÇA EXPEDICIONÁRIA BRITÂNICA NÃO TEM OUTRA OPÇÃO A NÃO SER TENTAR RECUAR COMBATENDO ATÉ OS PORTOS DO LITORAL... ESPECIALMENTE DUNQUERQUE

A IDEIA DE CHURCHILL É ORDENAR QUE O ALMIRANTADO PREPARE UMA GRANDE FROTA DE BARCOS CIVIS QUE SIGA ATÉ OS PORTOS FRANCESES PARA O CASO DE UMA EVACUAÇÃO

8

MEDO, DÚVIDAS E PRESSÕES INTERNAS

O que havia sido impensável dez dias antes, quando os alemães invadiram os Países Baixos – a queda da França –, tornava-se agora realidade, e a frustração de Churchill com a nítida falta de inteligência confiável começava a se mostrar. O general Ismay relembra:

> É sempre difícil obter informações precisas sobre uma batalha que se desenrola rapidamente, e para aqueles que têm que aguardar longe da cena não há o que fazer, exceto exercitar a paciência, e lembrar que o comandante de campo está preocupado em dirigir o combate, e muitas vezes não tem nem tempo nem conhecimento para relatar detalhes de sua evolução. Esse truísmo nunca foi totalmente aceito por meu impetuoso chefe; e ele nem sempre dava suficiente atenção ao fato de que, na confusão da guerra, o próprio comandante não sabe de uma hora para a seguinte o que está acontecendo em cada ponto de um front enorme.

Churchill despachou o general Ironside para a França, esperando que ele, como chefe do Estado-Maior Imperial, pudesse lançar alguma luz sobre a situação exata que os exércitos francês, belga e britânico estavam enfrentando. Enquanto isso, o Gabinete de Guerra se reunia às 11h30 do dia 20 de maio para discutir uma vez mais as opções de apoio militar aos Aliados da Grã-Bretanha.

Avaliando que uma invasão nazista da Grã-Bretanha poderia muito bem ser iminente, Churchill concordou com o Gabinete de Guerra que a Grã-Bretanha já alcançara "o limite absoluto do auxílio aéreo que podemos oferecer à França, se quisermos ter alguma chance de proteger o Reino Unido, a frota, nosso comércio marítimo, nossa indústria aeronáutica e todos os centros vitais ao longo do país, dos quais depende nossa capacidade de prosseguir na guerra". Tratava-se, sem dúvida, de uma conclusão razoável, mas também abria a perspectiva muito concreta de que, sem o apoio adicional nos dias imediatamente seguintes, o exército francês "poderia desistir do combate".

A rendição francesa talvez pudesse ser protelada se os Estados Unidos concordassem em fornecer os aviões que a Grã-Bretanha requisitara. Churchill havia na noite anterior enviado "um telegrama para aqueles malditos ianques", e aguardava a resposta do presidente, mas o tempo para um auxílio de última hora estava se esgotando e o primeiro-ministro abandonou suas usuais "palavras suaves", e alertou Roosevelt:

> Não vamos consentir com a rendição em quaisquer circunstâncias concebíveis. Se membros do presente governo não estiverem mais presentes e outros vierem a negociar em meio às ruínas, o senhor não deverá estar cego ao fato de que a única peça que vai restar para negociar com os alemães será nossa frota, e, se este país for deixado à própria sorte pelos Estados Unidos, ninguém terá o direito de culpar aqueles que forem responsáveis caso venham a aceitar os melhores termos possíveis para os habitantes sobreviventes. Perdoe-me, senhor presidente, ter colocado esse pesadelo sem meias palavras. Evidentemente, não posso responder por meus sucessores, que no total desespero e desamparo podem muito bem ter que se acomodar à vontade dos alemães.

O general Ironside voltou da França na manhã de 21 de maio – depois de escapar por pouco da morte quando uma bomba alemã atingiu seu hotel em Calais – e foi direto à reunião das 11h30 do Gabinete de Guerra para informar seus colegas. Tinha apenas más notícias para dar. Encontrara o Alto-Comando francês "em um estado de indecisão", fazendo força para entender os eventos em face da precariedade das comunicações. Ironside anotou em seu diário que "havia perdido a calma e sacudido Billotte [comandante em chefe francês dos exércitos no norte] pelo botão de seu casaco. Esse homem está completamente vencido".

Relatou que as estradas estavam muito congestionadas por "centenas de milhares de refugiados da Bélgica e das cidades francesas do norte", o que retardava muito o deslocamento das tropas aliadas. A investida alemã à cidade litorânea de Boulogne significava agora que as forças britânicas e belgas posicionadas no norte da França haviam sido completamente isoladas do exército francês e das bases que detinham todos os seus suprimentos. Sem recursos nem liderança, qualquer possibilidade de se reconectarem com as forças aliadas combatentes parecia menos provável a cada minuto.

A situação toda era caótica.

Churchill decidiu que não havia nada a fazer a não ser voltar a Paris à primeira hora da manhã seguinte, 22 de maio, para se encontrar com Weygand e Reynaud, e tentar chacoalhá-los e fazer com que pusessem alguma ordem. Estava furioso com a falta de informações. "Em toda a história da guerra, nunca vi tamanha incompetência administrativa", disse a Jock Colville, que registrou em seu diário "jamais ter visto Winston tão deprimido", e, para piorar as coisas, quando se recolhia à cama à 1h30 da madrugada, Churchill foi informado de que o general Billotte havia se envolvido em um acidente de carro em alta velocidade, mergulhando o comando francês em um desarranjo adicional.

A posição da Força Expedicionária Britânica era agora pior do que jamais havia sido, e a retirada proposta para os portos do canal teria que ser tentada sem os necessários suprimentos de munição e comida. Se e quando a força conseguisse chegar ao litoral, restaria ainda o problema de como evacuar 300 mil homens e seu considerável estoque de armamentos. A Luftwaffe controlava os céus, e uma praia não era um reduto seguro.

Quando Churchill chegou a Paris em 22 de maio, ficou aliviado ao encontrar um sopro de energia no novo supremo comandante francês, general Weygand, de 73 anos, que "apesar de seu desgaste físico e de uma noite de viagem [...] estava enérgico, animado e incisivo. Causou em todos uma excelente impressão", e passou a expor "seu plano de guerra".

A Grã-Bretanha já havia despachado o máximo de suas unidades ativas do exército para o continente, deixando na reserva apenas o que era exigido para a defesa da nação. Elas haviam sido desembarcadas em Boulogne naquele dia e estavam agora tomando medidas para proteger os portos franceses de Calais e Dunquerque ao norte. Weygand garantiu a Churchill durante o encontro que "havia em Calais três batalhões de infantaria franceses, comandadas em Dunquerque por um almirante particularmente vigoroso, com suficientes forças à sua disposição para proteger a cidade", e depois de avaliar o front pessoalmente, ele [Weygand] concluiu que "estava fora de questão pedir que as forças anglo-franco-belgas no norte, consistindo de mais de quarenta divisões, simplesmente se retirassem para o sul em uma tentativa de se juntar ao principal do exército francês. Tal deslocamento iria revelar-se um fracasso e as forças com certeza seriam condenadas ao desastre". Churchill concordou, mas explicou ao primeiro-ministro francês e ao general Weygand que no seu entender as relações entre o general Billotte e lorde Gort não eram "inteiramente satisfatórias", portanto era preciso trabalhar para restaurar essas linhas essenciais de comunicação entre as forças aliadas ao norte e ao sul do avanço alemão.

Depois de pouco mais de uma hora, a reunião do Supremo Conselho de Guerra terminou, como relembra Ismay, "com uma nota de otimismo contido", e ele partiu com Churchill para Londres.

Ironside registrou em seu diário, com alguma surpresa, que na reunião das 19h30 do Gabinete de Guerra o primeiro-ministro mostrava "um ânimo quase alegre, tendo ficado impressionado com Weygand". Outros na sala não compartilharam esse seu humor positivo. Já era claro que a FEB havia "perdido uma chance de escapar e [estava] com muita escassez de comida e munição". Além disso, o general Ismay, que se baseava nas informações do campo de batalha em seu poder e não nas previsões francesas, via mais de perto os sinais de alerta, e disse a Jock Colville que estava "realmente preocupado" e que era quase capaz de prever a hora em que a França iria desistir da luta. Colville, pegando emprestado um pouco do otimismo de Winston, achou que Ismay estava sendo "indevidamente alarmista, porque não vejo os franceses humilhando-se a esse ponto".

O Gabinete de Guerra foi informado de que o Supremo Conselho de Guerra na França concordara em iniciar uma ofensiva conjunta no dia seguinte, 23 de maio, com os exércitos britânico e francês atacando a sudoeste, e o Grupo do Exército francês atacando ao norte. Mas Ironside "observou que, até onde se sabia, não havia sido feito nenhum preparativo para esses ataques até o 12h daquele dia"; ele achava que os ataques "levariam algum tempo para serem montados". Anthony Eden também se mostrou preocupado, e recebera um telefonema às 17h daquela tarde, retransmitindo uma mensagem de lorde Gort, informando que os franceses "não estavam preparados para lutar, nem mostravam sinal algum de que iam fazê-lo". Em seu diário, Eden mais tarde observou que "me pareceu um comentário fatal sobre a crescente confusão, que não tínhamos nem autoridade nem as reservas para corrigir. A única esperança era uma ofensiva conjunta a partir do norte e do sul, se houvesse a vontade e os meios para montá-la".

Mas quando o Gabinete de Guerra se encontrou de novo na manhã seguinte às 11h30, o que restava de otimismo evaporou-se logo. Finalmente, chegara um relatório esquemático do front. Churchill informou a seus colegas que "as forças alemãs que conseguiram atravessar a brecha eram muito maiores do que se havia suposto de início". O general Ironside tinha sido instruído a permanecer no Escritório da Guerra em vez de comparecer à reunião, pois a situação "se tornara muito crítica".

De novo, a falta de informações, assim como a ausência de uma reação convincente por parte dos franceses, estava destruindo a esperança de sobrevivência dos Aliados. O primeiro-ministro explicou que "o sucesso todo do plano acordado com os franceses dependia de as forças francesas assumirem a ofensiva. De momento, eles não davam nenhum sinal de que fariam isso".

Boulogne estava agora sob pesado bombardeio alemão e as forças inimigas estavam perigosamente próximas de um cerco à cidade, isolando os Aliados completamente. Calais não estava em situação melhor e foi descrita para o Gabinete de Guerra como "uma massa fervilhante de soldados franceses e refugiados, todos eles à primeira vista totalmente desmoralizados". Navios de suprimentos haviam sido enviados aos portos do canal – Calais, Dunquerque e Boulogne –, mas a Luftwaffe impossibilitava seu descarregamento.

Neville Chamberlain permanecera relativamente tranquilo nas reuniões dos últimos dias, mas agora, como muitos o procuravam para uma opinião abalizada, manifestava sua preocupação de que a Grã-Bretanha, em vez de contra-atacar, faria melhor se executasse uma rápida retirada. A Grã-Bretanha, temia ele, ficaria totalmente indefesa se perdesse a oportunidade de evacuar a FEB em segurança. A Grã-Bretanha, segundo ele, corria "o risco de fracassar nas duas alternativas, e não conseguir nem que o plano acertado com o general Weygand fosse realizado de modo eficaz, nem usar nossas forças da melhor maneira para manter a posse dos portos do canal".

Lorde Halifax, como sempre buscando alinhar-se com Chamberlain, endossou essas preocupações ao ler em voz alta um telegrama enviado ao Gabinete de Guerra pelo embaixador britânico em Roma, apontando suspeitas de que "o *signor* Mussolini estava apenas esperando que os alemães se estabelecessem nos portos do canal para declarar guerra". Halifax, ficava claro, achava que a Itália teria um papel-chave no que fosse acontecer em seguida na Europa Ocidental. Mas em vez de vê-la como um possível inimigo, queria aproveitar aquela pequena janela de oportunidade, antes que Mussolini entrasse na guerra, para incliná-lo a um propósito diferente: a paz.

Churchill, nesse meio-tempo, precisou atualizar oficialmente a Câmara dos Comuns. A gravidade de haver um exército britânico indefeso em retirada total, o colapso da França e um novo inimigo, a Itália, exigiam isso.

Falando às 15h, o primeiro-ministro informou a seus colegas membros do Parlamento que Abbeville estava agora nas mãos do inimigo e que Boulogne teria logo o mesmo destino. Quando inquirido por um colega dos conservadores, Gurney Braithwaite, se o governo "renova e reitera as afirmações de seu predecessor de que nenhuma paz será concluída com o inimigo exceto em concordância e cooperação com o governo da República Francesa", Churchill respondeu simplesmente: "Sim, senhor".

De maneira devidamente registrada, houve, assim, a primeira sugestão de um acordo de paz com a Alemanha nazista. O fato de que seria realizado apenas com a participação da França não diminuía a magnitude de uma sugestão como essa. Ao contrário do que ocorreu em seu discurso de 13 de maio, não se falou em "vitória a qualquer custo", e tampouco houve argumento algum dizendo que a sobrevivência seria impossível sem a vitória. Se havia uma palavra que resumia essa mudança, não era vitória, e sim derrota.

Depois de receber a confirmação de que o plano de Weygand seria executado às primeiras horas daquela manhã, Churchill ficou chocado quando soube ao voltar para a Downing Street que "os alemães já estavam em Boulogne, que o ataque de Gort ao sul de Arras não fizera nenhum progresso, que a Força Expedicionária Britânica havia sido obrigada, por falta de suprimentos, a prosseguir com meia ração, e que a ofensiva de Weygand ao norte ainda não fora iniciada".

Foram feitas ligações a Reynaud e em seguida ao próprio Weygand às 18h. Ele assegurou ao primeiro-ministro que seu plano fora iniciado e que suas forças haviam recapturado três cidades francesas. Sabemos agora que essa informação era falsa, mas como Colville escreveu mais tarde, "não havia razão para duvidar do relato de Weygand, e a tristeza deu lugar à euforia". Como observou o biógrafo de Churchill Martin Gilbert, a "razão para Weygand ter nos enganado foi assunto que preocupou consideravelmente aqueles que estavam envolvidos na crise de 23 de maio, ou que assistiram a ela na época. Colville, que passou aquele dia todo na Downing Street [...] refletiu mais tarde: 'Weygand havia decidido que, se a FEB não pudesse ir para o sul [para auxiliar as forças francesas], nós deveríamos sucumbir caso eles sucumbissem'".

A euforia deve ter durado pouco. Quando Churchill sentou às 19h na reunião do Gabinete de Guerra, admitiu – depois de vários momentos de justificada indecisão de sua parte – que "havia refletido melhor" a respeito das preocupações levantadas por Neville Chamberlain na última reunião. Num sinal de que esse buldogue era capaz de mudar de ideia mesmo quando seu desejo era impor sua autoridade em um Gabinete de Guerra tão cheio de indecisos, ele concedeu que talvez fosse o caso de a "FEB recuar para os portos do canal" para se tentar uma evacuação. A situação em Boulogne era agora descrita como "catastrófica", mas "o general Weygand havia dito que a operação deveria continuar". O general Ironside concordou que o ataque de lorde Gort ao sul deveria continuar como solicitado pelos franceses, pois "se a FEB recuasse para os portos do canal, provavelmente apenas uma pequena parte da força poderia escapar". Churchill concluiu que "havia até então poucos motivos para confiar. No entanto, sentiu que não tínhamos escolha na questão a não ser fazer nosso melhor para nos adequarmos ao plano do general Weygand".

As opções com que se deparavam Winston e a Grã-Bretanha eram excludentes e binárias: ou prosseguir com um plano falido, ou tentar uma perigosa evacuação que iria salvar apenas uma parte da Força Expedicionária Britânica. Com um humor sombrio, o primeiro-ministro foi até o Palácio de Buckingham informar o rei sobre a situação.

Em seu diário, o rei George VI anotou:

> O primeiro-ministro veio às 22h30. Ele me contou que o plano francês concebido por Weygand não dera resultado, que teria de ordenar que a FEB voltasse para a Inglaterra. Essa operação iria significar a perda de todos os canhões, tanques, munição e todos

> os depósitos na França. A questão era se conseguiríamos trazer os soldados de volta de Calais e Dunquerque. O simples pensamento de ter que ordenar esse deslocamento é aterrador, já que as perdas de vidas serão provavelmente imensas.

Churchill mais tarde iria ironizar: "A guerra costuma ser um catálogo de erros crassos e esta vem provar que não é exceção", mas seu humor não era para brincadeiras quando voltou ao Almirantado e recebeu notícias ainda mais amargas a respeito do caótico plano de Weygand. Ele enviou mensagens rápidas ao general Weygand e a Paul Reynaud, avisando-os de que os quartéis-generais belgas ainda "não haviam recebido instruções" e que lorde Gort "não tem (repito, não tem) munição para um ataque sério". Churchill deixou clara sua irritação: "Aqui não recebemos ainda notícia da sua própria diretriz, e não temos conhecimento dos detalhes de suas operações no norte. O senhor faria a gentileza de nos mandar isso por meio da sua Missão Francesa o quanto antes?". Observou que "o tempo é vital, pois há escassez de suprimentos".

Conforme a noite avançou, mil soldados britânicos foram evacuados de Boulogne durante um ataque alemão implacável, mas duzentos foram deixados lá.

A pouco mais de 30 quilômetros pelo litoral, o brigadeiro Claude Nicholson e sua guarnição em Calais deparavam-se a toda hora com ordens conflitantes. O que estava claro era que, se Boulogne caísse, a defesa de Calais seria essencial para evitar que os alemães chegassem a Dunquerque. As estradas fora da cidade estavam agora bloqueadas, e Calais totalmente cercada. Quando os soldados olhavam para leste em direção a Dunquerque, viam fogueiras acesas pelos soldados alemães da 1ª Divisão Panzer, como um sinal para os aviões da Luftwaffe que se aproximavam.

Na reunião seguinte do Gabinete de Guerra, em 24 de maio, lorde Halifax começou a fazer notar sua presença, mapeando um caminho pelo qual a diplomacia poderia fazer a Itália ao menos ficar à margem do conflito.

Sentindo que havia oportunidade para colocar sutilmente esse aspecto de sua agenda de paz – primeira parte de seu grande projeto para chegar a um acordo geral de paz pan-europeu –, ele leu um telegrama do embaixador britânico em Paris, cujo conteúdo era um pedido do governo francês no sentido de que:

> se deveria solicitar ao presidente Roosevelt que abordasse de novo o *signor* Mussolini [...] perguntando-lhe que razões o levavam à iminência de entrar na guerra contra os Aliados. Se o *signor* Mussolini expusesse suas queixas, o embaixador dos Estados Unidos em Roma poderia então dizer que o presidente se dispunha a comunicar as reivindicações italianas aos governos aliados ou quaisquer outras palavras que pudessem pelo menos protelar aquela sua resolução.

A opinião de Halifax era que não iria resultar muita coisa disso, mas que a Grã-Bretanha deveria:

> responder que endossava totalmente a sugestão de outra abordagem pelo presidente Roosevelt [...] desde que ficasse bem claro que o presidente Roosevelt estivesse agindo por sua responsabilidade [...]. Os Aliados estavam dispostos a considerar razoáveis as reivindicações italianas ao final da guerra, e acolheriam a Itália em uma conferência de paz nos mesmos termos que os beligerantes, e que os Estados Unidos se dispunham a garantir que os Aliados empreenderiam esses esforços desde que a Itália e os Estados Unidos da América não se envolvessem na guerra em lados opostos.

Halifax apresentou seus argumentos com tanta convicção que o Gabinete de Guerra, sem debater, concordou "que deveria ser dada uma resposta nesses termos".

Ponto para Halifax.

À medida que a situação na França se agravava, e o perigo direto para a Grã-Bretanha aumentava, a pressão sobre o primeiro-ministro começou a cobrar seu preço fisicamente. Ao meio-dia, ele voltara para a cama a conselho de seu médico. Mas se mostrou um mau paciente. Da cama, Churchill soube que o general Ismay propusera uma evacuação de Calais. O brigadeiro Nicholson telegrafou às 2h da manhã para confirmar isso. Embora a proposta houvesse sido cancelada três horas depois de enviada, Churchill – ainda acordado e sem conseguir tirar isso da cabeça – escreveu a Ismay para se queixar: "O único efeito de evacuar Calais seria transferir as forças [inimigas], que agora bloqueiam a cidade, para Dunquerque. Calais deve ser defendida por várias razões, mas especificamente para manter o inimigo em seu front".

Embora doente e acamado, Churchill já esquematizava na mente os primeiros esboços de um plano de resgate desesperado – e uma parte crucial do plano era fazer a guarnição em Calais lutar até a morte, despertar a ira do inimigo e desviar sua atenção de Dunquerque. A única questão era: por quanto tempo Calais seria capaz de desempenhar sua função?

Mais tarde naquele dia, quando o Comitê de Defesa se reuniu às 17h, o general Ironside informou à sala que "tanques alemães haviam penetrado pelos fortes do lado oeste de Calais, ficando entre a cidade e o mar". Apesar dessa notícia, os soldados em Calais deveriam ficar e deter o avanço dos alemães, a fim de dar mais tempo aos Aliados em Dunquerque.

Nicholson ainda aguardava uma evacuação e, desconhecendo essa decisão, corajosamente continuou a tentar defender a cidade, mas seus homens foram obrigados a se retirar para a cidadela localizada dentro dos muros do Centro Histórico. Ele telegrafou uma última mensagem às 19h05: "Reforços urgentes ou a guarnição inteira será arrasada". Recebeu uma resposta às 23h23 dizendo que nenhuma evacuação havia sido ordenada ainda. "Você deve obedecer em nome da solidariedade aliada. Seu papel, portanto, é resistir [...]. Não haverá reforços [...]. Selecione a melhor posição e lute". O general Ironside enviou uma mensagem à parte dizendo a Nicholson que a evacuação havia sido proibida e que os seus eram "todos soldados de linha, e não preciso dizer mais nada".

Tudo o que sabemos da reação de Nicholson a essa mensagem é que ele na mesma hora deu ordens a seu estado-maior para queimar os tanques restantes.

Quando soube dessas mensagens, Churchill ficou furioso. No seu entender, essas não eram palavras que pudessem motivar alguém a fazer o último sacrifício. No dia seguinte, escreveu a Anthony Eden e ao general Ironside: "Por favor, descubram [...] quem foi que escreveu esse telegrama tão insosso que eu vi esta manhã redigido, no qual se faz menção a 'em nome da solidariedade aliada'. Isso não é maneira de se incentivar homens a lutarem até a morte". Sabendo que não podia mais adiar essa decisão, Churchill redigiu uma resposta, que Eden enviou pouco depois das 13h50, no dia 25 de maio:

> Ao brigadeiro Nicholson. A defesa de Calais até onde for possível é da mais alta importância para o nosso país como símbolo de nossa continuada cooperação com a França. Os olhos do Império estão postos na defesa de Calais, e o governo de Sua Majestade confia que você e seus valentes regimentos irão se desempenhar bem e fazer o melhor para honrar o nome da Grã-Bretanha.

Era assim que devia ser feito – sem conversa fiada de obediência ou de resistir. Em vez disso, tornar esses homens condenados conscientes de que essa era a sua chance de passar à história e fazer com que seus nomes – parafraseando Shakespeare – ficassem tão familiares nas bocas dos bretões quanto as palavras ditas em casa.[1]

Em Londres, Churchill recebera um telegrama de Paul Reynaud informando que o exército britânico não estava mais de acordo com o plano do general Weygand e havia se retirado em direção aos portos do canal. Sem os britânicos atacando ao sul, a estrada para Dunquerque estava agora totalmente aberta. A perspectiva de uma retirada e evacuação completa parecia definitiva, então lorde Halifax – pronto

1. Referência a uma célebre fala da peça *Henrique V*, de Shakespeare, ato IV, cena III. (N.T.)

a intensificar a pressão sobre Winston – voltou à sugestão francesa de uma abordagem a Mussolini.

Para os pacifistas do Partido Tory, e eram muitos – na realidade, cada dia havia mais e estavam dispostos a preservar suas propriedades rurais ancestrais e a autonomia britânica, mesmo que o último preço fossem a Europa Central e a Ocidental –, a ideia de abordar Mussolini, pedindo que indicasse seus termos para se manter à margem da guerra e também que intermediasse futuras negociações com Hitler, era um plano viável, bem-vindo e inteiramente racional. Com certeza fazia muito mais sentido do que lutar, se isso equivalesse, como parecia provável, a perder quase todo o exército profissional da Grã-Bretanha.

Com isso em mente, e confiante num apoio amplo à sua visão, Halifax informou ao Gabinete de Guerra em 25 de maio que havia sido realizada uma reunião na embaixada italiana em Londres na qual:

> [um] diplomata italiano, alegando que estava falando sem seguir instruções, dissera que havia ainda muitas pessoas influentes na Itália que desejavam ver uma solução pacífica para o problema do Mediterrâneo. Se o governo de Sua Majestade encontrasse uma maneira de abordar o governo italiano, com vista a explorar as possibilidades de um acordo amigável, seria dispensável o receio de que seu encontro resultasse em uma recusa.

Halifax de novo expressava sua crença de que "muito provavelmente não iria resultar muita coisa disso. Não obstante, mesmo que o resultado fosse apenas ganhar um pouco de tempo, já teria valido a pena. Os franceses com certeza iriam gostar de uma iniciativa como essa por parte do governo de Sua Majestade, que se alinharia com a própria política deles".

Em sua resposta a Churchill uma semana antes, Mussolini descartara totalmente a perspectiva de negociações pacíficas com os Aliados: "Se foi para honrar sua assinatura que o seu governo declarou guerra à Alemanha, haverá o senhor de entender que o mesmo senso de honra e respeito por laços assumidos no tratado ítalo-germânico guia hoje a política italiana, e vai guiá-la no futuro diante de qualquer evento que se apresente". Mas com a França agora balançando à beira do colapso e diante da desesperada corrida para evacuar a FEB, Churchill concordou "com uma abordagem do caráter sugerido", mas destacou que "não deve, é claro, ser acompanhada de nenhuma publicidade, já que isso equivaleria a uma confissão de fraqueza". Ele continuava com profundas suspeitas em relação ao líder italiano e achava que "era muito provável que a qualquer momento o *signor* Mussolini possa colocar muita pressão sobre os franceses, com vista a obter concessões deles. O fato de os franceses estarem retirando seus soldados da fronteira com a Itália deixa-os em uma posição de negociação muito frágil".

O povo britânico teria ficado horrorizado se viesse a saber que seus líderes estavam cogitando termos de paz com um ditador fascista, mas o fato é que as pessoas vinham sendo mantidas praticamente no escuro a respeito da terrível evolução da guerra. Como *sir* Alexander Cadogan, braço direito de Halifax no Ministério do Exterior, observou em seu diário: "O público não tem a menor ideia da situação". Os jornais da época mostram algo desse abismo entre o que era relatado e a realidade no campo de batalha. Em 25 de maio, por exemplo, *The Manchester Guardian* publicou um anúncio para um fim de semana na capital francesa:

PASSEIO EM PARIS: PERTO DO OPÉRA E DO GRAND BOULEVARD [...] PREÇOS ESPECIAIS PARA MEMBROS DAS FORÇAS ALIADAS

Em 26 de maio, dois dias após a queda de Boulogne, saiu no *News of the World*:

ALIADOS ATACAM ALEMÃES PERTO DO LITORAL DO CANAL – FRANCESES DIZEM: "BOULOGNE AINDA ESTÁ EM NOSSAS MÃOS"; CALAIS CONTINUA FORTEMENTE DEFENDIDA no mesmo dia, o *Sunday Express* publicou:

FRANÇA DEMITE 15 GENERAIS – COMUNICADO DECLARA: "DOMINAMOS O INIMIGO"

E no *People*:

NAZISTAS AFIRMAM QUE OS EXÉRCITOS ALIADOS ESTÃO CERCADOS EM FLANDRES, MAS PARIS RELATA A RETOMADA DE AMIENS E ENORMES PERDAS DO INIMIGO

Em 27 de maio, um dia após a queda de Calais, o *Daily Mail* anunciou:

MARINHA ENTRA EM AÇÃO E BOMBARDEIA TROPAS ALEMÃS EM BOULOGNE – CIDADELA DEFENDIDA EM COMBATES DE RUA – CALAIS E DUNQUERQUE FIRMES NAS MÃOS DOS ALIADOS.
CALAIS ESTÁ DEFENDIDA: MARINHA BOMBARDEIA O INIMIGO

No *Evening Standard*:

"ENORMES" PERDAS ALEMÃS EM VIOLENTOS COMBATES EM MENIN – CALAIS AINDA DEFENDIDA

No *Daily Express*:

COMBATES NAS RUAS DE CALAIS – BOMBAS DA MARINHA ESMAGAM DIVISÕES BLINDADAS ALEMÃS

Ao raiar do dia 26 de maio, as notícias que vinham da França dominavam os pensamentos de Churchill e os de seus conselheiros e staff. A estrada para Dunquerque continuava aberta tanto para soldados britânicos quanto para os alemães. Como o próprio Churchill descreveu, tinha início "a marcha para o mar".

Paul Reynaud estava a caminho de Londres para conversar com Churchill sobre a crise. O primeiro-ministro informou na reunião das 9h do Gabinete de Guerra que eles deveriam:

> estar preparados, porque *M.* Reynaud, em sua entrevista daquele dia, iria dizer que os franceses não tinham mais como continuar a lutar. Ele faria todos os esforços para induzir *M.* Reynaud a seguir adiante, e destacaria que os franceses estavam no mínimo comprometidos, por uma questão de honra, a providenciar, o quanto estivesse ao seu alcance, a retirada segura da Força Expedicionária Britânica.

Lorde Halifax não conseguiu mais permanecer em silêncio. Cada vez mais seguro de suas opiniões, anunciou ao Gabinete em termos bem inequívocos que "temos que encarar o fato de que agora não se trata tanto de uma questão de impor uma derrota completa à Alemanha, mas de salvaguardar a independência do nosso próprio império". Prosseguir com a cruzada de Churchill por uma "vitória a qualquer custo" parecia no momento algo absurdo. Sua mensagem foi direta: Estamos perdendo a guerra, e se temos uma oportunidade de evitar perder mais vidas de jovens, por que não aproveitá-la?

Reforçando seu ponto de vista, Halifax informou ao Gabinete que havia contatado o embaixador italiano, *signor* Giuseppe Bastianini, na noite anterior, e fora informado de que "o principal desejo de Mussolini era garantir a paz na Europa". Halifax respondera ao embaixador que esse era também um objetivo almejado pela Grã-Bretanha, e que "devemos estar naturalmente preparados para avaliar quaisquer propostas nesse sentido, desde que nossa liberdade e independência continuem asseguradas". Essa apresentação da posição do governo britânico em relação à Itália antecipava-se mesmo à posição mais avançada de Churchill de negociar a paz com Hitler. Estavam agora, claramente fundidas na mente de Halifax e em sua linguagem, tanto a ideia menor de manter a Itália fora da guerra como a maior, de levar Hitler a depor suas armas. A partir daí, para Halifax, todas as abordagens à Itália seriam sinônimo da solução

1. O visconde de Halifax (à esquerda) na casa de Hitler nos Alpes da Baviera, a Berghof, 1937. (© Ullstein Bild)

2. Neville Chamberlain volta "vitorioso" da conferência de Munique de 1938 e é recebido por Halifax. (© Hulton Archive/Getty Images)

3. Chamberlain e Halifax se encontram
com o ditador italiano Mussolini em 1939.
(© Popperfoto/Getty Images)

4. Churchill em seu estúdio
em Chartwell, Kent, Inglaterra.
(© Kurt Hutton/Picture Post/Getty Images)

5. Churchill em maio de 1940. (© Fox Photos/ Hulton Archive/Getty Images)

6. Churchill deixa uma reunião do Gabinete com Anthony Eden (à *direita*) e *sir* Kingsley Wood (à esquerda) em maio de 1940. (© H. F. Davis/Topical Press Agency/Getty Images)

7. Churchill fala à nação. (© Keystone-France/Gamma-Keystone via Getty Images)

8. O novo primeiro-ministro com Clementine a caminho de sua residência no nº 10 da Downing Street, maio de 1940. (© H. F. Davis/Topical Press Agency/ Getty Images)

9. Reunião do Supremo Conselho de Guerra em Paris, maio de 1940: Clement Attlee (*o terceiro a partir da direita*) e o premiê francês Paul Reynaud (*na extrema direita*). (Alamy D995B5 © World History Archive/Alamy Stock Photo)

10. Sala do Gabinete de Guerra, Whitehall. (© IWM)

11. Churchill, o guerreiro, inspeciona uma "*tommy gun*".
(© Capt. Horton/IWM via Getty Images)

12. Londrinos ouvem Churchill pelo rádio.
(© Felix Man/Picture Post/Getty Images)

13. Churchill, o orador, fala na reunião do Partido Conservador. (© Keystone--France/Gamma-Keystone via Getty Images)

14. Churchill e Clementine nas corridas de cavalo em Epsom. (© Central Press/Hulton Archive/Getty Images)

15. A linguagem corporal de Churchill, que acentua suas palavras. (© Fox Photos/Hulton Archive/Getty Images)

16. O "V da vitória".
(© Popperfoto/
Getty Images)

17. Churchill no Albert Hall.
(© Universal History Archive/UIG via Getty Images)

à qual se referia (no trato com Bastianini) como "acordo europeu geral", no qual nada seria oferecido à Itália, a não ser que ela aceitasse esse acerto mais amplo.

Churchill também compreendia agora que sua aprovação a qualquer abordagem formal à Itália significava colocar a Grã-Bretanha numa encosta escorregadia que a levaria para baixo, para baixo, bem em direção às conversações de paz com Berlim. Ele retrucou a Halifax: "[P]az e segurança talvez acabassem sendo alcançadas sob um domínio alemão da Europa. Isso jamais poderemos aceitar. Devemos assegurar nossa completa liberdade e independência. [Eu me] oponho a quaisquer negociações que possam levar a uma diminuição de nossos direitos e de nosso poder".

Halifax destacara muitas vezes que estava fora de questão aceitar essa diminuição, e acrescentava agora que se a França e a Grã-Bretanha formassem um front unido nesse tipo de negociação, isso seria "uma poderosa alavanca para obter termos favoráveis, de extrema valia para nós [...]. Se a intenção dos franceses for entrar em acordo [de paz], eles têm uma carta muito forte para pôr na mesa se deixarem claro para Hitler que têm um compromisso de não fazer paz em separado".

Winston, que acreditava que os acordos em separado seriam uma oferta mais provável, retrucou que "os alemães fariam com que os termos de qualquer oferta de paz parecessem o mais atraente possível aos franceses, e enfatizariam que sua rixa não era com a França, e sim com a Inglaterra".

Os chefes de Estado-Maior haviam preparado um documento com os possíveis resultados de uma eventual rendição da França. A leitura era desanimadora. O documento, Halifax destacou, dizia que "nossa capacidade de levarmos a guerra sozinhos contra a Alemanha iria depender principalmente de sermos capazes de estabelecer e manter superioridade aérea sobre os alemães". No entanto, se os alemães agora tinham domínio sobre o exército francês, não precisariam aplicar todos os seus recursos em uma batalha terrestre na Europa e "ficariam então livres para deslocar o foco de seus esforços para a produção aeronáutica". Esse era um pensamento aterrador, e um argumento forte para propor a paz imediatamente. A Luftwaffe já tinha superioridade aérea considerável. Se ficasse mais forte ainda, a RAF seria impotente para fazer-lhe frente. Com conversações de paz ou não, Halifax sugeriu que como "último recurso deveríamos pedir aos franceses que inviabilizassem as fábricas [aeronáuticas] deles".

O Gabinete se encerrou sem nenhuma resolução concreta sobre o assunto. As pressões sobre Churchill aumentavam, pois agora ficava claro, mesmo para ele, o otimista incorrigível, que estava totalmente à mercê da França. Não tinha mais opções.

Quando o Gabinete de Guerra se reuniu de novo às 14h de 26 de maio, a conversa passou para a iminente queda de Paris.

Churchill relatou um comentário de Reynaud, de que "embora estivesse disposto a obedecer ordens e a lutar o quanto lhe ordenassem, e preparado para continuar lutando pela honra da bandeira, não achava que a resistência da França tivesse chance de durar muito contra um assalto alemão tão determinado". Os franceses tinham 50 divisões contra 150 dos alemães, e "era nítido que a guerra não poderia ser vencida por terra". Reynaud havia perguntado a Churchill "onde, então, a França poderia procurar salvação? Alguém sugeriu fazer maior aproximação com a Itália". Reynaud especulou que a Itália iria extrair, como preço para a paz, "a neutralidade de Gibraltar e do canal de Suez, a desmilitarização de Malta e a limitação das forças navais no Mediterrâneo" – que os franceses acreditavam que deveria ser oferecida se isso mantivesse a Itália fora da guerra.

Churchill estava desesperado para elevar o ânimo de Reynaud, pois precisava que os franceses continuassem lutando para que a FEB conseguisse escapar. Ele dissera ao premiê que "não estávamos preparados para desistir, qualquer que fosse o motivo. Preferíamos seguir lutando a sermos escravizados pelos alemães. Mas de todo modo acreditávamos ter uma boa chance de sobreviver ao ataque alemão. A França, porém, precisaria continuar na guerra".

Churchill agora sugeria que alguém deveria sair da reunião e acompanhá-lo até o Almirantado para um encontro com o próprio

Reynaud. O homem que escolheu para isso foi Halifax, o pacifista. Efetivamente, enquanto Churchill falava duro com Reynaud, despachava seu mais ardoroso pacifista para continuar aquela conversa vital. Haveria aqui mensagens dúbias?

Ao se dirigir ao Gabinete de Guerra, Winston estava mais realista: ainda estava convencido de que a Grã-Bretanha teria alguma chance de sair disso inteira, mas apenas se a França "aguentasse firme outros três meses [...] a posição [então] seria totalmente diferente". Aqui temos outra admissão do quanto era sombria sua avaliação das reais probabilidades de sobrevivência da Grã-Bretanha.

Halifax, demorando a sair da reunião e aproveitando esse raro surto de realismo de seu líder, de novo defendeu que fosse feita uma abordagem à Itália – com tudo o que isso significasse. Insistiu que "a última coisa que o *signor* Mussolini queria era ver *Herr* Hitler dominando a Europa. Ele, se pudesse, teria o maior prazer em persuadir *Herr* Hitler a adotar uma atitude mais razoável". Finalmente, o primeiro-ministro – encurralado num canto no duelo de esgrima que parecia ser sua longa discussão com Halifax – disse que "duvidava que pudesse sair qualquer coisa de uma abordagem à Itália", mas concedeu – na primeira do que se tornaria uma impressionante série de concessões que desafiam a imagem que temos dele – que "o assunto era um dos que o Gabinete de Guerra teria que avaliar".

Ponto para Halifax, finalmente. Winston distanciara-se muito, em apenas alguns dias, daquele homem que não se permitia, ou a ninguém, nenhum pensamento de negociação ou rendição. Mas era o efeito cumulativo da avalanche de más notícias e da pressão compartilhada, que haviam minado reiteradamente todas as suas esperanças anteriores.

Lorde Halifax finalmente foi encontrar Reynaud no Almirantado, e o Gabinete de Guerra juntou-se a ele depois que o premiê francês foi embora.

Por um capricho do destino, o secretário do Gabinete, Bridges, não estava presente nos primeiros quinze minutos desse encontro, portanto não há um registro direto do que foi dito nesse tempo. Mas é clara a extrema tensão que Churchill exibia, e há uma dica, oculta nas minutas do encontro do Gabinete de Guerra do dia seguinte e no relato que Chamberlain fez daquele dia em seu diário, de que Winston talvez tenha feito sua declaração mais impressionante sobre a questão das conversações de paz até aquela data.

Sir Alexander Cadogan, que estava lá às 17h, descreveu Churchill como "excessivamente divagante e romântico e sentimental e temperamental". Cabe perguntar: por que estaria ele daquele jeito?

O diário de Chamberlain dá apoio à noção de que naquele dia, e mais provavelmente naquela precisa hora, Churchill alcançara um ponto de virada em sua avaliação das conversações de paz com a Alemanha. O diário registra-o dizendo que "seria inacreditável se Hitler consentisse com quaisquer termos que pudéssemos aceitar – embora se conseguíssemos sair daquela encrenca, entregando Malta, Gibraltar e algumas colônias africanas, ele [Winston] aceitaria na mesma hora".

Uma nota com várias colaborações, extraída das minutas do Gabinete de Guerra do dia seguinte (27 de maio), mostra Halifax relembrando:

> Na discussão do dia anterior (26 de maio) ele [Halifax] perguntou ao primeiro-ministro se, caso estivesse certo de que assuntos vitais para a independência de seu país não seriam afetados, ele se disporia a discutir os termos. O primeiro-ministro disse que se sentiria grato se pudesse sair de nossas presentes dificuldades em tais termos, desde que preservasse o essencial e os elementos de nossa força vital, mesmo à custa de alguma cessão de território.

A razão para suspeitar que Churchill tenha dito tudo isso nos quinze minutos antes que Bridges chegasse e assumisse a caneta da história é porque parece impensável que uma complacência tão significativa de Churchill não merecesse uma única menção nas minutas do Gabinete de Guerra daquele dia, embora duas outras fontes a verifiquem. Se não fosse pela lembrança oficialmente documentada de Halifax sobre a concessão de Churchill – mas só na reunião de 27 de maio –, ela teria sobrevivido apenas nas páginas não publicadas do diário de Chamberlain, acessíveis ao leitor moderno por meio dos arquivos da Universidade de Birmingham.

Uma conspiração? O biógrafo oficial de Churchill, Martin Gilbert, não faz nenhuma menção a essa ideia, tão fora do paradigma de seu biografado, de afirmar que se sentiria grato por uma oferta de paz razoável da parte de Hitler.

Como seria de esperar, assim que Bridges retoma suas minutas, Winston mostra-se agressivo uma vez mais – talvez pelo receio de que seus verdadeiros pensamentos pudessem se tornar de conhecimento público.

Então, o primeiro assunto a ser registrado é Winston entoando a mesma ladainha. Segundo ele, seria absurdo acreditar que Hitler pudesse oferecer qualquer tipo de acordo de paz decente com a Grã-Bretanha, e acrescentou que "não há limite aos termos que a Alemanha iria nos impor caso tivesse como fazê-lo". Ele obviamente esperava que a França resistisse, mas "ao mesmo tempo devemos ter cuidado para não sermos colocados em uma posição frágil, na qual tenhamos que ir até o *signor* Mussolini para convidá-lo a procurar *Herr* Hitler e pedir-lhe que nos trate bem. Não devemos nos enredar em uma posição desse tipo antes de termos nos envolvido em algum combate sério".

Lorde Halifax, talvez exasperado com todas essas idas e vindas, cercou Churchill e de modo impositivo mas tranquilo reiterou que ele próprio dava "talvez bem maior importância do que o primeiro-ministro a considerar desejável que a França testasse as possibilidades de um equilíbrio europeu". Acrescentou não estar "muito convencido de que o diagnóstico do primeiro-ministro sobre *Herr* Hitler estar interessado em insistir em termos ultrajantes seja correto". Como bom inglês, Halifax não concordaria, é claro, com "qualquer sugestão de termos que afetassem nossa independência", mas se, como suspeitava, "o *signor* Mussolini estivesse tão alarmado como achávamos que deveria estar diante do poder de *Herr* Hitler, e disposto a examinar as questões do ponto de vista do equilíbrio de poder, então poderíamos considerar as reivindicações italianas. De qualquer modo, ele não via nenhum problema em tentar".

Tal discordância fundamental entre os dois homens, no momento em que deviam estar trabalhando juntos, era perigosa. Os demais na sala acrescentavam pouco a esse feroz debate, no qual as apostas eram altas, envolvendo nada menos que o futuro da Grã-Bretanha, da Europa e do mundo.

Essencialmente, as duas posições eram: Hitler no controle da Europa Ocidental, mas com a autonomia da Grã-Bretanha assegurada por um acordo de paz, ou seja, algo que Halifax podia tolerar, e a essa altura até achar bem-vindo. Nisso imaginava estar representando a vontade de grande parte de seu partido, do público e – acima de tudo – de qualquer um no campo de batalha que tivesse um entendimento sóbrio dos fatos. Winston, por sua vez, começava a aceitar que um acordo de paz talvez fosse uma saída – na realidade, se os termos fossem favoráveis, se sentiria grato por encontrar essa saída. Mas a questão de 1 milhão de libras permanecia. *Quando* seria a melhor hora de tentar um acordo desse tipo: agora ou mais tarde?

Um ministro do Partido Trabalhista, Arthur Greenwood, não estava convencido de que Mussolini pudesse ser de alguma valia; declarou ao Gabinete de Guerra ter dúvidas de que estivesse em poder de Mussolini "assumir uma linha independente da de *Herr* Hitler". Chamberlain afirmou acreditar que Mussolini "só poderia assumir uma linha independente se *Herr* Hitler estivesse disposto a se adequar à linha que Mussolini indicasse", e tentando pacificar as coisas na sala acrescentou que "o problema é muito difícil, e valeria a pena discuti-lo sob todos os pontos de vista".

Essa especulação não prometia levar a lugar algum, e Churchill disse achar que era "melhor não decidir nada até ver o quanto do exército conseguiremos reembarcar da França. A operação talvez seja um grande fracasso. Por outro lado, os nossos também podem muito bem lutar magnificamente, e tornar possível salvar parte considerável da Força".

O caminho para as negociações de paz que Halifax propunha com entusiasmo – usando partes do mapa como fichas de troca – ia, na opinião de Churchill, beneficiar apenas a Alemanha, que ganharia territórios coloniais e teria concessões no Mediterrâneo, ao passo que “nenhuma opção como essa se abria para nós. Por exemplo, os termos oferecidos [pela Alemanha] com certeza iriam nos impedir de concluir nosso rearmamento”. Halifax tentou garantir a ele que se esse fosse realmente o caso, então a Grã-Bretanha iria, é claro, recusar o acordo, mas Churchill era inflexível e dizia que “*Herr* Hitler acha que está com o chicote na mão. A única coisa a fazer é mostrar a ele que não é capaz de conquistar este país”. Se os receios de Churchill em relação a Reynaud se concretizassem e a França não pudesse mais continuar a lutar, então “deveríamos nos separar”.

Entre aqueles que estavam na reunião do Gabinete de Guerra havia vários que, durante anos, o haviam rotulado de defensor da guerra. Fechar-se completamente à ideia de explorar termos de paz serviria agora apenas para cimentar essa reputação e afastá-lo de homens como Halifax e Chamberlain, de cujo apoio ele precisava desesperadamente. Pesando suas escassas opções, ele concedeu: “Ao mesmo tempo [...] [eu] não coloco objeções a que se faça alguma abordagem ao *signor* Mussolini”.

Aos poucos, então, a linguagem e o coração de Winston estavam mudando, passando do uso de palavras como “nunca” para palavras como “considerar”, e concordando em “não colocar objeções” a que se desse um primeiro passo no processo de paz – um passo cujo primeiro objetivo era definir que preço a Itália pediria para mediar as conversações de paz entre a Alemanha e a Grã-Bretanha, sendo que a expectativa era de que a França ficasse muito provavelmente fora das negociações.

Tanto Greenwood quanto Chamberlain acreditavam que o líder italiano iria agarrar essa oportunidade para fazer exigências não só em relação a Malta, Gibraltar e Suez, mas também à Somália, ao Quênia e a Uganda. Provavelmente estavam certos. Em sua carta a Churchill em 18 de maio rejeitando a causa aliada, Mussolini havia usado, é claro, o exemplo do duro tratamento que a Grã-Bretanha dispensara à Itália na África. Greenwood acrescentou ainda que com a situação na França piorando a cada minuto, e considerando “que Paris provavelmente seria tomada em pouco tempo, haveria de fato uma chance de que a negociação pudesse servir a algum propósito?". Halifax advertiu o Gabinete que se "acharmos possível conseguir termos que não postulem a destruição de nossa independência, seria tolice de nossa parte não aceitá-los". Ele não poderia ter sido mais explícito. Em sua visão, apenas uma pessoa muito "tola" não negociaria um acordo com os alemães que permitisse uma Grã-Bretanha independente.

Winston, sem oferecer nenhum contra-argumento imediato, sem dúvida tamborilou com o anel de seu dedo insistentemente contra o braço de madeira envernizado de sua cadeira (depois da guerra, descobriu-se que esse tamborilar agitado havia consumido várias camadas de verniz durante os seis anos de deliberações excruciantes). O que ele diria agora? O que faria?

Há registros a respeito.

Ao final de uma reunião de mais de quatro horas, na qual os objetivos mais profundos e os princípios mais fortemente defendidos de homens poderosos haviam sido confrontados numa batalha bem ponderada, Winston propôs que se encerrasse o encontro e concordou que Halifax preparasse um esboço – um memorando – descrevendo a sua sugestão de abordagem à Itália, para ser discutido no dia seguinte.

Halifax vencera.

E como deve ter se sentido aliviado. O quanto a paz deve ter lhe parecido mais próxima, agora que o relógio da diplomacia havia sido colocado finalmente em ação. Ele saiu da Sala do Gabinete e foi redigir um esboço de memorando capaz, nada mais nada menos, de restaurar em termos práticos uma condição de paz a uma Europa fragmentada.

Churchill, no entanto, havia sido forçado por eventos e pressões políticas a ceder considerável terreno. E nunca fora alguém de se sentir confortável em recuar! Enquanto Halifax se ocupava de redigir seu esboço, Winston desviou seu foco para a sua estratégia alternativa de fuga.

Tratava-se em essência do seguinte: salvar o Exército. Sem isso, a Grã-Bretanha não poderia sequer insistir em termos de paz decentes, e menos ainda sobreviver para poder lutar por mais um dia sequer. O país ficaria na mesma posição terrível em que a França se encontrava agora, sem outra opção a não ser aceitar os termos que a Alemanha se dispusesse a oferecer, quaisquer que fossem. A chave, portanto, era assegurar que a evacuação da FEB de Dunquerque fosse bem-sucedida. Mas como?

Roosevelt uma vez disse a respeito de Churchill: "Ele tem uma centena de ideias por dia. Quatro são boas, as outras 96 são flagrantemente perigosas".

Seis dias antes, uma dessas quatro ideias havia sido – para usar um termo da época – supimpa.[2] Ela trazia todas as marcas de uma grande ideia de Winston: surpreendente, grandiosa, factível embora arriscada, com um grande potencial de custo em vidas humanas, e à primeira vista mais do que apenas um pouco excêntrica.

Na reunião da manhã do Gabinete de Guerra, em 20 de maio, discutiu-se novamente a situação do exército que se dirigia a Dunquerque. Trezentos mil homens estavam prestes a chegar a um porto bloqueado por navios ingleses incendiados. A Marinha britânica não teria como se aproximar o suficiente da praia para efetuar um resgate, não sem ficar sob um furioso ataque aéreo da Luftwaffe. A previsão mais otimista de Ironside era que com sorte poderiam resgatar com vida 10% de seus homens.

As minutas da reunião registram a seguinte reação: "O primeiro-ministro achou que como medida de precaução o Almirantado deveria reunir um grande número de pequenas embarcações [civis], prontas para seguir até portos e enseadas da costa francesa".

Pequenas embarcações? A ideia brilhante de Winston – pela qual nunca foi, que eu saiba, creditado (surpreendentemente isso não aparece em nenhuma de suas biografias ou notas jornalísticas) – foi pedir que membros da população, ou quem tivesse como arrumar algum barco de tamanho útil, navegassem em uma frota civil majestosa, mesmo que precária, e cruzassem o canal para salvar o exército britânico em apuros.

2. No original, "*one of these ideias had been* [...] *a belter*". *Belter* na linguagem londrina da década de 1940 era usado coloquialmente para indicar algo impressionante, excelente, fora de série. (N.T.)

Raramente é mencionado, pelo público ou mesmo pelos historiadores, que o pai dessa ideia de risco tremendo – celebrizada como o "Resgate dos pequenos barcos" – foi do próprio Churchill.

Poucas horas depois dessa brilhante ideia de Winston, o vice-almirante Bertram Ramsay, comandante da esquadra de Dover e velho companheiro do primeiro-ministro, interrompeu a aposentadoria a pedido de Churchill e foi instruído a reunir uma frota de barcos civis capaz de navegar até os portos do canal e evacuar a FEB para a Inglaterra.

E foi assim que, seis dias mais tarde – enquanto Halifax, com o freio de pacificador entre os dentes, redigia palavras de refinada súplica a um ditador insano –, Winston se dirigiu às pressas até o Almirantado. Desesperado para encontrar alternativas ao plano de Halifax, foi descrito naquelas horas pelo capitão Claude Berkley, membro da Secretaria do Gabinete de Guerra, como "andando com ímpeto de um lado para outro, criando a maior confusão em seu staff ao sair de repente em disparada pela Downing Street, gritando que nunca iríamos desistir". A essa altura, Ramsay, enfiado no quartel-general naval sob o castelo de Dover, já transmitira pela BBC uma convocação pública de barcos, e reunira até o momento mais de oitocentas das chamadas pequenas embarcações, para participarem de um dos mais ousados esforços da guerra.

Assim, às 18h57 do dia 26 de maio de 1940, Churchill deu a ordem: "A Operação Dínamo foi iniciada".

Era uma imensa loteria com vidas de civis, mas Winston sentiu – com razão – que se ainda tinha nas mãos um exército, fosse para lutar com ele ou para barganhar, então a Grã-Bretanha ainda podia ser salva do naufrágio.

Ao mesmo tempo que a Dínamo começava, Churchill enviou outro telegrama à guarnição do brigadeiro Nicholson em Calais, informando-o oficialmente de que não haveria evacuação e que deveriam "combater até o amargo fim".

Nicholson e sua guarnição obedeceram. Recusaram-se a se render e continuaram sua resistência até que a suástica foi erguida no alto do campanário do Hôtel de Ville. Depois de subjugados naquele mesmo dia, os homens de Nicholson foram retirados da cidadela em fila indiana pelos alemães, com as mãos na cabeça, até o pátio. Ali foram alinhados diante das metralhadoras. Prisioneiros de guerra. Os bravos soldados de Calais foram levados a campos nos quais aqueles que tiveram mais sorte ficaram internados por toda a duração da guerra. Os demais morreram. O brigadeiro Nicholson morreu três anos mais tarde, ao cair de uma janela em um possível suicídio, no campo de prisioneiros de guerra no qual estava internado.

Em suas memórias, Anthony Eden descreveu a decisão de não evacuar a guarnição de Calais como "uma das mais dolorosas da guerra". Churchill, mais do que a maioria, sentiu essa dor agudamente, por ter dado a ordem de sacrificar mais de 2 mil homens na esperança de salvar centenas de milhares. Ao voltar à Casa do Almirantado com Eden, Ismay e Ironside, Ismay lembrou o quanto Winston estava "excepcionalmente silencioso durante o jantar daquela noite, e comeu e bebeu com evidente falta de vontade".

O que corria em sua mente? Calais, com certeza. Halifax, sem dúvida. Hitler, sempre. A Dínamo, com sua pequena marinha civil naquela mesma hora cortando as ondas em direção a Dunquerque, seguramente. É possível que pensasse também na própria capacidade de liderança. E com certeza também devem ter tido o seu papel a dúvida, a culpa, o remorso e a exaustão.

Quando os homens se levantaram da mesa, uma profunda tristeza estava estampada no rosto de Churchill quando disse a eles: "Sinto-me fisicamente doente". Doente pela culpa de ter condenado homens corajosos a um destino terrível, pela sua preocupação com a possibilidade de perder um exército inteiro, pelo medo de que não houvesse saída a não ser submeter-se aos termos estranguladores do inimigo. Foi o seu pior momento de maré baixa, mas o dia seguinte apenas colocaria diante dele pressões ainda maiores e uma divisão irreparável dentro do Gabinete de Guerra.

SEGUNDA-FEIRA, 27 DE MAIO DE 1940

CHURCHILL RECEBE A NOTÍCIA DE QUE O REI DA BÉLGICA PENSA EM SE RENDER À ALEMANHA

LORDE HALIFAX AVALIA UM POSSÍVEL ACORDO DE PAZ COM A ALEMANHA E CONCLUI SEU MEMORANDO INTITULADO "ABORDAGEM SUGERIDA À ITÁLIA"

SOLDADOS DA SS CAPTURAM E ASSASSINAM 97 SOLDADOS BRITÂNICOS PERTO DE LE PARADIS, NA FRANÇA

9

CRISE NO GABINETE E LIDERANÇA

Depois de expedir na noite anterior a ordem para o início da Operação Dínamo, a primeira mensagem que chegou a Churchill às 7h15 de 27 de maio não foi animadora. A guarnição naval em Dover informou que "uma situação ruim está se armando entre Calais e Dunquerque. O inimigo montou 40 canhões até Gravelines [a pequena cidade entre Calais e Dunquerque] e bombardeia os navios que se aproximam de Dunquerque [...]". Se os navios não pudessem sequer chegar ao porto para recolher os soldados, as tropas britânicas seriam logo totalmente cercadas, sem alternativas para escapar.

Na noite anterior, lorde Halifax, agora mergulhado em suas contemplações sobre as negociações de paz, recebera a visita do conselheiro da embaixada belga em Londres informando-lhe que "o rei dos belgas parecia deixar implícito que julgava a guerra perdida e considerava fazer um acordo de paz com a Alemanha". O primo do rei George VI, rei Leopoldo III, permanecera com seus soldados quando seu governo "havia se transferido para solo estrangeiro [França] para prosseguir na luta". Halifax transmitiu essa notícia à reunião das 11h30 do Gabinete de Guerra, que "considerou que a ação do rei equivalia a dividir a nação e entregá-la à proteção de *Herr* Hitler". Churchill telegrafou na mesma hora ao almirante *sir* Roger Keyes, oficial de ligação com o rei Leopoldo III, pedindo que "ressaltasse bem para ele [Leopoldo] as desastrosas consequências de sua presente opção sobre os Aliados e sobre a Bélgica". O exército belga estava concentrado principalmente no norte da França, lutando ao lado da FEB, mas não havia sido informado ainda da decisão de evacuar. Churchill compreendia a magnitude daquilo que estava pedindo aos belgas, mas sabia também que a sua rendição naquele momento deixaria o flanco esquerdo dos Aliados completamente exposto e colocaria em risco a retirada britânica para o litoral. Em uma mensagem separada a lorde Gort, comandante em chefe da FEB, o primeiro-ministro, admitiu: "[E]stamos pedindo que se sacrifiquem por nós".

Com a perspectiva de outras rendições dos Aliados, o pensamento voltou-se de novo para os Estados Unidos. O embaixador britânico em Washington telegrafara a Halifax para sugerir que "devemos ceder algumas de nossas possessões no Novo Mundo aos Estados Unidos como parte do pagamento de nossa dívida de guerra", porque "uma oferta desse tipo feita por nós produziria forte impressão nos Estados Unidos e favoreceria nossa segurança". Halifax acreditou que essa era outra opção interessante a ser explorada, mas Churchill de novo se opôs, destacando que "os Estados Unidos praticamente não nos deram nenhuma ajuda na guerra, e agora que viram a dimensão do perigo, sua atitude foi querer manter, para a própria defesa, tudo aquilo que poderia nos ajudar". Essas contínuas sugestões de negociações vinham cansando o primeiro-ministro, e ele concluiu a reunião do Gabinete de Guerra dizendo que iria "expedir uma ordem formal a todos os ministros para que usassem linguagem confidencial. Estava convencido de que a maioria das pessoas do país se recusaria a aceitar a possibilidade de derrota". Churchill então pediu a Ismay que ordenasse aos chefes de Estado-Maior a realização, antes da reunião seguinte, de mais um reexame "sobre quais são as perspectivas de continuarmos sozinhos na guerra contra a Alemanha e provavelmente contra a Itália também".

Quando os membros do Gabinete de Guerra tomaram assento, não eram mais os costumeiros vinte, debatendo infindáveis questões de ordem. A reunião das 16h30 de 27 de maio era formada por Churchill, Halifax, Chamberlain, Clement Attlee, Arthur Greenwood, *sir* Alexander Cadogan, *sir* Archibald Sinclair e *sir* Edward Bridges. Havia apenas um tópico em discussão: a sugerida abordagem a Mussolini.

A inclusão que Churchill fez de Sinclair, líder do Partido Liberal – um veterano crítico da conciliação e velho amigo seu –, era uma quebra do protocolo e uma clara tentativa de fortalecer uma posição que se enfraquecera com os fatos do campo de batalha.

A discussão que se seguiu iria finalmente opor Halifax e seus apoiadores – uma grande porção do Partido Conservador no poder – diretamente contra um dos seus: Winston, cuja obstinada determinação de lutar sozinho parecia, a Halifax, insensível à razão e às claras evidências, além de contrária aos melhores interesses do país.

Seguindo a sugestão feita por Paul Reynaud no dia anterior, de que os governos da Grã-Bretanha e da França deveriam fazer uma abordagem direta ao *signor* Mussolini e tentar manter a Itália fora da guerra, lorde Halifax fizera circular antes da reunião um memorando sobre as possíveis opções:

> Se o *signor* Mussolini cooperar conosco em firmar um acordo [...] passaremos imediatamente a discutir, com o desejo de encontrar soluções, as questões nas quais o *signor* Mussolini está basicamente interessado. Entendemos que ele deseja solucionar certas questões mediterrâneas: e se secretamente declararmos quais são, a França e a Grã-Bretanha vão imediatamente fazer o melhor para atender seus desejos.

O Gabinete de Guerra era agora informado por Halifax de que o "presidente Roosevelt havia feito uma abordagem nos termos definidos no memorando". Isso era o que os britânicos haviam solicitado tempos antes, acreditando que na época poderia ter um resultado positivo, mas agora, com a França à beira do colapso, Chamberlain estava convencido de que era tarde demais, e que a Itália já tinha os olhos postos nos espólios da vitória alemã e esperava a França cair para poder entrar no jogo com suas ambiciosas demandas.

Quanto aos franceses, que haviam pedido permissão ao pacto anglo-francês para fazer a própria abordagem à Itália, Churchill sentiu que "nada iria resultar da abordagem, mas que valia a pena fazer [permitir que eles a fizessem] para suavizar [nossas] relações com um aliado enfraquecido".

Os ministros então expuseram um a um suas opiniões. *Sir* Archibald Sinclair – a arma secreta de Winston na mesa – agora desempenhava seu papel, dizendo que tinha a forte sensação de que qualquer abordagem à Itália na qual a Grã-Bretanha estivesse envolvida iria mostrar uma fraqueza que "encorajaria os alemães e os italianos", mas que a Grã-Bretanha deveria fazer o possível para "fortalecer a mão dos franceses". Os dois ministros trabalhistas eram radicalmente contrários a enviar a carta à Itália, e Clement Attlee declarou que "a abordagem sugerida não teria nenhum efeito prático e seria prejudicial a nós. Com efeito, a abordagem sugerida levaria inevitavelmente a pedirmos ao *signor* Mussolini que intercedesse [entre Alemanha e Grã-Bretanha] a fim de obter termos de paz para nós".

Attlee enxergou corretamente que o assunto em discussão era na realidade se a Grã-Bretanha deveria entrar em conversações de paz com Berlim.

Arthur Greenwood, com a mesma visão, defendeu o ponto: "Se ficar claro que estamos solicitando termos [de paz] à custa de ceder território britânico, as consequências serão terríveis [...]. O primeiro-ministro e o senhor Reynaud já fizeram abordagens à Itália que não foram bem recebidas. Seria ir ao encontro do desastre prosseguir com essas abordagens".

Sentindo que a maré virava a seu favor, Churchill reagiu com firmeza. Ficava evidente a partir de agora que o que começara originalmente com uma solicitação de Reynaud de que Grã-Bretanha e França fizessem uma abordagem à Itália para mantê-la fora da guerra havia rapidamente evoluído para uma discussão sobre uma paz negociada e sobre o "Acordo Europeu" de Halifax com Hitler.

A sinopse do secretário registra a reação de Churchill:

> Ele se sentia cada vez mais oprimido com a futilidade da abordagem sugerida ao *signor* Mussolini, que este último com certeza veria com desprezo. Tal abordagem iria fazer muito menos bem ao senhor Reynaud do que se ele assumisse uma posição firme. Além disso, a abordagem arruinaria a integridade de nossa posição de luta no país [...]. Pessoalmente, ele duvidava de que a França estivesse tão disposta a abandonar a luta como o senhor Reynaud havia retratado. De qualquer modo, não devemos nos deixar levar pela França. Se os franceses não estiverem preparados para seguir combatendo, vamos deixar que desistam, embora ele duvidasse que o fizessem. Se o país fosse vencido, a França se tornaria um Estado vassalo; mas se ganhássemos, poderíamos salvá-los. A melhor maneira de ajudar o senhor Reynaud seria fazê-lo sentir que, não importava o que acontecesse com a França, nós lutaríamos até o fim.
>
> No momento, nosso prestígio na Europa está muito baixo. A única maneira de recuperarmos o prestígio seria mostrar ao mundo que a Alemanha não nos derrotara. Se, depois de dois ou três meses, pudéssemos mostrar que estávamos ainda lutando, recuperaríamos nosso prestígio. Mesmo sendo batidos, não estaríamos numa posição pior do que se abandonássemos agora a luta. Portanto, devíamos evitar ser arrastados junto com a França por essa encosta escorregadia. Essa manobra inteira tivera a intenção de nos envolver nas negociações a ponto de nos tornar incapazes de reagir. Já havíamos ido longe demais em nossa abordagem à Itália, mas não deixaríamos o senhor Reynaud nos envolver em uma situação confusa. A abordagem proposta era não só fútil, mas nos envolvia num perigo mortal [...]. Se o pior acontecesse, não seria má coisa para este país cair lutando por outros países que tivessem sido subjugados pela tirania nazista.

Um argumento emocional como esse causou cisão na sala. A velha batalha estratégica e ideológica que havia separado Winston dos conciliadores desde meados da década de 1930 estava de novo exposta de maneira incisiva.

Neville Chamberlain, unindo-se ao repentinamente isolado Halifax, voltou às suas objeções originais à abordagem proposta, e saiu em defesa do ministro do Exterior, sugerindo que "embora ele concordasse que a abordagem proposta não atenderia a nenhum propósito útil, achava que devíamos seguir um pouco mais com ela, a fim de manter os franceses em uma boa disposição de ânimo. Achava que nossa resposta não deveria ser uma recusa completa".

O secretário do Gabinete, Bridges, registrou que em seguida teve início uma discussão. Ele não documentou com precisão o que foi dito, apenas que "foi geralmente aceito que uma resposta sensata nesses moldes seria o melhor curso de ação a tomar".

Halifax, apesar dessa intervenção de Chamberlain, chegara ao limite de sua tolerância em relação à retórica de Churchill, e escreveu em seu diário a respeito dessa reunião que "leva a gente realmente ao desespero vê-lo [Churchill] entrar num arroubo de emoção quando deveria fazer seu cérebro pensar e refletir".

A observação de Churchill de que seria melhor "cair lutando por outros países que tivessem sido subjugados pela tirania nazista" foi um pouco demais para Halifax, especialmente porque ele acreditava sinceramente que existia uma solução potencial de paz e que a Grã-Bretanha poderia evitar sacrificar a vida de muitos jovens. Além disso, Churchill havia simplesmente dado uma grande guinada. No dia anterior, aprovara com tranquilidade a redação desse memorando e dissera sentir-se "grato" se as conversações de paz oferecessem uma saída para essa crise. E agora descrevia a carta proposta, e a própria posição de Halifax, e talvez até o próprio Halifax, como "mortalmente perigosos".

Halifax viu-se abandonado por todos na sala, e não gostou nada disso. Era exatamente essa inconsistência de humores e de opiniões que ele e outros conciliadores haviam temido quando foi concedido poder a Churchill. Agora viam isso em ação. Visivelmente furioso com o fato de a proposta que ele acreditava ser tão razoável e patriótica estar sendo mal interpretada como algo terrível e não patriótico, Halifax fez questão de deixar clara a sua "profunda diferença de ponto de vista", e de documentá-la para todo o sempre. Não deixaria ninguém duvidar de que estava pronto a lutar por suas ideias, pela sensatez delas e por sua moralidade, e afirmou que:

> Ele não conseguia identificar nenhuma similaridade entre a ação que estava propondo e a sugestão de que estaríamos solicitando termos e seguindo uma linha que nos levaria ao desastre.

Depois de se referir aos comentários do primeiro-ministro no dia anterior – quando Churchill dissera estar "disposto" a discutir termos de paz e que até se sentia "grato" por encontrar uma maneira pacífica de acertar as coisas por meio de trocas territoriais com a Alemanha –, Halifax prosseguiu:

> Na presente ocasião, porém, o primeiro-ministro pareceu sugerir que não iríamos aceitar, sob nenhuma condição, um curso de ação que não fosse lutar até o fim. Essa questão provavelmente era acadêmica, já que dificilmente receberíamos uma oferta que não fosse contrária às condições fundamentais, essenciais para nós. Se, no entanto, fosse possível obter um acordo que não comprometesse essas condições, ele, por sua vez, duvidava se seríamos capazes de aceitar a visão agora exposta pelo primeiro-ministro. O primeiro-ministro dissera que dois ou três meses iriam mostrar se seríamos capazes de resistir ao risco aéreo. Isso significava que o futuro de nosso país sofreria uma reviravolta caso as bombas do inimigo viessem a atingir nossas fábricas de aviões. Ele estava pronto a assumir esse risco se nossa independência estivesse ameaçada; só que se não estivesse ameaçada, ele acharia certo aceitar uma oferta que talvez salvasse o país de um desastre evitável.

As conversações cruciais do dia anterior, nas quais o primeiro-ministro dissera que "se sentiria grato se pudesse sair de nossas presentes dificuldades", não estão documentadas em nenhuma das minutas. Então, parece ter sido isso o que foi discutido nos quinze minutos antes que Bridges chegasse à "Reunião Informal dos Ministros do Gabinete de Guerra".

O diário de Neville Chamberlain também confirma que "W. C. [Churchill] disse que iríamos tentar encontrar alguma fórmula pela qual Musso [Mussolini] seria abordado, mas precisamos de tempo para pensar. R. [Reynaud] teria que se contentar com isso [...]". Além do mais, ele registra a clara posição de Churchill de ceder Malta e Gibraltar e algumas colônias africanas.

Agarrar uma oferta de paz de Hitler?

Parece que podemos acreditar que esses tenham sido de fato o ânimo e a posição de Churchill no dia anterior. Com certeza, isso explicaria a raiva de Halifax ao ver a posição de Churchill, aparentemente tão aberta, acolhedora e entusiasmada, ter se fechado de um dia para o outro.

Qual seria a intenção de Churchill? Será que seus comentários anteriores foram apenas uma tentativa de ganhar tempo, ou havia sido sincero a respeito de conversações de paz naqueles dias sombrios?

Apesar de tudo pelo que lutara desde 1933, depois de todos os discursos e de toda a retórica a respeito da vitória, vemos que na reunião de 26 de maio Winston também considerou possível, até bem-vindo, fazer um acordo com Hitler. Mas é preciso examinar as pressões para tal acordo. A Dínamo estava a caminho, mas a perspectiva era sombria. A destruição de praticamente todo o exército britânico parecia provável. Naquele momento, Winston concordara que valeria a pena explorar um possível acordo negociado, desde que a Grã-Bretanha mantivesse sua soberania. Agora, a frustração de Halifax ao ver Winston renegando tudo isso em menos de 24 horas ficava clara. Como observa o biógrafo de Halifax, Andrew Roberts:

> Guerras travadas por ideias, nas quais as nações se esgotam e arriscam a própria extinção buscando a aniquilação do inimigo, eram algo completamente alheio à natureza de Halifax. Hitler claramente vencera a primeira etapa de uma batalha que poderia durar uma década, e parecia simplesmente senso comum que Halifax tentasse obter pelo menos um respiro entre as linhas do Tratado de Amiens [que suspendera as guerras napoleônicas por

> catorze meses]. Se isso pudesse salvar a Força Expedicionária Britânica e boa parte da França, melhor ainda.

Era a vez de Churchill replicar.

O tom passional de Halifax havia claramente feito baixar a arrogância do primeiro-ministro, do mesmo modo que a leal solidariedade de Chamberlain fizera com Halifax. Talvez Winston tenha hesitado antes de falar, ciente de que a caneta da história – agora na mão de Bridges – registraria suas palavras, palavras que iriam mostrar outra grande mudança de posição, tanto em relação à visão que acabara de expressar como em relação ao entendimento geral que se tinha a respeito dele. Churchill começou:

> Se *Herr* Hitler estivesse preparado para fazer a paz nos termos da restauração de colônias alemãs e do domínio da Europa Central, isso seria uma coisa...

Vamos agora apertar por um segundo o botão de pausa.

Tratava-se de *alguma* admissão. Winston, aqui, se dispõe a dizer, sob registro, que ele pode aceitar não só uma situação em que a Grã-Bretanha entre num acordo de paz com uma Alemanha nazista vitoriosa no continente, mas também uma situação que concederia a Hitler soberania sobre a Europa Central. Quando depois acrescentamos suas palavras do dia anterior – como o "sentir-se grato" e até com o literal ou parafraseado "agarrar a oportunidade" –, isso mais ou menos invalida a posição longamente sustentada pelos historiadores de que Winston nunca oscilou, nunca levou a sério a ideia de conversações de paz e nunca deu nenhum passo concreto nessa direção.

No entanto, bem ao seu estilo, Churchill fez seguir essa grande concessão à história e a Halifax com uma advertência: que "era muito improvável que ele viesse a fazer qualquer oferta nesse sentido". Mas Halifax estava decidido a deter Churchill exatamente nesse ponto, fazê-lo parar de driblar compromissos que assumira no dia anterior em relação à paz e vincular de uma vez a carta italiana a uma estratégia geral de paz para a Europa inteira. As minutas do Gabinete indicam que Halifax então declarou para que ficasse registrado:

> O ministro do Exterior disse que gostaria de colocar a seguinte questão. Supondo que o Exército francês colapsasse e que *Herr* Hitler fizesse uma oferta de termos de paz. Supondo que o governo francês dissesse: "Não podemos negociar uma oferta feita apenas à França e vocês devem negociar com os Aliados todos juntos". Supondo que *Herr* Hitler, ansioso para pôr um fim à guerra, por estar ciente das próprias fragilidades internas, oferecesse termos à França e à Inglaterra, o primeiro-ministro estaria disposto a discuti-los?

Esse é um desafio com grande poder de confrontação, lançado por lorde Halifax; especialmente se considerarmos que suas palavras foram filtradas pela caneta de Bridges. Na realidade, Halifax escreveu em seu diário: "Achei que Winston dissera uma arrematada asneira, e Greenwood também, e depois de suportar aquilo por algum tempo eu expus o que pensava exatamente dele, acrescentando que se aquele fosse de fato o seu ponto de vista, e chegássemos a um impasse, nossos caminhos iriam se separar".

Se Bridges tivesse sido um servo mais fiel da história, que diálogo nos teria legado?

Na sua ausência, podemos especular como a discussão pode ter acontecido:

> WINSTON: Visconde Halifax, como eu disse ontem, a abordagem que o senhor propõe é não só fútil, mas nos envolve em um perigo mortal.

> HALIFAX: O PERIGO MORTAL AQUI É ESSA FANTASIA ROMÂNTICA DE LUTAR ATÉ O FINAL!!! *O que é de fato* esse "final' senão a destruição de tudo? Não há nada de heroico em morrer lutando se isso pode ser evitado. Nada de remotamente patriótico na morte ou na glória se as probabilidades são de ocorrer a primeira;

nada de inglório em tentar abreviar uma guerra que claramente estamos perdendo.

WINSTON: A Europa ainda...

HALIFAX (*interrompendo*): A EUROPA ESTÁ PERDIDA! Perdida. E antes que nossas forças sejam completamente aniquiladas, agora é a hora de negociar, a fim de obter as melhores condições possíveis. Não seria do interessse de Hitler insistir em termos ultrajantes. Ele sabe de suas próprias fragilidades. Ele será razoável.

WINSTON (*não tolerando ouvir essas afirmações*): Quando será que aprenderemos essa lição? Quantos ditadores mais terão que ser cortejados, apaziguados – deus do Céu, agraciados com imensos privilégios – antes que possamos aprender [...] que você não pode argumentar com um tigre quando sua cabeça está dentro da boca dele?

HALIFAX: Primeiro-ministro. Sinto que isso deve ser registrado, que se tudo o que vocês conseguem ver à frente é lutar até a morte, e nem sequer se dispõem a discutir termos de paz caso Hitler venha a oferecê-los, então acho que precisam saber que a minha sensação é que devemos tomar rumos separados.

Rumos separados?

Churchill sabia muito bem que a renúncia de Halifax àquela altura seria catastrófica. Privado do aconselhamento ponderado de Halifax, o primeiro-ministro, ainda visto por muitos como um imprudente, com certeza enfrentaria um voto de desconfiança no Parlamento, e o mais provável é que não conseguisse se reeleger ao cargo. O Partido Conservador inteiro iria rachar entre os partidários da paz e os contrários a ela. Ou seja, ele enfrentava naquele momento não só um argumento bem urdido (um argumento patriótico, tão poderoso quanto o seu), mas também uma decisão que ameaçava seu cargo de primeiro-ministro.

Halifax escreveu em seu diário que Churchill "ficou surpreso e abrandou o tom" quando disse "que não se juntaria à França em pedir termos, mas se fosse notificado de quais eram os termos oferecidos, estaria disposto a considerá-los".

Este seria o auge do poder e da influência de Halifax, pois ele fazia um líder relutante abandonar uma fala quase histriônica sobre vitória a qualquer custo e passar a uma noção séria de conversações de paz, falar em "quando" deveriam ter lugar e não mais em "se" deveriam ocorrer ou não.

Com a capitulação de Winston diante de Halifax, o Gabinete de Guerra rapidamente concordou que uma resposta devia ser enviada aos franceses consentindo com uma abordagem de algum tipo que os mantivesse de "bom ânimo" e porque "soubemos que o presidente Roosevelt fez uma abordagem dentro das linhas indicadas. Se nos intrometêssemos agora, isso só iria confundir as coisas e poderia pôr em risco nossas chances de obter uma resposta favorável do presidente Roosevelt".

Assim que a reunião terminou, o vitorioso mas ainda exasperado lorde Halifax solicitou um encontro privado com Churchill nos jardins do nº 10. Quando saía da Sala do Gabinete, confidenciou a Cadogan: "Não consigo mais trabalhar com Winston". Ao que Cadogan replicou: "Bobagem: suas fanfarronices provavelmente incomodam você tanto quanto a mim, mas não faça nenhuma tolice no calor do momento".

Roberts escreve em *The holy fox:*

> a hipérbole que tanto ajudou a fortalecer o moral da população em 1940 soou melodramática a Halifax e mais adequada a discursos públicos. Ele já ouvira aquilo durante toda a sua vida política, e para ele exalava aquela postura histriônica e perigosa que ilustrava toda a famosa falta de ponderação de Churchill [...]. Halifax estava bem ciente de que o iminente ataque talvez significasse o fim do império e o fim do modo de vida britânicos, e também achava – talvez equivocadamente – que poderia ser evitado.

Quando foi até o jardim com Churchill, ameaçou renunciar outra vez, mas encontrou Winston "cheio de desculpas e de afeto".

Suas ameaças haviam produzido o resultado almejado, pelo menos por ora, e Halifax voltou ao Ministério do Exterior. Durante o chá, recontou o encontro a Cadogan, que disse que "esperava que ele realmente não desse importância a um incômodo ao qual estávamos todos sujeitos e que, antes de fazer qualquer coisa, consultasse Neville". Halifax concordou em fazer isso, garantindo a Cadogan que "não era alguém de tomar decisões precipitadas".

Ao voltar à Downing Street, a notícia da acalorada reunião já se espalhara. Jock Colville escreveu em seu diário: "O Gabinete defende ardorosamente que somos capazes de levar a guerra adiante sozinhos nessas circunstâncias, e há sinais de que Halifax esteja sendo derrotista. Ele diz que nosso objetivo não pode ser mais o de esmagar os alemães, mas sim o de preservar nossa integridade e independência".

O Comitê de Defesa reuniu-se às 19h para discutir as últimas notícias da França. Churchill descreveu a situação agora enfrentada pela FEB como "ainda mais desesperadora, e que sua única opção era recuar lutando, sofrendo as pesadas baixas que o inimigo lhe impusesse durante a empreitada". Churchill acrescentou que esse perigo atual não deveria justificar nenhuma reprovação à Grã-Bretanha, que havia feito o possível ao seu alcance para apoiar seus aliados. Ele descreveu com detalhes as falhas dos líderes militares franceses e as fragilidades dos belgas, pelas quais os britânicos "estavam agora pagando o preço" e que haviam contribuído "para o desastre com o qual nosso exército agora se defronta".

Quando a reunião terminou, Churchill recebeu outra atualização problemática. Havia a confirmação, pelo major-general *sir* Edward Spears, de que o rei da Bélgica "telegrafara ao seu chefe do Estado-Maior para que enviasse um plenipotenciário aos alemães e definisse sob que condições poderia ser acertado um armistício, e que havia sugerido um 'cessar-fogo' para aquela meia-noite, de 27 para 28 de maio". "O Comitê de Defesa concordou que os governos britânico e francês deveriam imediatamente dissociar-se do armistício belga", e que o Gabinete de Guerra se reuniria às 22h daquela noite.

Churchill transmitiu ao Gabinete de Guerra as últimas notícias e confirmou que as forças britânicas e francesas haviam recebido ordens de continuar lutando. Havia grande simpatia por Leopoldo III, apesar de sua rendição, e o primeiro-ministro enfatizou a "importância de garantir a segurança do rei [...]. Quaisquer bases para uma recriminação estão mais na ação belga no início da guerra do que no passado mais imediato". A insistência dos belgas na neutralidade e sua subsequente resistência em permitir que os Aliados entrassem em seu país haviam feito desperdiçar uma oportunidade vital de estabelecer uma forte presença na fronteira ocidental do país na época em que "o grosso do exército alemão estava lutando na Polônia". Isso deixara a FEB em "sério perigo", pois "lorde Gort não tinha soldados suficientes para fechar a brecha e evitar que os alemães invadissem Dunquerque".

O ministro da Informação, Duff Cooper, sugeriu que com esse novo desdobramento "deveria ser expedida uma declaração aludindo à corajosa defesa realizada pelos soldados britânicos [...] e devia-se oferecer ao público alguma indicação da grave posição em que havia sido colocada a FEB". Fez uma referência particular ao "tom animado" que ainda existia nos comunicados franceses reportados pela imprensa britânica, e que "não havia dúvida de que o público estava, naquela hora, muito despreparado para a chocante percepção de sua real posição". Churchill concordou "que a gravidade da situação devia ser enfatizada, mas que não apreciaria nenhuma declaração detalhada ou tentativa de avaliar os resultados da batalha até que a situação ficasse mais esclarecida. O anúncio do armistício belga deveria percorrer um longo caminho até que o público estivesse preparado para as más notícias". Cooper não achou que isso seria suficiente e argumentou que havia o perigo real de fazer de repente um anúncio que era frontalmente contrário ao que o público vinha lendo nos jornais. Sugeriu que "seria conveniente também lembrar ao público o constante esforço alemão de enfiar uma cunha entre os dois povos. Ao mesmo tempo, conviria pedir aos editores que atenuassem o tom dos anúncios franceses". Churchill encerrou a reunião sugerindo que "uma declaração exaustiva no Parlamento, embora talvez ainda fosse necessária mais uma semana para que a situação ficasse suficientemente clara para lhe permitir fazer isso".

Ele voltou à Casa do Almirantado com Jock Colville e "à meia-noite, depois de ler alguns jornais e de dizer 'Encha aqui meu copo com um pouco de uísque com soda, bem diluído, isso, meu bom garoto', ele subiu e foi deitar".

O que não pagaríamos para saber quais eram seus pensamentos, qual a profundidade de seus medos e de suas dúvidas ao deitar naquela cama de solteiro, desejando que o sono o levasse embora... Halifax estaria certo? Será que ele estava errado? Fizera a coisa certa ou ele e a nação iriam se arrepender da sua decisão de deixar que o ministro do Exterior levasse adiante seu plano de uma negociação de paz?

Lorde Halifax descreveu aquela terça-feira, 28 de maio, como "um dia muito negro". O almirante *sir* Roger Keyes voltara a Londres após o cessar-fogo do exército belga às 4h daquela madrugada. Churchill convidou-o a informar o Gabinete de Guerra na reunião das 11h30.

Ali, Keyes esclareceu que ele também acreditava que o "governo belga era inteiramente responsável pelo caos provocado [...] [e que] apenas a personalidade do rei havia mantido o exército belga unido durante aqueles últimos quatro dias. Se o rei tivesse partido quando pressionado a fazer isso pelo governo de Sua Majestade três dias antes, o moral do exército teria se rompido de vez". Churchill leu em voz alta os termos do armistício alemão-belga:

1. Todos os movimentos dos soldados belgas estão proibidos. Os soldados belgas devem se postar em fila à margem da estrada para aguardar ordens. Devem sinalizar sua presença por meio de sinais brancos, como bandeiras etc.
2. Devem ser dadas ordens proibindo a destruição de material de guerra e depósitos.
3. Os soldados alemães devem ter permissão de se dirigir ao litoral.

4. A passagem livre até Ostend é exigida e não se permite nenhuma destruição.
5. Toda resistência será esmagada.

Se os britânicos desejavam um aperitivo do que os alemães poderiam exigir deles, ali estava.

"Um número considerável" de soldados britânicos começava agora a chegar a Dunquerque, e o primeiro lorde do Mar transmitiu um relatório do vice-almirante Ramsay em Dover dizendo que "11.400 homens haviam chegado na noite anterior e mais 2.500 estavam cruzando o canal". Os primeiros relatos das malfadadas filas de soldados aguardando evacuação foram confirmados, com "2 mil soldados nas praias e 7 mil entre as areias das dunas" de Dunquerque, que estava agora "coberta por uma nuvem de fumaça". No entanto, o Gabinete foi informado de que o comandante em chefe das forças aéreas, *sir* Hugh Dowding, havia enviado uma mensagem dizendo que estava "muito preocupado" com as atuais perdas de aeronaves sofridas pela RAF, que protegia a FEB nas praias de Dunquerque, e que "nossas defesas por meio de caças estavam quase a ponto de rachar". Ele destacou que "se esse esforço excepcional tivesse que ser repetido sobre Dunquerque no dia seguinte, a situação ficaria grave".

Duff Cooper de novo enfatizou a urgência "de uma declaração sincera sobre a situação desesperadora da Força Expedicionária Britânica", reforçando o temor de que "se não for feita, a confiança pública ficará muito abalada e a população civil não se inclinará a aceitar as garantias do governo sobre nossa vitória final". Sugeriu que fosse feito um "pronunciamento curto" pelo noticiário da BBC às 13h. Churchill concordou, e confirmou que ele também faria uma declaração na Câmara dos Comuns sobre o mesmo tema naquela tarde.

Embora não tivesse sido transmitida ao vivo, a fala de Churchill na Câmara foi também um pronunciamento à nação, portanto precisava ser algo que não só preparasse o público como fortalecesse seu ânimo. Sua fala foi breve, mas esperançosa, e sugeria que começava a se formar em sua mente uma reação sutilmente velada à questão de uma paz negociada que tanto havia perturbado alguns membros do Gabinete de Guerra:

> A situação dos exércitos britânico e francês, agora envolvidos em uma das mais severas batalhas e assediados por três lados e pelo ar, evidentemente é de uma gravidade extrema. Nesse sentido, a rendição do exército belga exacerba bastante o terrível perigo a que estão submetidos. Mas os soldados estão com boa disposição, e lutam com a máxima disciplina e tenacidade [...]. Espero fazer uma declaração à Câmara sobre a posição geral quando o resultado dos intensos combates que agora estão sendo travados puder ser conhecido e avaliado [...]. Enquanto isso, a Câmara deve preparar-se para notícias difíceis e pesadas. Só tenho a acrescentar que nada do que venha a acontecer nessa batalha pode de maneira alguma nos eximir de nosso dever de defender a causa mundial à qual estamos devotados; nem deverá destruir a confiança em nosso poder de achar um caminho, como já ocorreu em ocasiões anteriores de nossa história, em meio ao desastre e ao pesar, para a derrota final de nossos inimigos.

A Câmara reagiu positivamente à nota de resistência de Churchill, com os deputados congratulando-se com ele e dizendo. "[Nós] nem sequer chegamos perto de tocar a determinação deste país", e que "a digna declaração do primeiro-ministro reflete não apenas o sentimento de toda a Câmara, mas o de toda a nação". Reanimado por essa acolhida, Churchill saiu do plenário e foi à sua sala na Câmara dos Comuns, para uma reunião às 16h com o Gabinete de Guerra.

O mesmo seleto grupo que havia testemunhado no dia anterior o exaltado embate entre o primeiro-ministro e o ministro do Exterior reuniu-se uma vez mais para discutir a questão da Itália, naquilo que Roberts descreve como "uma atmosfera plena de uma sensação de iminente infortúnio".

Lorde Halifax falou primeiro. Na reunião da manhã, havia informado ao Gabinete a "resposta absolutamente negativa" dada por

Mussolini ao presidente Roosevelt. Depois disso, fora recebida outra mensagem do governo francês, solicitando que fosse feita uma abordagem direta à Itália pela Grã-Bretanha e pela França. Agora ele repetia sua proposta de que "devíamos dar uma clara indicação de nosso desejo de ver a Itália como mediadora", mas Churchill, ainda animado por sua fala aos Comuns, disse achar "claro o propósito dos franceses de ver o *signor* Mussolini como intermediário entre nós e *Herr* Hitler" e que "estava determinado a não assumir essa posição". Halifax – com certeza pensando "e lá vamos nós de novo!" para outra guinada de Churchill – discordou firmemente dessa sugestão, dizendo que a proposta de Reynaud era "que deveríamos afirmar nossa disposição de lutar até a morte por nossa independência, mas que, desde que esta fosse assegurada, estaríamos inclinados a fazer algumas concessões à Itália". Isso era verdade no que diz respeito à proposta de Reynaud, mas Halifax deixara de mencionar que ele estava na verdade se referindo a um Acordo Europeu mais amplo, via Itália. Além disso, também omitiu mencionar que a gênese dessa ideia viera de um encontro seu com o embaixador italiano, Giuseppe Bastianini, em 25 de maio, não dos franceses, que queriam simplesmente evitar que a Itália os atacasse.

Churchill prosseguiu, declarando acreditar que "os franceses estavam tentando nos colocar na encosta escorregadia". Aqui, mais uma vez, falava em "encosta escorregadia", uma expressão dele quase patenteada para irritar Halifax. E a seguir a revelação de uma visão inteiramente nova: "A posição seria totalmente diferente quando a Alemanha tivesse feito uma tentativa malsucedida de invadir este país".

Estaria Winston, depois de concordar em avaliar a realização de um acordo de paz, acrescentando agora a ressalva de que deveria ser feito somente *depois* de uma tentativa frustrada de invasão da Grã-Bretanha por parte dos alemães?

A ideia de que a Grã-Bretanha, sem um exército (como parecia ser o caso agora), estaria equipada para repelir uma invasão alemã (que parecia provável) era uma noção à qual Halifax não queria sequer ver seu nome associado.

Ele falou de novo, tirando importância da proposta francesa, dizendo que havia pouca chance de que resultasse alguma coisa dela, mas colocando foco em sua preocupação principal: a ideia de um acordo europeu ou de conversações de "espectro mais amplo". Martelando nesse tema principal, sentiu que havia uma "questão maior" envolvida: "Supondo que o *signor* Mussolini desejasse desempenhar o papel de mediador, e que fosse capaz de apresentar termos que não afetassem nossa independência, ele pensou que deveríamos nos dispor a considerar esses termos". Halifax rejeitou a asserção de Churchill de que a Grã-Bretanha iria obter melhores termos dali a alguns meses, depois que a Alemanha tivesse tentado uma invasão e fracassado. Acreditava no oposto, e declarou que "não devíamos ignorar o fato de que podemos obter termos melhores antes que a França saia da guerra e nossas fábricas de aviões sejam bombardeadas do que daqui a três meses".

A discussão continuou, com Churchill acrescentando:

> O *signor* Mussolini, se entrasse como mediador, iria arrancar o seu naco de nós. Era impossível imaginar que *Herr* Hitler seria tão tonto a ponto de deixar que continuássemos a nos rearmar. Com efeito, seus termos iriam nos colocar totalmente à sua mercê. Se continuássemos lutando, mesmo sendo derrotados, não iríamos obter termos piores do que os que estão abertos para nós agora.

Halifax compreensivelmente ficou furioso. Não conseguia entender o que Churchill sentia haver de "tão errado" na ideia proposta de mediação. Chamberlain, percebendo essa frustração, veio para o lado de Halifax dizendo: "Era claro para o mundo que estávamos encurralados, e ele não via o que podíamos perder se disséssemos abertamente que, embora fôssemos lutar até o fim para preservar nossa independência, estávamos prontos a considerar termos decentes se nos fossem oferecidos".

Defrontado com a possibilidade de perder o apoio de Chamberlain para Halifax, Churchill voltou às suas raízes retóricas e declarou: "[A]s nações que caíram lutando conseguiram se reerguer, mas as que se renderam de modo submisso sucumbiram". Greenwood concordou, e disse que "ele não sentia que fosse hora de uma capitulação final". Isso também inflamou Halifax, que – com certeza, sentindo que cada uma de suas palavras estava sendo deliberadamente distorcida – replicou: "Nada na sugestão dele poderia mesmo que remotamente ser descrito como capitulação final".

Attlee estava preocupado com a reação do público a qualquer menção de conversas anglo-francesas com a Alemanha, e advertiu que "era necessário levar em conta a opinião pública neste país [...] quando o público compreendesse a real posição, iria tomar um grande choque. Seria preciso grande esforço para manter seu moral, e havia um sério risco de que, se fizéssemos o que a França queria, ficasse impossível devolver o moral às pessoas".

Numa tentativa final de aliviar a tensão na sala e caminhar em direção a algum consenso, Chamberlain tentou manter vivo o processo de paz, mesmo aceitando que os franceses seriam de pouca valia em promovê-lo. Concordou com a visão do ministro do Exterior em ambos os pontos: que se a Grã-Bretanha fosse bem-sucedida em negociar termos que, "embora dolorosos, não ameaçassem nossa independência, estaríamos certos em considerar tais termos", e depois acrescentou que a abordagem francesa a Mussolini não iria conseguir isso "no momento presente".

Às 18h15 a reunião foi encerrada. Halifax, com a ajuda de Chamberlain, conseguira manter viva a perspectiva de conversações de paz, pelo menos por enquanto. E Winston pediu justamente a Halifax e Chamberlain que permanecessem e redigissem uma carta aos franceses, dizendo, com efeito: agradecemos, mas, não, obrigado.

Churchill tinha um compromisso. E precisava preparar-se para o que seu biógrafo Martin Gilbert descreve como "uma das mais extraordinárias cenas da guerra".

Mais cedo naquele dia, Churchill convocara uma reunião dos 25 ministros do Gabinete que não participavam do Gabinete de Guerra, para informá-los com detalhes sobre a situação atual enfrentada pela Grã-Bretanha. Não tivera oportunidade de falar com eles desde que se tornara primeiro-ministro, e já estava mais do que na hora de fazê-lo, mas por volta das 18h15 mudara de ideia a respeito do propósito dessa sua fala.

Tendo se livrado da tempestade das ameaças de renúncia de Halifax, Churchill sabia que, qualquer que fosse o caminho que finalmente decidisse tomar – pela paz, caso a FEB fosse destruída nas praias de Dunquerque; ou pela luta, se conseguisse manter uma força de combate –, iria precisar do apoio de seu ministro do Exterior ou, caso este renunciasse, do apoio de todo o Gabinete.

Era a confiança do Gabinete que ele agora desejava garantir. Era esse seu objetivo.

Os ministros do Gabinete, como sabemos, não estavam entre os seus mais ardorosos admiradores. Seu currículo ditado pelo acaso e seu estilo impetuoso, sua passagem para o Partido Liberal e sua volta para os conservadores, seus planos militares mal planejados com suas massivas perdas de vidas haviam-no deixado como uma figura mais tolerada do que valorizada, mais temida do que amada. Mas os ministros chegaram e foram ocupando os escritórios de Winston, com receio do que poderiam ouvir. Que tipo de amanhã estavam eles contemplando? O exército de fato estava perdido? A invasão da Grã-Bretanha seria agora inevitável? Estariam agora impotentes para evitar a destruição de suas casas, famílias e de seu modo de vida?

Não temos registro de como Churchill entrou em seu escritório na Câmara dos Comuns, no qual um dos momentos mais decisivos da guerra iria ter lugar. Mas como se tratava de uma rápida caminhada de dez minutos, e com muito trabalho mental a ser feito, podemos supor que fez o percurso com sua figura estranha de sempre com suas roupas eduardianas de colete preto, com a corrente de ouro do relógio de bolso, dando baforadas de seu charuto Longfellow, batendo a bengala, com um de seus inúmeros chapéus na cabeça pequena, uma cabeça que era um cíclotron de pensamentos, argumentos, posições e possíveis resultados. Um líder vive e morre por esses momentos. O poder de sua argumentação pode com a mesma facilidade condenar milhões à dor e ao sofrimento ou trazer-lhes a salvação. O que dizer aos seus pares, então? Deveria ouvi-los ou dar-lhes instruções?

E quanto de persuasão deveria aplicar sabendo que o preço que seus ouvintes poderiam pagar, se convencidos, seria o próprio sangue?

Não é certo que já soubesse bem o que iria dizer. Mas enquanto andava deve ter começado a formular uma ideia. Precisava revelar que um acordo de paz com Hitler tinha seus defensores e que de fato havia sido considerado. Era até possível que Hitler estivesse por trás das aberturas concedidas pelos italianos, enviando um sinal sutil de disposição para conversar. De tudo isso, ele precisava discernir o ânimo de seus ministros, antes de revelar publicamente o seu. Se sentisse que aqueles homens – e atrás deles o povo britânico – estavam prontos para lutar, então iria concluir seu discurso de uma maneira; se sentisse neles fadiga e desejo de cair fora, então poderia modificá-lo e terminar de outro modo.

Ao entrar na ala dos Comuns foi até a escadaria. No primeiro andar, seguiu pelo corredor que levava aos seus escritórios. Seus colegas o aguardavam. A sala com painéis de carvalho estava cheia, o ar enevoado de fumaça de charuto. Winston encarou-os, vendo cair um silêncio na sala, e olhou diretamente nos olhos de homens sem os quais seu mandato de primeiro-ministro mal seria viável. Depois de dias de incerteza e dúvidas pessoais, de hesitações torturantes, de pesares e tormentos, era hora de fazer um balanço, testar uma nova visão em uma síntese de tudo o que havia absorvido nas três semanas desde que chegara ao poder. Não era um discurso para o qual tivesse se preparado. Mas seu futuro dependeria de seu desfecho.

O que Winston disse não foi oficialmente documentado por nenhum secretariado, mas o diário de Hugh Dalton, ministro trabalhista do Bem-Estar Econômico, constitui um relato de fato eloquente de suas palavras naquele dia:

> À tarde, todos os ministros foram convocados a se reunir com o P.M. Ele é magnífico. O homem certo para esta hora, e o único homem que temos. Ele fez um relato completo, franco e absolutamente tranquilo dos eventos na França [...].
>
> Estava determinado a preparar a opinião pública para más notícias, pois era preciso dizer, e com alguma dose de verdade, que

os acontecimentos no norte da França seriam a maior derrota militar britânica em vários séculos. Devemos estar preparados agora para a repentina mudança da guerra contra esta ilha, e preparados também para outros eventos de extrema gravidade na Europa. Não devemos dar nenhuma sustentação pública à visão de que a França pode muito em breve colapsar, mas tampouco devemos permitir ser pegos de surpresa por quaisquer eventos. Na realidade, é preciso admitir que seria mais fácil defender apenas esta ilha do que a ilha e mais a França, e que se o mundo compreendesse isso haveria uma imensa onda de sentimento, especialmente nos Estados Unidos, que, não tendo feito muita coisa para nos ajudar, poderiam até entrar na guerra. Mas tudo isso era especulação. Tentativas de nos invadir sem dúvida seriam feitas, mas enfrentariam imensas dificuldades. Teríamos que minar todo o nosso litoral; nossa Marinha é muito forte; nossas defesas aéreas seriam organizadas com muito mais facilidade a partir desta ilha do que do outro lado do canal; nossos suprimentos de comida, petróleo etc. são fartos; temos bons soldados nesta ilha, outros estão a caminho pelo mar, tanto unidades do Exército britânico vindo de guarnições remotas como excelentes soldados do próprio país, e, quanto às aeronaves, estamos agora mais do que compensando nossas perdas atuais, ao contrário dos alemães. Tenho pensado muito nesses últimos dias se seria parte do meu dever considerar entrar em negociações com Esse Homem [Hitler]. Mas é ocioso pensar que, se tentássemos fazer a paz agora, poderíamos conseguir termos melhores da Alemanha do que prosseguindo na luta. Os alemães pediriam nossa frota – isso seria chamado de "desarmamento" –, nossas bases navais e muito mais. Iríamos nos tornar um Estado escravo, mesmo que fosse montado um governo britânico fantoche de Hitler – "sob Mosley [*sir* Oswald Mosley, fascista britânico] ou qualquer outra pessoa desse tipo". E onde estaríamos no final de tudo isso? Por outro lado, temos imensas reservas e vantagens. E estou convencido de que cada um de vocês iria se erguer e me arrancar do meu posto se por um momento eu considerasse negociar ou me render. Portanto, ele disse: "Devemos seguir em frente e lutar, aqui ou

> em qualquer lugar, e se a longa história desta nossa ilha tiver que terminar, que seja com cada um de nós deitado no chão, sufocado pelo próprio sangue".

Uma vez mais, quando à beira da derrota, Churchill – falando com o coração – reunia todos os talentos de seu arsenal e produzia uma magistral exibição de retórica, uma que devemos supor que tomou forma na cabeça do orador naqueles fugazes momentos que antecederam sua expressão, tarde demais para ser editada.

Era isso o que o discurso queria dizer. Que ele havia decidido. Decidido não ficar mais em cima do muro. Decidido bloquear preventivamente qualquer campanha de apoio a Halifax em sua tentativa de levar adiante seu "Acordo Europeu". Decidido a correr o risco de ver seu ministro do Exterior renunciar, e, com isso, ter um voto de desconfiança aberto contra ele. Decidido que, no final das contas, era melhor – apesar de todos os argumentos válidos e poderosos em contrário – continuar a lutar, voltar à sua posição original, mas agora com uma total noção das poucas chances, dos perigos, dos custos e dos possíveis sacrifícios que estavam à frente. Seus patrícios e patrícias deviam correr o risco de morrer, deviam estar prontos a sufocar no próprio sangue.

Não precisou esperar muito para descobrir se suas palavras haviam atingido o objetivo. A reação veio na mesma hora.

Em suas memórias da Segunda Guerra Mundial, *Their finest hour*, Churchill lembra da reação do Gabinete com um pouco mais de satisfação do que consta nos relatos de outros diários a respeito desse encontro:

> Ali ocorreu uma demonstração que, levando em conta o caráter da reunião – 25 experientes políticos e homens do Parlamento, representando todos os diferentes pontos de vista, corretos ou equivocados, a respeito da guerra –, me surpreendeu. Um bom número pareceu pular de seu assento na mesa e vir correndo até a minha cadeira, gritando e me dando tapinhas nas costas. Sem dúvida, tivesse eu nessa hora falhado completamente em liderar a nação, teria sido posto para fora do cargo. Tive a certeza de que

cada ministro preferia ser morto, e ter sua família e suas posses destruídas, a desistir. Nisso estavam representando a Câmara dos Comuns e quase todo o povo.

Quando o Gabinete de Guerra voltou a se reunir às 19h, Churchill relatou os eventos de sua reunião provavelmente com uma sensação de profundo alívio e satisfação. E foi um relato definitivamente dirigido a Halifax: "Eles não expressaram alarme em relação à situação na França, mas demonstraram grande satisfação quando ele lhes falou que não havia nenhuma possibilidade de desistirmos da luta. Ele não se lembrava de ter visto antes uma reunião de pessoas com altos cargos na vida política expressando-se de modo tão enfático".

Halifax e Chamberlain puderam ver que a situação se definira. Nem a renúncia conjunta dos dois poderia agora abalar a liderança de Churchill, não após essa sua vitória com os ministros, cuja disposição coletiva para lutar eles não haviam previsto.

Churchill superara seus oponentes, vencera o *game*, o *set* e a *partida*, e não há registro de que esses homens – nem Halifax, nem Chamberlain – tenham de novo levantado a questão de uma paz negociada entre Londres e Berlim.

Lorde Halifax, um homem orgulhoso, reconheceu sua derrota em silêncio. Os eventos dessas reuniões não foram mencionados em seu diário, que a maioria dos historiadores acredita ter sido escrito mais para o benefício de outras pessoas do que como um registro preciso. Ele fez um relato bem diferente: "Outro Gabinete às 4h para discutir um apelo adicional dos franceses a nós para que pedíssemos a Mussolini que fosse mais razoável. Achamos isso totalmente fútil depois de tudo o que já foi tentado, e depois de sua total recusa em ouvir a última abordagem de Roosevelt".

Churchill sobrevivera. Havia superado seu período de incerteza. Não haveria na Câmara nenhum voto para questionar sua liderança. Enfrentando a mais vigorosa tentativa de encurralá-lo em um canto, Churchill havia frustrado, com um discurso, a ameaça de sua fragilidade dentro do partido ser usada contra ele. O poder de suas palavras e a convicção com que se pronunciara uma vez mais o fizeram seguir adiante. Como ele lembra em suas memórias daquele dia: "Um clarão branco, poderoso, sublime, correu por nossa ilha, de ponta a ponta". E embora as provações do país estivessem apenas começando, ele sabia agora que contava com o apoio de seus colegas e do público para continuarem juntos a luta.

Antes de se recolher para a cama, telefonou a Paul Reynaud para confirmar que a Grã-Bretanha não buscaria fazer acordos, que levaria a luta adiante sozinha se necessário, e que ele conclamava os franceses a lutar ao lado dele.

QUARTA-FEIRA, 29 DE MAIO DE 1940

A TAXA DE EVACUAÇÃO EM DUNQUERQUE É DE ATÉ 2 MIL HOMENS POR HORA, E MAIS DE 40 MIL SOLDADOS JÁ DESEMBARCARAM EM SEGURANÇA NA GRÃ-BRETANHA

A LUFTWAFFE LANÇA UM "ESFORÇO MÁXIMO" SOBRE DUNQUERQUE E AFUNDA 25 NAVIOS

A FIRME RESPOSTA DE CHURCHILL À FRANÇA ANIMA REYNAUD A SEGUIR NA LUTA ATÉ ONDE FOR POSSÍVEL

10

"LUTAREMOS NAS PRAIAS"

Que diferença faz ter uma mente restabelecida! Na manhã de 29 de maio, Churchill acordou revitalizado, quase um novo homem.

Em sua cama, recebeu a informação de que a mensagem enviada a Reynaud na noite anterior, de que a Grã-Bretanha não procuraria termos via Itália, tivera, segundo o major-general *sir* Edward Spears, oficial de ligação pessoal entre Reynaud e Churchill, um efeito "mágico" no líder francês e "evidentemente reforçou a convicção interior [de Churchill] de que esse era o caminho certo a ser seguido, e na mesma hora vetou quaisquer comunicações que estivessem sendo enviadas a Roma". A linguagem estoica e positiva de Churchill, não só nessa mensagem, mas também em sua reunião com o Gabinete, revelara-se crucial para combater a atitude derrotista que se insinuara nos últimos dias. Ele sabia agora que a arma mais poderosa de que dispunha para salvar a Grã-Bretanha era a esperança.

Com isso em mente, enviou um memorando "Estritamente Confidencial" aos ministros do Gabinete e aos altos oficiais:

> Nesses dias sombrios, o primeiro-ministro ficaria grato se todos os seus colegas no Governo, assim como os altos oficiais, mantivessem um moral elevado em seus círculos; sem minimizar

> a gravidade dos eventos, mas mostrando confiança em nossa capacidade e em nossa resolução inflexível de prosseguir na guerra até que tenhamos rompido a vontade do inimigo de colocar a Europa sob seu domínio.
>
> Nenhuma tolerância deve ser dada à ideia de que a França pode fazer uma paz em separado; mas o que quer que aconteça no Continente, não podemos duvidar de nosso dever e devemos com certeza usar toda a nossa força para defender a Ilha, o Império e a nossa Causa.

Em seguida a essa conclamação quase shakespeariana, o Gabinete de Guerra reuniu-se às 11h30. Dessa vez lorde Halifax nem sequer tentou fazer com que Churchill ou outros ministros mudassem de opinião, mas não deixou de alertá-los a respeito de um telegrama que o Ministério do Exterior recebera do embaixador britânico em Roma. Confirmando o que muitos vinham esperando, afirmava que "a entrada da Itália na guerra agora era certa; restavam dúvidas apenas em relação à data. Pode ser em uma semana, pode ser mais tarde, mas o adiamento não seria mais calculado em meses". Na sua resposta, o embaixador havia deixado claro que, "se a Itália fizesse guerra, a guerra seria enfrentada com guerra. A responsabilidade seria do *signor* Mussolini, e apenas dele".

Não foi a única notícia "desagradável" que lhe foi transmitida. Quarenta mil soldados já haviam chegado à Inglaterra provenientes da França, mas segundo a orientação militar, a possibilidade de resgatar mais homens era agora duvidosa. A Luftwaffe destruíra completamente o porto de Dunquerque em contínuos bombardeios aéreos e afundara vários navios, que agora bloqueavam a entrada de outros.

Lorde Gort enviara um telegrama solicitando "orientações definidas quanto à ação que deveria tomar em último recurso". Churchill confirmou aos presentes na reunião que o general recebera ordens de "continuar a luta a fim de ganhar tempo para evacuar o maior número possível de soldados, e infligir o maior dano possível aos alemães", mas Halifax – ainda determinado a salvar o maior número possível de vidas – manifestou suas preocupações:

> [Ele] não estava totalmente satisfeito com as instruções bem definidas que lhe haviam sido dadas. Concordou que a batalha cruel deveria continuar, mas gostaria que fosse enviada uma mensagem a lorde Gort expressando a confiança implícita que o governo depositava nele e em qualquer ação que julgasse adequada como último recurso. Não seria considerado desonroso abandonar a luta a fim de poupar um punhado de homens do massacre.

Os argumentos dos dias anteriores pareciam ter criado uma cisão irreparável entre o primeiro-ministro e o ministro do Exterior, e o subtexto de novas divergências mostrava-se claramente vinculado à questão do assunto agora enterrado das conversações de paz. Lorde Halifax retomou seu argumento moral de que não havia nada de heroico em morrer lutando e nenhuma desonra em salvar vidas por meio de uma estratégia de retiradas, se fosse possível. Churchill reagiu a isso dizendo que Halifax estava declarando algo absolutamente óbvio, e que, sem dúvida, "[e]m uma situação desesperadora, qualquer homem corajoso tinha o direito, na ausência de uma ordem precisa em contrário, de usar seu próprio discernimento, e que, portanto, ele preferiria não alterar as instruções dadas a lorde Gort". Nem era preciso dizer: "Um comandante, em circunstâncias desesperadoras e aflitivas como aquelas em que lorde Gort se encontrava agora, não precisava que lhe oferecessem a difícil escolha entre resistir e capitular".

Chamberlain interveio para mediar, como fizera tantas vezes nos últimos dias. Disse que "Lorde Gort pode muito bem ter interpretado as instruções enviadas como se indicassem que deveria resistir até o último homem, independentemente das circunstâncias", e que se as linhas de comunicação entre a FEB e o governo fossem cortadas então ele não teria como solicitar as instruções finais. Como medida conciliatória, Chamberlain sugeriu que a ordem existente fosse mais bem esclarecida, acrescentando que Gort deveria "continuar a luta enquanto permanecesse em contato com o governo de Sua Majestade [...] se as comunicações fossem interrompidas, então ele estaria livre para usar o próprio julgamento quanto ao grau de resistência que deveria continuar a oferecer". Clement Attlee achava que essa advertência dava insuficiente crédito ao muito respeitado general, que já seria capaz de fazer isso: "Lorde Gort sem dúvida pode ter a permissão de usar o próprio julgamento se as comunicações ficarem bloqueadas e ele estiver sem contato com o outro lado do mar e em circunstâncias em que uma resistência adicional não inflija nenhum dano apreciável aos alemães". Anthony Eden concordou. Churchill concluiu essa exasperante reunião dizendo: "As instruções enviadas a lorde Gort não haviam tido a intenção de comunicar a impressão de que os soldados que estivessem sem esperança de socorro e sem comida ou sem água ou sem munição devessem tentar continuar lutando. Ele iria considerar enviar um telegrama contendo instruções modificadas dentro das linhas sugeridas [por Attlee]".

Cadogan escreveu em seu diário que a reunião do Gabinete havia sido "[uma] horrível discussão a respeito de que instruções deviam ser enviadas a Gort. W. S. C. [Churchill] muito agressivo e teatral. Teve a oposição de N. C. [Chamberlain] e H. [Halifax] e gritou bastante. Temo que as relações se tornem muito tensas. Isso é culpa de Winston – de sua teatralidade".

Ficava claro que Churchill era agora um líder incontroverso. Seus receios de não contar com o apoio do próprio partido já haviam sido superados, e ele acreditava que tinha a confiança da nação também. Mostrava-se totalmente estabelecido, livre de dúvidas a respeito do caminho que se abria à frente, e emanava uma nova confiança de que seria capaz de liderar o país com segurança através dos perigos. A partir de então, enquanto outros viam os números que chegavam de Dunquerque como provavelmente o melhor que seria possível conseguir, Winston – com a Operação Dínamo, ideia sua, apenas lançada – acreditava que ainda havia mais coisa pela frente. Enquanto outros tinham medo de que os franceses estivessem a ponto de se render, ele acreditava que poderia mantê-los combatendo com ânimo e esperança.

Assim que saiu da reunião, Churchill entrou em contato com seu círculo mais próximo, usando palavras positivas e de estímulo para garantir que se sentissem apoiados. Enviou mensagens a Eden,

Ismay e ao general *sir* John Dill (que substituíra Ironside como chefe do Estado-Maior Imperial) para dizer que era "essencial que os franceses participassem dessas evacuações de Dunquerque o quanto possível. Devem ser feitos arranjos imediatamente com as Missões Francesas no país, ou se necessário com o governo francês, de modo que não surjam acusações, ou pelo menos que fiquem reduzidas ao mínimo". Em seguida, telegrafou ao major-general Spears: "Seus relatos muito interessantes, e embaixador elogia seu trabalho. Prossiga relatos constantes. Enquanto isso, reitere nossa inflexível resolução de continuar o que quer que eles façam [...]". E, finalmente, telegrafou a lorde Gort para passar as conclusões do Gabinete de Guerra:

> Se você ficar sem qualquer comunicação conosco, e toda a evacuação de Dunquerque estiver, na sua avaliação, finalmente bloqueada, depois que toda tentativa de reabri-la tiver falhado, você será o único a poder julgar quando será impossível infligir mais danos ao inimigo. O governo de Sua Majestade tem certeza de que a reputação do Exército britânico está segura em suas mãos.

Naquela noite, Churchill jantou com o general Ironside e Clementine na Casa do Almirantado e foi descrito como estando "em grande forma". A evacuação da FEB vinha sendo processada em bom ritmo, e o diário de Jock Colville registrou que "a dedicação de Winston é impressionante". Após o jantar, às 23h45, Churchill telegrafou a Reynaud, repetindo que desejava que "os soldados franceses participassem da evacuação" na medida das suas possibilidades, e que "assim que tivermos reorganizado nossos soldados evacuados, e preparado as forças necessárias para salvaguardar nossa vida contra a ameaça de invasão, talvez iminente, iremos construir uma nova FEB". Ele também informou ao líder francês que os britânicos estavam retirando armamento do exército da França, mas que "isso é apenas para organizar as coisas e enfrentar o choque iminente, e deveremos em pouco tempo enviar-lhe um novo planejamento para reforçar nossos soldados na França"; acrescentou que estava enviando essa informação "com total camaradagem" e "não hesite em falar francamente comigo".

Quando Churchill já se retirava para dormir, um oficial de plantão no Gabinete de Guerra aproveitou a oportunidade para solicitar quatro dias de licença para poder ir ajudar as evacuações de Dunquerque, ao que o primeiro-ministro retrucou: "Deus o abençoe; eu mesmo desejaria muito ir com você".

A neblina e o mau tempo na manhã de 30 de maio haviam propiciado um respiro na campanha de máximo esforço da Luftwaffe, mas o porto de Dunquerque estava agora quase totalmente obstruído à passagem de qualquer navio, a não ser embarcações muito pequenas. Dois mensageiros foram despachados a Londres para informar a situação atual ao primeiro-ministro. Churchill surpreendeu-se ao ver em pé junto à porta, ao lado de lorde Munster (ajudante de ordens de lorde Gort), o seu sobrinho, John Spencer-Churchill, que, segundo as próprias palavras, chegara à casa do tio "ainda ensopado, e com todo o equipamento de combate". Ele informou ao tio que "a necessidade mais urgente é de pequenos barcos para tirar os soldados da praia e trazê-los até os navios maiores", e Munster acrescentou que lorde Gort acreditava que "os barcos pequenos podem ser nossa salvação".

Na reunião das 17h30 do Gabinete de Guerra, Churchill teve a satisfação de anunciar que mais de 100 mil soldados haviam desembarcado no litoral inglês, mas que "a neblina estava agora interferindo seriamente na evacuação". O general Spears enviara uma mensagem ao Gabinete de Guerra atualizando-os sobre a situação na França. Havia receio de que a batalha que ainda era travada próximo ao Somme fosse perdida em pouco tempo: "O general Weygand havia dito que as chances eram de 3 para 1 contra os franceses. O tempo nunca fora algo tão precioso, e ele [Weygand] havia implorado que os britânicos enviassem cada soldado que fosse possível [...]. Uma Divisão Britânica faria toda a diferença".

Churchill achava que a lista de solicitações dos franceses estava ficando longa, de modo preocupante, e que quando, inevitavelmente, a Grã-Bretanha recusasse quaisquer dos pedidos, "como deveremos fazer", eles usassem isso como o pretexto que buscavam para desistir da luta. A reunião discutiu as opções e concordou com Churchill quando este sugeriu que a Grã-Bretanha dissesse aos franceses, uma vez mais, que eles deviam resistir apenas um pouco mais, que a Grã-Bretanha enviaria ajuda assim que fosse possível, mas que "devíamos deixar bem claro que não tínhamos forças para enviar no presente momento".

Como o general Ismay escreveu em suas memórias, Churchill "sempre preferiu ver as coisas por si mesmo e saber o que estava acontecendo em primeira mão". Portanto, sugeriu que fosse convocada uma reunião do Supremo Conselho de Guerra no dia seguinte, para que pudesse viajar a Paris e explicar a situação pessoalmente aos franceses. Churchill estava muito ansioso, querendo que o maior número possível de soldados franceses fosse também embarcado para fora de Dunquerque junto com a FEB. Na reunião das 23h do Comitê de Defesa, o primeiro-ministro enfatizou que o "exército britânico teria que perseverar o maior tempo possível para que a evacuação dos franceses pudesse prosseguir". Se falhassem nisso, era provável que fosse causado "dano irreparável" às relações entre Grã-Bretanha e França.

Às 8h30 da manhã de 31 de maio, o grupo deixou Londres em dois Flamingo rumo a Paris. O oficial de proteção a Churchill, detetive inspetor W. H. Thompson, lembra de passar voando sobre "massas desordenadas de refugiados. Com as posses que tinham conseguido recolher enfiadas em carroças, carrinhos de bebê e mesmo nas costas, eles fugiam da linha de combate o mais rápido possível". Faziam parte também da delegação o general Ismay e, algo incomum, Clement Attlee. Era a primeira vez que o lorde do Selo Privado participava de uma mesa de conferência, e Ismay lembra em suas memórias que ele "era corajoso, sábio, decidido e completamente leal a Churchill. Sua integridade era absoluta, e nenhum pensamento de ambição pessoal parecia ocupar sua mente".

Quando o Supremo Conselho de Guerra se reuniu, o foco principal de Churchill era a evacuação de Dunquerque. Ele explicou que "até o meio-dia daquele dia, 165 mil homens haviam sido evacuados por mar", ao que Reynaud "chamou a atenção para a disparidade de números... [D]os 220 mil soldados britânicos nos

Países Baixos, 150 mil haviam sido evacuados, enquanto dos 200 mil soldados franceses haviam sido evacuados apenas 15 mil. Ele [Reynaud] estava muito preocupado, antevendo o ponto de vista da opinião pública francesa, e queria que os franceses fossem removidos em grande número; senão, o público poderia extrair conclusões lamentáveis". Churchill tentou explicar que "a principal razão pela qual os britânicos haviam removido primeiro grande parte de seu povo era porque havia muitos soldados das linhas de comunicações e de outras unidades de retaguarda na área de trás [de Dunquerque], que estavam disponíveis para evacuação imediata. A proporção de soldados combatentes evacuados era muito menor". Como os soldados franceses, ao contrário dos da FEB, não haviam recebido ainda ordens oficiais de evacuação, Churchill destacou que essa era "uma das principais razões pelas quais ele viera a Paris [...] para certificar-se de que fossem dadas agora aos soldados franceses as mesmas ordens que haviam sido dadas aos britânicos".

O Conselho de Guerra achava que "Dunquerque não poderia ser mantida por mais de 48 horas, no máximo, se não por outras razões, por causa da crescente escassez de água, comida e munição". Churchill confessou também que "o governo britânico sentiu-se obrigado a mandar lorde Gort evacuar os soldados combatentes antes dos feridos, dos quais havia vários milhares no perímetro. Eram as circunstâncias cruéis da guerra as responsáveis por tornar necessária uma ordem como essa, que visava garantir o futuro". Os britânicos não estavam tendo uma fuga fácil, apesar de sua expectativa de poder evacuar 200 mil soldados aptos fisicamente, pois haviam perdido todo o seu equipamento, com exceção de pequenas armas e equipamento pessoal. Reynaud agradeceu e elogiou as forças armadas britânicas por seu maravilhoso trabalho em conexão com a evacuação, mas estava convencido de que, "assim que a situação no front nordeste estivesse liquidada, a Alemanha iria imediatamente [...] desferir um ataque ao sul contra a linha do Somme e do Aisne [...] [e pediu] que assim que a operação no norte terminasse, todo o poder da Royal Air Force fosse disponibilizado no novo front, junto com o número de soldados que a Grã-Bretanha fosse capaz de ceder".

Churchill, com seu foco agora mais voltado à defesa da Grã-Bretanha, replicou que era "impossível determinar onde dispor as forças terrestres da Grã-Bretanha até que se pudesse ter um quadro claro do total de forças que viessem a ser resgatadas do Norte".

Para cada avaliação esperançosa ou positiva da situação, Reynaud contrapunha uma visão derrotista e pessimista. Churchill fez uma última tentativa de instilar ânimo em Reynaud conforme a reunião se encaminhava para o final:

> Ele não conseguia acreditar que o exército alemão era tão bom quanto o francês. Se os Aliados pudessem resistir por todo o verão, a Grã-Bretanha iria emergir como um fator muito importante [...]. Os Aliados devem manter um front impenetrável contra todos os seus inimigos [...]. A Inglaterra não teme uma invasão, e resistiria intensamente em cada vila e aldeia. Para poder oferecer uma resistência sólida precisa de soldados, e só depois que suas necessidades essenciais e urgentes tivessem sido atendidas, é que o equilíbrio de suas forças armadas poderia ser posto à disposição do aliado francês.
>
> Na presente emergência, era vital que a Inglaterra e a França mantivessem a concordância mais estreita possível. Com isso, poderiam assegurar melhor que seus ânimos se mantivessem em alta. Ele estava absolutamente convencido de que tinham apenas que levar a luta adiante para vencer. Mesmo que um deles viesse a cair, o outro não deveria abandonar a luta. O governo britânico estava preparado para travar guerra a partir do Novo Mundo se, por algum desastre, a própria Inglaterra fosse devastada. Era preciso compreender que a Alemanha não iria dar trégua se derrotasse algum dos Aliados, ou ambos: eles seriam reduzidos para sempre à condição de vassalos e escravos. Seria muito melhor que a civilização da Europa Ocidental, com todas as suas realizações, tivesse um fim trágico, porém esplêndido, do que as duas grandes democracias seguirem adiante desprovidas de tudo o que tornara a vida algo que valesse a pena viver. Essa era, ele sabia, a profunda convicção de todo o povo britânico, e ele próprio a proclamaria no Parlamento Britânico em poucos dias.

Sem que ninguém soubesse, Churchill – em benefício da França – havia simplesmente ensaiado uma versão esboçada do discurso que iria defini-lo para sempre.

Attlee, tocado pelo que ouvira, acrescentou que "concordava inteiramente com tudo o que o senhor Churchill havia dito. O povo britânico agora compreendia o perigo com o qual se defrontava, e sabia que na eventualidade de uma vitória alemã tudo o que haviam construído seria destruído: pois os alemães matavam não apenas homens, mas ideias. Nosso povo estava decidido como nunca estivera em sua história".

Reynaud tinha pouco a dizer, mas agradeceu a Churchill e Attlee por suas palavras inspiradoras, disse estar grato pela confirmação que havia sido feita de que se a França caísse a Grã-Bretanha não iria abandonar a luta. Encerrou a reunião dizendo que os dois países nunca haviam estado tão próximos.

Um homem que ansiosamente aguardava notícias sobre o desenrolar da reunião era lorde Halifax. *Sir* Ronald Campbell, o embaixador britânico na França, escreveu imediatamente para lhe dizer que Churchill havia chegado "no momento psicológico crucial e que sua visita tivera valor inestimável":

> Ele lidou com os franceses de modo magnífico. Ele lhe dará um relato a respeito bem melhor do que eu poderia fazer por carta. Tudo o que tenho a dizer é que ao final da reunião do Supremo Conselho de Guerra ele fez a mais magnífica peroração sobre a inabalável determinação do povo britânico de lutar até o final, e de preferir cair lutando a sucumbir à submissão.

Talvez fosse a última coisa que Halifax gostaria de ter lido. Ainda no dia anterior, ele escrevera em seu diário, depois da reunião das 17h30 do Gabinete de Guerra, que nunca vira uma mente tão "desordenada" quanto a de Winston, e que estava "chegando à conclusão de que seu processo de pensamento é do tipo que opera por meio da fala. Por ser exatamente o oposto do meu, revela-se irritante".

Halifax estava correto ao avaliar que o processo de pensamento de Churchill operava por meio da fala, mas totalmente equivocado em descrever sua mente como "desordenada", pois desde seu pronunciamento na Câmara dos Comuns em 28 de maio, quando prometera falar de novo em uma semana, a mente de Churchill não fizera outra coisa a não ser criar ordem – uma ordem de palavras. A observação mais perspicaz é a do embaixador Campbell – mais que a de Halifax –, e nos traz de volta à companhia de Cícero, velho amigo de Churchill.

Em seu livro *De inventione*, Cícero escreve sobre a ordem natural de um discurso, dividindo-o em seis partes, a última delas conhecida como peroração e definida como uma conclusão emocional de um discurso, "tipicamente voltada para inspirar entusiasmo na plateia". A "magnífica peroração" de Churchill no Supremo Conselho de Guerra mostrou que, como antes, ele estava testando a parte final de um discurso que iria passar à história como um dos melhores já pronunciados.

De volta a Londres, já circulavam comentários a respeito dos magistrais esforços de Churchill com os franceses. Hugh Dalton registra em seu diário: "O rei diz que teve que lembrar a Winston que ele é o primeiro-ministro apenas da Inglaterra, e não da França também!". Churchill voltou para casa nas primeiras horas do sábado, 1º de junho.

Na reunião da manhã do Gabinete de Guerra, os presentes ficaram muito satisfeitos ao descobrir que a "Operação Dínamo estava prosperando além das mais otimistas esperanças e expectativas", e que quase 225 mil soldados já haviam sido evacuados. Lorde Halifax tivera um encontro no dia anterior com o embaixador americano, Joseph Kennedy, que lhe dissera que "Dunquerque valia quarenta apelos dos Aliados aos Estados Unidos"; as perspectivas de a Grã-Bretanha conseguir os destróieres que havia pedido pareciam agora melhores, já que os "acontecimentos caminhavam com rapidez nos Estados Unidos", portanto Churchill deveria aproveitar a oportunidade e falar diretamente com o presidente para que acelerasse as coisas.

De volta ao Almirantado, Colville apresentou ao primeiro-ministro uma sugestão que havia chegado "a respeito de enviar as obras da Galeria Nacional para o Canadá", ao que Churchill respondeu: "Não. Enterre-as em cavernas e adegas. Nenhuma obra deve ir embora. Nós vamos derrotá-los". Uma resposta similar foi dada quanto à remoção da Família Real, das joias da Coroa e até mesmo do governo para algum território além-mar do Império: "Acredito que devemos fazer com que se arrependam do dia em que tentaram invadir nossa ilha. Nenhuma discussão desse tipo deve ser permitida".

Enquanto isso, o céu claro em Dunquerque significava que a Luftwaffe podia retomar seu terrível ataque ao porto e prover cobertura aérea para as forças alemãs em terra. A evacuação prosseguia no mesmo ritmo, mas o dia assistira a pesadas perdas: 17 navios, entre eles 4 preciosos destróieres, mais outros 10 seriamente danificados. Na reunião dos chefes de Estado-Maior das 15h30, Churchill "destacou a importância de resistir o maior tempo possível. Os alemães agora têm condições de invadir, e talvez seja possível continuar mais uma noite. O sucesso ou fracasso de nossos esforços para resgatar os remanescentes do exército francês pode trazer grandes resultados para a Aliança. Enquanto o front resistir, a evacuação deverá continuar – mesmo ao custo de perdas navais".

Um telegrama "Urgentíssimo" foi enviado ao general Weygand às 18h45, advertindo-o de que a situação estava alcançando o ponto de ebulição, e embora eles estivessem resistindo o máximo possível era muito provável que os alemães rompessem a linha e a evacuação tivesse que ser abandonada.

A preocupação agora passava para os cidadãos da Grã-Bretanha, cujo moral estava baixo e que sofriam de um crescente pânico geral. Os jornais relatavam os planos de Hitler de invadir a Grã-Bretanha. O Gabinete de Guerra concordou que, numa tentativa de aumentar o ânimo da população, Duff Cooper deveria fazer um pronunciamento pelo rádio na noite de 2 de junho, para anunciar que 276.030 soldados haviam sido evacuados. Mas não era só o público em geral que precisava de esperança; também grassavam preocupações entre os ministros do governo, e os registros nos respectivos diários dos deputados Harold Nicolson, Hugh Dalton e Chips Channon expressam isso muito bem:

> Há poucos motivos concretos para entusiasmo, exceto em relação ao estado de espírito. Perdemos todo o nosso equipamento. Os franceses perderam 80% de suas forças e acham que os abandonamos. Será um problema real recriar as boas relações entre as forças.

> Qual será o aspecto da Europa daqui a seis meses? Fome, inanição e revolta, principalmente nas terras escravizadas que a Alemanha invadiu.

> Tudo conspira contra nós [...]. Estamos numa posição estarrecedora [...].
>
> Fico imaginando, quando olho o Desfile da Guarda Cavalariana cinza e verde sob o céu azul, os imensos balões prateados como elefantes fazendo reverência, o emaranhado de arame farpado e os soldados junto deles, será realmente o fim da Inglaterra? Estaremos testemunhando, como por tanto tempo eu temi, o declínio, a decadência e talvez a extinção do povo desta imensa ilha?

Por volta do meio-dia de 3 de junho, a milagrosa evacuação da FEB estava quase concluída, com 292.380 soldados resgatados. O secretário particular de Churchill, John Martin, escreveu em suas memórias:

> Durante todos aqueles dias terríveis, o primeiro-ministro manteve-se absolutamente firme; mas era fácil sentir a intensa responsabilidade que pesava sobre ele; e sua imaginação e emoção ao assistir à agonia da França, ansioso para poder oferecer-lhe qualquer apoio e conforto ao seu alcance, e ao mesmo tempo temperando suas forças em face dos desesperados pedidos e de seus próprios generosos impulsos de manter o mínimo da força aérea que nos desse esperança de continuar a luta, da qual a Grã-Bretanha dependia.

Winston iria falar na Câmara dos Comuns em menos de 24 horas e ainda precisava terminar de redigir seu discurso. Ao longo do dia, enquanto corria de uma reunião a outra, roubava minutos para sentar em sua mesa na Downing Street e acrescentar e cortar linhas, para garantir que a gravidade da situação fosse transmitida da maneira mais clara possível. Ele sabia qual era a força básica de sua mensagem. Era mais ou menos a mesma mensagem levada aos franceses na reunião do Supremo Conselho de Guerra, mas esta pedia uma linguagem que tivesse profunda ressonância no coração do povo britânico – uma linguagem simples, ancorada em palavras anglo-saxônicas curtas, em frases encaixadas em tercetos, como martelos percutindo a mesma bigorna.

Fez circular o primeiro rascunho do discurso entre os mais próximos. As primeiras apreciações foram de que era "um pouco rude com o Alto-Comando francês", dada a fragilidade da atual situação e sua exigência de apoio militar adicional das forças armadas britânicas. Ele cortou a linha que dizia "Embora os Estados Unidos continuem apenas assistindo com um estranho distanciamento ao crescimento e avanço dos perigos que os ameaçam de modo ainda mais sombrio". Talvez ao refletir tenha lembrado que seu discurso deveria atrair os americanos para o esforço de guerra em vez de afastá-los. De maneira maravilhosa, acrescentou nas margens indicações de performance, tais como "expresse compaixão!" junto à linha que dizia: "Nossas perdas em homens excederam 30 mil – mortos, feridos e desaparecidos".

O método de Winston para redigir discursos era meticuloso e consumia vários dias. Em 1973, John Martin, secretário particular de Winston, foi entrevistado a respeito do processo de seu chefe e lembrou que ele tomava um "tremendo cuidado" com essa sua secreta forma de arte. Convocava uma datilógrafa, e então começava a ditar "muito devagar o que iria dizer [...] depois de definir sua muito cuidadosa escolha de palavras e expressões [...] ele testava algumas palavras numa espécie de cochicho, de modo que você conseguia ouvi-lo pronunciar uma meia dúzia de palavras em série [...] ele as pronunciava e testava em voz alta" antes de finalmente selecionar as que achava que soavam melhor. O próximo passo era mandar datilografar o discurso em termos de "rascunho preliminar". Feito isso, ele o repassava com uma caneta vermelha e fazia as mudanças, e então mandava datilografá-lo em forma de "semirrascunho". Isso era enviado a vários "especialistas em apuração" para garantir que os fatos e números estivessem corretos. Finalmente, era datilografado em "forma de salmo". Era um formato exclusivo dele – com as linhas colocadas como versos de um poema, cada nova linha com um recuo um pouco maior que a anterior. E ele então começava a ensaiar o texto, várias vezes, enquanto andava pela sala, segurando a lapela, testando várias entonações, desde o tom bombástico ao sussurro.

Às 15h40 do dia 4 de junho de 1940, o tempo de praticar se esgotara. A evacuação de Dunquerque fora concluída, e 330 mil soldados haviam sido milagrosamente trazidos de volta à segurança.

Em uma Câmara dos Comuns lotada, o primeiro-ministro ficou em pé. Deu quatro passos até a Área de Debates.[1]

Ao todo ele falou por 34 minutos, começando por um relato detalhado da situação na França nas últimas semanas e passando para a evacuação de Dunquerque. Agora não havia lugar para suavizar a verdade, e a linguagem era franca, eloquente e chocante. O poder dos nazistas foi descrito em detalhes, assim como as bravas façanhas daqueles que haviam perdido a vida defendendo o porto. Ele chamou a campanha de evacuação de "[um] milagre de libertação, conseguido por meio de coragem, perseverança, disciplina perfeita, serviço impecável, recursos, habilidade, fidelidade absoluta", mas ressaltou: "Não se ganham guerras por meio de evacuações".

À medida que Churchill começava a se aquecer, conduzia as técnicas de retórica que conhecia tão bem a um patamar mais alto. Começou lançando uma pergunta ao público: "Poderia haver um objetivo de maior importância e significado militar para o propósito geral da guerra do que este?". E em seguida outra: "E também

1. Trata-se da chamada *despatch box*, uma mesa no centro da Câmara dos Comuns onde ocorrem os debates entre ministros e a liderança da oposição oficial. (N.T.)

não é o caso de afirmar que a própria causa da civilização foi defendida pela capacidade e dedicação de alguns milhares de aviadores?". Combinou relatos eloquentes do conflito com episódios poéticos da história:

> Nunca houve, suponho, em todo o mundo, em toda a história das guerras, uma oportunidade como esta para os jovens. Os Cavaleiros da Távola Redonda, os Cruzados, todos remetem ao passado prosaico [...] esses jovens, partindo toda manhã para guardar sua terra natal e tudo aquilo que defendemos [...] de quem podemos dizer: "Quando toda manhã trouxe uma nobre oportunidade [...]. E cada oportunidade trouxe um nobre cavaleiro".

Falou dos planos de Hitler para invadir, mas lembrou ao povo que ao longo dos séculos Napoleão e outros "tiranos continentais" haviam feito planos similares que nunca foram bem-sucedidos. Até que, por fim, passou à peroração na qual trabalhara intensamente:

> Eu próprio tenho plena confiança de que se todos cumprirem seu dever, se nada for negligenciado e se os melhores arranjos forem feitos, como estão sendo, provaremos a nós mesmos de novo que somos capazes de defender nossa ilha natal, superar a tempestade da guerra e sobreviver à ameaça de tirania, se necessário por anos, se preciso sozinhos. Seja como for, é isso o que tentaremos fazer. Esta é a resolução do governo de Sua Majestade – de cada homem que faz parte dele. Este é o desejo do Parlamento e da nação. O Império Britânico e a República Francesa, unidos em sua causa e em sua necessidade, irão defender até a morte seu solo nativo, ajudando-se mutuamente como bons camaradas até o máximo de suas forças. Embora grandes trechos da Europa e muitos dos antigos e famosos Estados tenham caído ou possam cair nas garras da Gestapo e de todo o odioso aparato do domínio nazista, não devemos vacilar ou fracassar. Temos que seguir até o fim. Temos que lutar na França, lutar nos mares e oceanos, lutar com crescente confiança e com uma

> força cada vez maior no ar, defender nossa ilha, seja qual for o custo. Lutaremos nas praias, lutaremos nos locais de desembarque, lutaremos nos campos e nas ruas, lutaremos nas montanhas; nunca vamos nos render, e mesmo que, o que eu não acredito nem por um momento, esta ilha ou boa parte dela seja subjugada e passe fome, então nosso Império além-mar, armado e guardado pela frota britânica, levará adiante a luta, até, que no tempo definido por Deus, um novo mundo, com toda a sua força e poder, se apresente e venha resgatar e libertar o velho.

O discurso foi um golpe direto. Seu poder era inegável e a reação foi entusiástica; vários deputados do Partido Trabalhista chegaram às lágrimas. Churchill mais tarde referiu-se à grande tarefa que caíra sobre seus ombros, ou seja, a de dar voz ao povo da Grã-Bretanha, e que eram eles "que tinham o coração de leão", que ele meramente "tivera a sorte de ser chamado a dar o rugido". A essa altura, em sua hora mais sombria – também a hora mais sombria deles –, o rugido nunca se fizera ouvir tão alto.

A frase definidora, "lutaremos nas praias", era na verdade uma homenagem ao seu amigo, o antigo líder francês Georges Clemenceau. Tendo escrito vários ensaios sobre o grande homem e passado um tempo com ele na Conferência de Paz de Paris, Churchill adaptara uma linha de um discurso de novembro de 1918, no qual Clemenceau afirmava: "Lutarei diante de Paris; lutarei em Paris; lutarei atrás de Paris". De fato, é um pequeno salto de invenção chegar à própria frase de Winston: "Lutaremos nas praias [...]". De novo, como em seu discurso conhecido como "Sangue, trabalho árduo, lágrimas e suor", Churchill fez um uso poderoso da repetição no início de cada frase da sequência. Ao dizer "lutaremos", enfatizou que estaria com o povo, ao seu lado, em cada passo do caminho.

Em seu ensaio "O andaime da retórica", Churchill declara que "o orador é a encarnação das paixões da multidão", e nessa hora ele falava em voz alta, confiante de que o povo da Grã-Bretanha iria lutar ao lado dele até o fim. O historiador David Cannadine escreve que Churchill escolheu sua linguagem porque ela "refletia de modo eloquente e direto o tipo de pessoa que ele era na realidade [...] uma personalidade ao mesmo tempo simples, inocente e incapaz de enganar ou fazer intrigas, e mesmo assim um personagem maior que a vida, romântico, cavalheiresco, heroico, de bom coração e com múltiplas nuances". Todas essas qualidades brilham através de sua fala. Ela é carregada de emoção e de coragem, mas acima de tudo é cheia de esperança. Ele oferece ao povo sua mão, para guiá-lo à frente em meio aos problemas.

Churchill era primeiro-ministro fazia apenas 25 dias. Enfrentara as pressões indomáveis da guerra, assim como a desconfiança de seu próprio gabinete, mas enfrentara principalmente os próprios medos e dúvidas, e avançara para um patamar mais amplo e ensolarado de confiança e liderança.

Quarenta e dois anos antes, aos 23 anos de idade, Churchill havia escrito:

> De todos os talentos concedidos ao homem, nenhum é mais precioso que o dom da oratória. Quem desfruta dele tem um poder mais duradouro que o de um grande rei. É uma força independente no mundo. Abandonado por seu partido, traído pelos amigos, despojado de seus cargos, aquele que conseguir controlar esse poder ainda será formidável. Muitos têm observado seus efeitos. Uma reunião de cidadãos sisudos, protegidos por todo o cinismo desses dias prosaicos, é incapaz de resistir à sua influência. Eles passam de um silêncio indiferente a uma relutante aprovação e depois à completa concordância com o orador. Os sinais de aprovação se tornam mais rumorosos e frequentes; o entusiasmo aumenta a cada momento, até que são todos convulsionados por emoções incapazes de controlar e sacudidos por paixões cujo rumo renunciaram a direcionar.

Com esse discurso, Winston atendeu a essas condições – tornou-se uma "força independente no mundo", formidável, com poder maior que o de um rei – e ao fazer isso definiu a direção das paixões de seu povo.

Epílogo

SE A VERDADE FOSSE CONTADA

O que Winston Churchill fez, disse e acabou decidindo nos terríveis dias de maio de 1940 mudou o destino da Grã-Bretanha e da Europa, assim como o lugar que iriam ocupar na história mundial. Mas o que, na minha visão, nunca havia sido explicado satisfatoriamente é como ele chegou à decisão certa – depois de ferozes discussões, dúvidas e exames de consciência, depois de todo o medo, desespero e vacilação – e como encontrou as palavras perfeitas para explicar seu pensamento e suas crenças à nação. Ao decidir contar essa história, meu objetivo foi mostrar um quadro mais amplo, mais precário, mais defensável do ponto de vista psicológico e, no conjunto, mais humano do que havia sido possível fazer antes.

Minha própria pesquisa, conduzida durante a preparação do filme *O destino de uma nação* e deste livro, convenceu-me de que Winston Churchill havia considerado seriamente a possibilidade de um tratado de paz com Hitler em maio de 1940, por mais profundamente repugnante que essa ideia possa parecer agora.

Sou ciente de que essa visão é impopular, e que me põe em divergência com todos os historiadores, comentaristas e acadêmicos, bem mais imersos nesse período da história do que eu poderia alegar estar.

Mas, ao concluir este livro, gostaria de expor os fatos concretos dessa argumentação, da maneira como os vejo, e também expor o argumento rival predominante daqueles que acreditam que Churchill nunca considerou a sério a via de uma paz negociada.

Primeiro, vou expor o argumento geralmente aceito. Ele sustenta essencialmente que Churchill não falava a sério quando dizia, conforme registrado, que se sentiria "grato" por receber uma oferta de paz, ou que aceitaria "considerá-la". Estava apenas ganhando tempo, jogando um jogo sofisticado, não era a sério, ele nunca hesitou ou vacilou. Se deu a impressão a seus colegas do Gabinete de Guerra de que falava a sério – é o que essa visão predominante alega – foi apenas para ludibriar astutamente Halifax, mantê-lo ao seu lado numa hora crucial, quando a renúncia de Halifax provavelmente teria derrubado o governo. Era também um gambito que precisava ser jogado de modo convincente, para persuadir homens sagazes e ardilosos como Halifax e Chamberlain.

Mas essa leitura tem vários pontos frágeis.

O primeiro é que não há evidência disso, mas apenas conjecturas acadêmicas. Como observado por Christopher Hitchens, o que pode ser afirmado sem evidência pode também ser refutado sem evidência.

Winston nunca admitiu estar fazendo um grande jogo de cena. Nem naquele momento nem depois da guerra, quando teria tempo de sobra para fazê-lo, e muito a ganhar em termos de reputação. A ideia de que Winston modestamente tivesse escondido da história um evento tão crucial como essa suposta manobra brilhante sobre seu rival Halifax é forçar a compreensão que temos de sua personalidade, que, sob qualquer definição, fica bem acima do espectro narcisista. A revelação de uma história como essa, em vez de causar danos à sua imagem mítica, iria incrementá-la. E se duvidarmos de seu desejo de ser o curador do próprio legado, basta lembrarmos o que afirmou uma vez em tom bem-humorado: "Todos os partidos acharão melhor deixar o passado aos cuidados da história, especialmente porque eu proponho escrever essa história".

O segundo argumento contra essa versão de protelação é que ela não leva em devida conta as pressões – pessoais, políticas e militares – sob as quais Churchill se achava durante essa suprema crise: o quanto as pessoas acreditavam que essa invasão estivesse próxima (era questão de dias, segundo seus consultores militares); o grau de desproteção do povo britânico; o grau de inferioridade numérica de seu exército na França (10 para um 1 se todos os soldados fossem resgatados em Dunquerque, e 100 para 1 caso não o fossem); a rapidez catastrófica do colapso da Europa sob o ataque alemão; e o quanto eram racionais, morais e saudáveis os argumentos apresentados por Halifax, com o apoio de Chamberlain e outros.

Além de tudo isso, havia a ameaça de renúncia de Halifax, o que só pode ter feito Winston parar para repensar a própria posição. Um homem como Halifax nunca teria ameaçado derrubar o novo governo a não ser que tivesse absoluta convicção de estar certo e de que Winston estivesse errado; e ninguém demoveria facilmente um homem como ele de suas convicções.

Sob essa massa de pressões tão intensas, e com tão poucas escolhas, que pessoa em sã consciência não consideraria seriamente realizar conversações de paz, em vez de aceitar uma aniquilação quase certa?

O que me impressiona é que nenhum daqueles que se opõem a esse argumento da "hesitação" ou "vacilação", se é que podemos chamá-lo assim, tenha sugerido um Churchill à beira da loucura, um homem absolutamente alheio aos terríveis fatos reais e amnésico em relação aos próprios cálculos tragicamente equivocados que fizera em Galípoli ou, poucas semanas antes, na Noruega. As duras lições que Winston aprendera a respeito de si em Galípoli nunca o abandonaram (embora ele tivesse tentado pintá-las de outro modo, negando que sentisse qualquer culpa, e mais tarde afirmando até sentir-se "glorificado" pela bravura dos homens que haviam morrido ali).

Mas a história tem muitos autores, e numa tarde de agosto de 1915, enquanto pintava um quadro de uma paisagem, com suas defesas baixas, ele contou ao poeta e diplomata Wilfrid Scawen Blunt: "Há mais sangue do que tinta nessas mãos". Foi um raro vislumbre de fragilidade psicológica, e um vislumbre mais raro ainda das cicatrizes que haviam ficado em seu senso de humanidade. A filha inevitável da culpa é a dúvida a respeito de si, e essa dúvida com certeza se abateu sobre Churchill no final de maio de 1940. Quando você comete um erro de tal magnitude no passado, não pode se sentir tão confiante quando circunstâncias similares se repetem.

Como observamos, o historiador David Cannadine disse sobre o caráter de Churchill que ele era "ao mesmo tempo simples, ardoroso, ingênuo e incapaz de enganar ou de fazer intrigas". Nesse caso, por que impingir-lhe dias e dias de engodo e intriga quando não há registro, nem antes nem depois desse episódio, de ele ter sido alguém capcioso ou promotor de intrigas?

O impulso geral aqui parece ser o de negar ao grande homem sua cota normal de dúvidas a respeito de si mesmo. Mas não é pecado ter dúvidas. Ao contrário, eu defenderia que a capacidade de ter dúvidas, e depois ser capaz de avançar a partir delas e sintetizar ideias opostas antes de alcançar uma decisão ponderada, é o que constitui a própria definição de um real líder e de uma verdadeira liderança.

Este livro, portanto, defende um retrato maior e mais complexo de Churchill, e não um mais restrito.

Assumiremos, portanto, que Winston realmente falava a sério quando debatia essas questões cruciais, sabendo muito bem que cada uma de suas palavras estava sendo gravada nas minutas, sem ironia e para a posteridade.

Os registros dessas reuniões do Gabinete de Guerra do final de maio não me deixam dúvida de que por algum tempo, quando a Grã-Bretanha dava impressão de poder perder 90% de seus soldados, Winston foi aos poucos se persuadindo de que, se a independência britânica estivesse assegurada, faria sentido explorar a sério a paz com a Alemanha nazista – por menos bem-vinda que essa perspectiva pudesse parecer. Ele sabia que as exigências de Hitler seriam terríveis – nada menos que a perpétua rendição da Europa Central e da França ao domínio nazista e, além disso, a devolução de algumas colônias alemãs tomadas após a Primeira Guerra Mundial. Era um preço monstruoso, mas uma paz negociada começava claramente a parecer uma opção mais favorável do que uma invasão nazista e uma possível ocupação, que faria a suástica ondular sobre o Palácio de Buckingham e Westminster.

Qualquer leitura atenta das palavras que Winston usou, conforme registrado, durante esses debates de maio apresenta um quadro eloquente da constante fragmentação de sua anterior posição de "lutar a qualquer custo", e uma aproximação da ideia de entabular conversações de paz. Vale lembrar que naqueles dias ele foi registrado dizendo, de diversas maneiras, que iria "considerar" um acordo de paz; que estava disposto a "discutir" um; que se sentiria "grato" em sair da atual confusão por meio de conversações, desde que condições essenciais fossem atendidas, mesmo "à custa de algumas cessões de território [britânico] [Malta e algumas colônias africanas]", e (como ele disse ao Gabinete de Guerra) mesmo que isso significasse conceder a Hitler "Domínio sobre a Europa Central". De fato (como aconselhou ao Comitê de Defesa), Churchill disse à França para "aceitar" um acordo de paz caso lhe fosse oferecido, desde que não fosse usado como escala para um ataque à Grã-Bretanha. O diário de Chamberlain relata, em linguagem certamente mais eloquente e realista do que o livro seco e monocórdico da minuta do Gabinete, que Churchill estava pronto a "agarrar" a oportunidade de um acordo se as condições fossem atendidas. E para provar que estava pronto a "agarrar", permitiu um encontro secreto anglo-italiano em Londres entre Halifax e o embaixador Bastianini em 25 de maio, desde que não fosse tornado público – encontro que deixou explícito o assunto de um acordo de paz com Hitler, tendo Mussolini como intermediário na negociação. Após esse encontro, Churchill deu a Halifax permissão formal de redigir um memorando ao embaixador italiano para discutir os termos de um acordo de paz que envolvesse tanto a Grã-Bretanha quanto a França.

Essas são concessões consideráveis em se tratando de alguém que nunca houvesse encarado a sério as conversações de paz como uma opção.

Eu defendo que por volta de 27 de maio a divergência essencial não era *se* um acordo deveria ser buscado, mas *quando*. A crença de Winston era que seu governo poderia obter melhores termos depois que uma invasão nazista da Grã-Bretanha tivesse sido tentada e repelida com sucesso; já Halifax e Chamberlain achavam que não haveria um momento melhor do que o presente, enquanto a Grã-Bretanha ainda possuía um exército. Por algumas horas de agonia e incerteza, foi em torno dessa disputa que o destino do mundo ficou pendente.

Todos os líderes precisam de sorte – e a sorte de que precisam é esta: viver em tempos comensuráveis a seus talentos.

Winston não tinha aptidão para a paz. O seu era um talento para lidar com crises e com sua expressão, com a coragem e sua evocação, muitas vezes com o risco e sua subestimação. Onde homens mais razoáveis temiam justificadamente as consequências de suas decisões, ele não se inclinava muito a ponderar os possíveis resultados negativos – havia sido assim a vida inteira – e não compreendia prontamente isso nos outros. A audácia é uma qualidade encontrada em muitos grandes líderes, mas pode com a mesma probabilidade resultar tanto em ignomínia quanto em distinção. O que faz a diferença, no final, é se o líder está certo.

Churchill, no final de maio, depois de muita vacilação, de virar e revirar o assunto, de passar noites andando para lá e para cá, de muita confusão mental, dizendo uma coisa e depois desdizendo, abusando freneticamente de guinadas, exames de consciência e precauções, ouvindo, reconsiderando, pesando alternativas, fazendo avaliações, tendo momentos de mudez perplexa, foi capaz de confrontar a nação e oferecer palavras temperadas no fogo de dúvidas intensas, e de surgir caminhando pelo lado certo da história.

Ele esteve certo.

Os eventos de maio de 1940 comprovaram ser os da formação do homem. Nessas primeiras frágeis semanas de seu mandato de primeiro-ministro – quando foi testado como poucos novos líderes o foram –, ele essencialmente encontrou dentro de si os traços de liderança, até então não descobertos, que iriam servir-lhe pelo resto da guerra, garantindo-lhe assento permanente no pavilhão dos verdadeiramente grandes.

Naquele mês de maio, Winston Churchill tornou-se Winston Churchill.

AGRADECIMENTOS

Este livro é dedicado ao meu pai, que lutou na Segunda Guerra Mundial, tanto na cena do Pacífico quanto na italiana. Foi sempre grande admirador de Churchill, embora quando criança eu nunca tenha entendido bem por quê. Minha expectativa é que ele aprovasse este livro.

O Espólio de Churchill foi muito generoso ao dar suas bênçãos a este projeto, especialmente a família Churchill. Os Arquivos Churchill foram de imensa ajuda pela disponibilização de seu extraordinário acervo.

Minha firme e leal primeira editora, Jane Parkin, fez estalar seu chicote gramatical e me ajudou a polir a prosa para assegurar clareza e ordem, assim como a excelente falange de editores deste livro: Joel Rickett e Daniel Crewe, na Viking, e Jonathan Jao e Roger Labrie, na HarperCollins.

Quero agradecer também à minha agente literária, Jennifer Joel, da ICM Partners, e também à Working Title Films, à Universal Pictures e à Focus Features pelo apoio.

Por fim, meu mais profundo agradecimento e profunda dívida são para Rebecca Cronshey, minha heroica pesquisadora, cujas noites sem dormir e investigações de arquivos ajudaram a tornar este livro o que ele é.

NOTAS

[A abreviatura "cd" – no original, "cc" ou "*carbon copy*" – indica tratar-se de cópias de documentos. CAB é abreviatura de "*Cabinet Papers*".]

1. Uma Casa dividida

p. 16: "O senhor já está sentado [...] vá!": Discurso de Leo Amery no Debate da Noruega: Hansard, Conduct of the War, HC Deb Series 5, 7 de maio de 1940, vol. 360, cd.1140-51.

p. 17: "desanimado e angustiado": R. R. James (ed.), *Chips: The Diaries of Sir Henry Channon* (Londres, Weidenfeld & Nicolson, 1993), p. 245.

p. 17: "Seu coração está perturbado [...] apreensivo": Arthur Greenwood: Hansard, Conduct of the War, HC Deb Series 5, 7 de maio de 1940, vol. 360, cd.1171-72.

p. 17: "história chocante de inépcia": Almirante *sir* Roger Keyes: ibid., cd.1127-28.

p. 18: "E não foi apenas a Noruega [...] atacaria a Noruega": Clement Attlee: ibid., cd.1093-94.

p. 18: "O primeiro-ministro está muito deprimido [...] desde então": John Colville, *The Fringes of Power: Downing Street Diaries 1939-1955* (Londres, Hodder and Stoughton, 1985), 6 de maio de 1940, p. 91.

p. 18: "se estavam *satisfeitos* [...] condução dos negócios de Estado": Herbert Morrison: Hansard, Conduct of the War, HC Deb Series 5, 8 de maio de 1940, vol. 360, cd.1265.

p. 19: "todos falando em [...] liderança": Colville, *Fringes of Power*, p. 93: *Sir* Samuel Hoare (ministro da Aeronáutica), *sir* John Simon (ministro), *sir* Kingsley Wood (lorde do Selo Privado).

p. 19-20: "levantou-se [...] no *lobby*": Hugh Dalton, *The Fateful Years: Memoirs 1931-1945* (Londres, Frederick Muller, 1937), p. 305.

p. 20: "pior posição estratégica [...] sacrifício de seu cargo": David Lloyd George: Hansard, Conduct of the War, HC Deb Series 5, 8 de maio de 1940, vol. 360, c.1283.

p. 20 "Estou feliz [...] aberto os olhos": Biblioteca Nacional de Gales, *lady* Olwen Carey-Evans Papers 122/14a, MLG a Mrs. PHG, 15 de maio de 1940.

p. 20: "sofria consideravelmente": Diário de Neville Chamberlain, 16 de junho de 1940 (Neville Chamberlain Papers, University of Birmingham).

p. 21: "Assumo total [...] nesse caso": Winston S. Churchill: Hansard, Conduct of the War, HC Deb Series 5, 8 de maio de 1940, vol. 360, cd.1251-1366.

p. 21-22: "Muito honorável [...] seus colegas": Lloyd George, HC Deb Series 5, 8 de maio de 1940, vol. 360, c.1283.

p. 22-23: "Nós observamos [...] pela Inglaterra": James (ed.), *Chips*, pp. 246-47.

p. 23: "Seu merdinha [...] noite passada": Roy Jenkins, *Churchill: A Biography* (Londres, Macmillan, 2001).

p. 23: "desagradável [...] próximo movimento de Hitler": Colville, *Fringes of Power*, p. 93.

p. 23: "rumores e intrigas, complôs e contragolpes": James (ed.), *Chips*, p. 248.

p. 24: "deixado claro [...] assumisse o cargo": Andrew Roberts, *The Holy Fox: A Biography of Lord Halifax* (Londres, Weidenfeld & Nicolson, 1991), p. 245, com base em "informações privadas".

p. 24: "achava que [...] no governo": Lorde Halifax, diário, 9 de maio de 1940, Halifax Papers (Borthwick Institute, York), A7/8/4, p. 113.

p. 24: "se eu fosse ele [...] Câmara dos Comuns": Ibid.

p. 24-25: "a conversa [...] preparado para isso": Ibid., p. 114.

p. 25: "Ele [Halifax] me disse [...] primeiro-ministro honorário": R. A. Butler, *The Art of the Possible: The Memoirs of Lord Butler, K.G. C. H.* (Londres, Hamish Hamilton, 1971), p. 84

p. 26-27: "Naturalmente [...] a um fim": Coronel Roderick Macleod, DSO, MC, e Denis Kelly (eds.), *The Ironside Diaries: 1937-1940* (Londres, Constable, 1962), p. 293.
p. 27: "um ataque [...] à pergunta": Roberts, *Holy Fox*, p. 274.
p. 27: "Em março de 1939 [...] pela liderança": D. R. Thorpe, *Eden: The Life and Times of Anthony Eden, First Earl of Avon, 1897-1977* (Londres, Pimlico, 2004), p. 237.
p. 27: "ele repetiu para mim [...] formar um governo nacional": O honorável conde de Avon, KG, PC, MC, *The Eden Memoirs*, vol. 2: *The Reckoning* (Londres, Cassell, 1965), p. 96.
p. 28: "Servirei [...] guerra adiante": A. J. P. Taylor, *Beaverbrook* (Londres, Hamish Hamilton, 1972), p. 409.
p. 28: "se fosse perguntado [...] e eu o apoiei": Avon, *Reckoning*, pp. 96-97.
p. 28: "ficaria feliz [...] qualquer um dos homens": Lorde Halifax, diário, p. 114.
p. 28: "dor de estômago continuava [...] que realmente importavam": Lorde Halifax, diário, p. 115.
p. 29: "adequada expressão [...] meu ponto de vista": Ibid.
p. 29: "Você vê alguma razão [...] Dia do Armistício": Winston S. Churchill, *The Second World War*, vol. 1: *The Gathering Storm* (Londres, The Folio Society, 2000), pp. 522-23.
p. 28-30: "o líder de bancada [...] fortalecer Winston": David Dilks (ed.), *The Diaries of Sir Alexander Cadogan, O.M.* (Londres, Cassell, 1971), 9 de maio de 1940, p. 280; Roberts, *Holy Fox*.

2. O socialmente imprestável

p. 33: "se apaixonou por ela à primeira vista": Winston S. Churchill, *My Early Life* (Londres, Eland, 2000), prefácio do autor.
p. 33: "Minha mãe [...] à distância": Ibid., p. 13.
p. 34: "Meu pai morreu [...] sua memória": Churchill, *My Early Life*, p. 70.
p. 34: "Afinal [...] só lições": Ibid., pp. 17-18.
p. 34: "um homem encantador [...] em [seus] ossos": Ibid., p. 24.
p. 35-36: "9 de agosto de 1893 [...] Randolph S. C.": Randolph S. Churchill (ed.), *The Churchill Documents*, vol. 1: *Youth 1874-1896* (Londres, Heinemann, 1967), pp. 390-91.
p. 36: "Sou totalmente [...] voltar para lá": Churchill, *My Early Life*, p. 47.

p. 37: "superava em rigor [...] equitação militar": Ibid., p. 71.
p. 37: "Ela ainda me reconheceu [...] que eu vivera": Ibid., p. 80.
p. 38: "na última década [...] viver minha vida": Ibid., p. 83.
p. 38: "Quando avistei [...] ilha do tesouro": Ibid., p. 85.
p. 39: "entusiástica realização [...] e nosso": Ibid., p. 110.
p. 39: "resolveu ler [...] obras clássicas": Ibid., p. 117.
p. 39: "Embarquei [...] vento forte": Ibid., p. 118.
p. 40: "só encontrava descanso [...] resistir a ela": Winston S. Churchill, *Savrola: A Tale of the Revolution in Laurania* (Londres, George Newnes, 1908), p. 32.
p. 41: "acreditava em [...] sobre Oldham": Roy Jenkins, *Churchill: A Biography* (Londres, Macmillan, 2001), p. 65.
p. 42: "Quando finalmente [...] jurou fidelidade": Ibid., p. 71.
p. 42: "Eu era fortemente [...] despesas e reformas": Churchill, *My Early Life*, p. 374.
p. 43: "fez uma cena [...] os liberais": Violet Bonham Carter, *Winston Churchill: An Intimate Portrait* (Nova York, Harcourt, Brace & World, 1965), p. 89.
p. 46-47: "pensei no perigo [...] no dia seguinte": Winston S. Churchill, *The World Crisis, 1911-1918* (Londres, Macmillan, 1931), p. 46.
p. 47: "aos alemães que [...] construiria ainda mais": Jenkins, *Churchill*, p. 220.
p. 47: "o maior inimigo": Ibid., p. 232.
p. 48: "Para muitos na Grã-Bretanha [...] impensável": Michael Shelden, *Young Titan: The Making of Winston Churchill* (Nova York, Simon & Schuster, 2013), p. 296.
p. 48: "As lâmpadas [...] enquanto vivermos": Visconde Grey de Falloden, *Twenty-Five Years 1892-1916*, vol. II (Londres, Hodder and Stoughton, 1925), p. 223.
p. 48: "e assumir o comando [...] Antuérpia": Winston S. Churchill a Herbert Asquith, 5 de outubro de 1914, citado em Martin Gilbert, *Winston S. Churchill*, vol. III: *The Challenge of War, 1914-1916* (Londres, Minerva, 1971), p. 163.
p. 50: "defendia um plano baseado no Exército": Timothy Travers, *Galípoli 1915* (Stroud, Tempus, 2001), p. 23.
p. 50: "caldeirão fervente de tensão": Jenkins, *Churchill*, p. 260.
p. 51: "Estou acabado! [...] alemães": Gilbert, *Challenge of War*, p. 457.
p. 51: "pensar que ele morreria de dor": Ibid., p. 473.
p. 51: "Se atirar Winston [...] governo": Ibid., p. 459.

p. 52: "o fogo de artilharia dos alemães [...] constante perigo": Martin Gilbert, *Churchill: A Life* (Londres, Heinemann, 1991), p. 346.
p. 52: "Para serem grandiosas [...] exige explicação": Mary Soames (ed.), *Winston and Clementine: The Personal Letters of the Churchill* (Boston, Houghton Mifflin, p. 198), p. 198.
p. 53: "crença de que [...] tarefa considerada": Jenkins, *Churchill*, p. 351.
p. 53: "Clammie agarrou-se [...] sofrimento mortal": Mary Soames, *Clementine Churchill* (Doubleday, Londres, 2002), p. 202.
p. 53: "não se entregou [...] tocou a vida": Ibid.
p. 54: "cargo vitalício [...] em suas mãos": Jenkins, *Churchill*, p. 375.
p. 55: "Isso satisfaz [...] esplêndido cargo": Gilbert, *Churchill: A Life*, p. 465.
p. 57: "a questão indiana [...] três anos": Jenkins, *Churchill*, p. 440.
p. 57-58: "todos aqueles bandos [...] pela pátria": Winston S. Churchill, discurso à Câmara dos Comuns, Hansard, HC Deb Series 5, 23 de novembro de 1932, vol. 272, cd.73-92.
p. 58: "A Alemanha se saíra bem [...] Grande Guerra": Ibid., 13 de abril de 1933, vol. 276, cd.2786-800.
p. 59: "que seria[...] terra onde nasceram": Ibid.
p. 59: "o próprio Hitler alegava [...] guardião da Europa": Martin Gilbert, *The Roots of Appeasement* (Londres, Weidenfeld & Nicolson, 1966), p. 143.
p. 60-61: "Meu coração afundou [...] visão da Morte": Winston S. Churchill, *The Second World War*, vol. 1: *The Gathering Storm* (Londres, The Folio Society, 2000), p. 231.
p. 61: "eu previ que [...] essa posição sozinhos": Winston S. Churchill, discurso à Câmara dos Comuns, Hansard, HC Deb Series 5, 22 de fevereiro de 1938, vol. 332, cd.235-48.
p. 61: "Hitler, furioso [...] violentamente": Gilbert, *Roots of Appeasement*, p. 175.
p. 62: "dissesse à Alemanha [...] na guerra": Lorde Halifax, referindo-se a uma conversa com Churchill e Neville Chamberlain, CAB 23/95/5.
p. 62: "simbólico do desejo [...] entrarem em guerra": Chamberlain volta de Munique com um acordo anglo-germânico, 30 de setembro de 1938, BBC National Programme 1938-09-30 (BBC Archive Recording, Feston Airport, Hounslow, oeste de Londres).
p. 62-63: "Começarei [...] velhos tempos": Winston S. Churchill, discurso à Câmara dos Comuns, Hansard, HC Deb Series 5, 5 de outubro de 1938, vol. 339, cd.359-74.

3. Cai um líder

p. 67: "Penso que amanhã serei primeiro-ministro": Lembrança de Randolph S. Churchill, ditada em Stour, East Bergholt, 13 de fevereiro de 1963, citada em Martin Gilbert, *The Churchill War Papers*, vol. 1: *At the Admiralty: September 1939-May 1940* (Londres, Heinemann, 1993), p. 1266.

p. 67: "Caixas cheias de telegramas [...] Ministério das Relações Exteriores": Winston S. Churchill, *The Second World War*, vol. I, *The Gathering Storm* (Londres, The Folio Society, 2000), p. 523.

p. 68: "o espírito [de Churchill] [...] passeio matinal": Samuel Hoare, *Nine Troubled Years* (Londres, Collins, 1954), pp. 431-32.

p. 68: "não conseguiu mais sair [...] pulei": Coronel Roderick Macleod, DSO, MC, e Denis Kelly (eds.), *The Ironside Diaries: 1937--1940* (Londres, Constable, 1962), 10 de maio de 1940, p. 301.

p. 68: "Há informações [...] invadiram a Holanda": BBC Home Service, boletim das 7h da manhã, sexta-feira, 10 de maio de 1940.

p. 68-69: "grande quantidade de tropas alemãs [...] derrotar o inimigo": Randolph S. Churchill, em Gilbert, *At the Admiralty*, pp. 1269-70.

p. 69: "todo o plano [...] estariam em movimento": CAB 65/7/9.

p. 69: "adiar sua renúncia [...] terminasse": Hoare, *Nine Troubled Years*, p. 432; Churchill, *Gathering Storm*, p. 523.

p. 65: "Manchetes de jornal, 10 de maio de 1940": *Daily Express, Daily Mirror, Daily Mail, Daily Telegraph.*

p. 72: "nova crise [...] enfrentá-la": Churchill, *Gathering Storm*, p. 523.

p. 72: "Ironside informou [...] canal Albert": CAB 65/7/10.

p. 72: "ao longo do Mosa [...] aeronautas com problemas": Philip Warner, *The Battle of France, 10 May-22 June 1940: Six Weeks Which Changed the World* (Londres, Cassell, 1990), pp. 50-52.

p. 72: "cidades abertas na Bélgica": CAB 69/1.

p. 72-23: "Em caso de uma violação [...] em direção à Bélgica": Lionel Hastings, barão de Ismay, *The Memoirs of General the Lord Ismay, K.G., P.C., G.C.B., C.H., D.S.O.* (Londres, Heinemann, 1960), p. 123.

p. 73: "que, se as evidências acumuladas [...] da Alemanha": CAB 83/3/12.

p. 73-74: "o efeito psicológico [...] por 24 horas": CAB 65/7/11.

p. 74: "O Partido Trabalhista [...] da nação": Ibid.

p. 74: "à luz dessa resposta [...] naquela noite": Ibid.

p. 74: "Embora [ele] [...] abordagens de última hora": Andrew Roberts, *The Holy Fox: A Biography of Lord Halifax* (Londres, Weidenfeld & Nicolson, 1991), p. 280.

p. 74-75: "Pensei quão rude e injustamente [...] a ser nomeado": *Sir* John Wheeler-Bennett, *King George VI: His Life and Reign* (Londres, Macmillan, 1958), p. 444.
p. 75: "é um risco terrível [...] possibilidade": John Colville, *The Fringes of Power: Downing Street Diaries 1939-1955* (Londres, Hodder and Stoughton, 1985), p. 96.
p. 76: "Durante esses dias tensos [...] possível": Mary Soames, *Clementine Churchill* (Londres, Cassell, 1979), cap. 19.
p. 76: "o público [...] portas do palácio": Churchill, *Gathering Storm*, p. 525.
p. 76: "Sua Majestade me recebeu [...] certamente o faria": Ibid.
p. 76: "cheio de entusiasmo [...] primeiro-ministro": Wheeler-Bennett, *King George VI*, p. 444.
p. 76-77: "Só Deus sabe [...] fazer o nosso melhor": ex-inspetor W. H. Thompson, *I Was Churchill's Shadow* (Londres, Christopher Johnson, 1951), p. 37.
p. 77: "Este súbito golpe [...] meio-americano": Colville, *Fringes of Power*, pp. 96-97.
p. 77-78: "Meu caro Neville [...] Winston S. Churchill": Winston S. Churchill a Neville Chamberlain, 19 de fevereiro, citada em Gilbert, *At the Admiralty*, p. 1285.
p. 78: "Me dá muito prazer [...] escravo e senhor": Churchill a lorde Halifax, citado em Gilbert, *At the Admiralty*, p. 1285.
p. 79: "conhecera [...] oposicionistas trabalhistas e liberais": Churchill, *Gathering Storm*, p. 526.
p. 79: "ministro da Defesa [...] objetivos e poderes": Ibid.
p. 79-80: "Nesta manhã bem cedo [...] desarmada e derrotada": Neville Chamberlain, discurso de renúncia, 10 de maio de 1940. Transmissão da BBC na Biblioteca Britânica.
p. 80-81: "Durante esses últimos [...] melhores que sonhos": Churchill, *Gathering Storm*, pp. 526-27.

4. A raposa sagrada

p. 83: "Não entendo [...] *noblesse oblige*": R. R. James (ed.), *Chips: The Diaries of Sir Henry Channon* (Londres, Weidenfeld & Nicolson, 1993), p. 249.
p. 84: "um paradigma entre as mulheres": Andrew Roberts, *The Holy Fox: A Biography of Lord Halifax* (Londres, Weidenfeld & Nicolson, 1991), p. 12.

p. 84: "Não tenho a mínima vontade [...] um cavalheiro": Ben Pimlott (ed.), *The Second World War Diary of Hugh Dalton* (Londres, Jonathan Cape, 1985), 14 de novembro de 1940, p. 101.

p. 84: "arredio, sério, dedicado [...] Raposa sagrada": Andrew Muldoon, *Empire, Politics and the Creation of the 1935 India Act: Last Act of the Raj* (Londres, Routledge, 2016), p. 44. Citado também em Roberts, *Holy Fox*, p. 6.

p. 85: "afete seu julgamento": Roberts, *Holy Fox*, p. 51.

p. 85: "catálogo de erros e desastres": Ibid., p. 53.

p. 86: "continuou se comportando [...] não o fosse": Ibid., p. 63.

p. 86: "que nossa proposta [...] de ser aceita": CAB 23/83, 10 de março de 1936.

p. 87: "melhorar nossos contatos [...] críticas feitas à Alemanha": CAB 23/87/3, 13 de janeiro de 1937.

p. 88: "limitar-se [...] e Tchecoslováquia": honorável conde de Avon, KG, PC, MC, *The Eden Memoirs*, vol. 1: *Facing the Dictators* (Londres, Cassell, 1965), p. 509.

p. 88: "possíveis alterações [...] Tchecoslováquia": Ibid., p. 515. Citado tabém em Halifax Papers (Borthwick Institute, York), A4 410 3 3.

p. 88: "tanto pessoalmente quanto politicamente [...] sentir o mesmo!": Halifax a Baldwin, 15 de novembro de 1937, Baldwin Papers, 173/61.

p. 89: "se a opinião pública [...] totalmente informado": Halifax Papers, A4 410 3 3.

p. 89: "me pareceu [...] tudo o que dizia": Ibid.

p. 89: "Sua personalidade [...] Chatsworth": Ibid.

p. 89: "Os alemães não tinham [...]. o país": CAB 23/90/43, 24 de novembro de 1937.

p. 90: "O povo britânico [...] se fundir": Alan Bullock (ed.), *The Ribbentrop Memoirs* (Londres, Weidenfeld & Nicolson, 1954), p. 84.

p. 90: "um homem de julgamento instável e opiniões vacilantes": Martin Gilbert, *The Roots of Appeasement* (Londres, Weidenfeld & Nicolson, 1966), p. 182.

p. 90: "na possibilidade de [...] sido arrastadas": Ibid.

p. 91: "Halifax cometeu o desastroso erro [...] catastróficas": Roberts, *Holy Fox*, p. 66.

p. 92: "Passei uma hora [...] por si mesmo: embaixador Joseph Kennedy a Cordell Hull, secretário de Estado dos EUA, FRUS, 1938, 1:722, 12 de outubro de 1938.

p. 92: "Os acontecimentos na Alemanha [...] muito difícil": CAB 27/624/32, 14 de novembro de 1938.
p. 92: "o fim decisivo [...] será incerta": CAB 23/96/59 (38), 15 de dezembro de 1938.
p. 93: "por algum tempo": Keir Papers, citado em Roberts, *Holy Fox*, p. 191.
p. 93-94: "a caminho de casa [...] violentada": conde de Halifax, *Fulness of Days* (Londres, Collins, 1957), p. 215.
p. 94: "que havia uma solução racional [...] soluções": Roberts, *Holy Fox*, p. 157.

5. O grande "ditador"

p. 97: "você e Edward [...] condução da guerra": Winston S. Churchill a Neville Chamberlain, 11 de maio de 1940, Churchill Papers, 20/11, e a resposta de Chamberlain. Citado em Martin Gilbert, *The Churchill War Papers*, vol. 2: *Never Surrender: May 1940-December 1940* (Londres, William Heinemann, 1993).
p. 98: "longa entrevista [...] Winston consideravelmente": Kevin Jefferys, *War and Reform: British Politics during the Second World War* (Manchester, Manchester University Press, 1994), p. 42.
p. 98: "os trabalhistas [...] Câmara dos Comuns": Lorde Halifax, diário, 11 de maio de 1940, Halifax Papers (Borthwick Institute, York), A7/8/4, p. 119.
p. 98-99: "Por volta da 1h [...] foram anunciadas": R. R. James (ed.), *Chips: The Diaries of Sir Henry Channon* (Londres, Weidenfeld & Nicolson, 1993), 11 de maio de 1940, p. 251.
p. 99: "sempre [ser] particularmente preocupado com vazamentos da segurança e indiscrições": Ruth Ive, *The Woman Who Censored Churchill*, Stroud, History Press, 2008), p 56.
p. 99-100: "[nós] desejamos [...] para nos ajudar": Coronel Roderick Macleod, DSO, MC, e Denis Kelly (eds.), *The Ironside Diaries: 1937--1940* (Londres, Constable, 1962), 11 de maio de 1940, p. 303.
p. 100: "Attlee e Greenwood [...] em intelecto": Lorde Halifax, diário, 11 de maio de 1940, p. 119.
p. 100: "**São as personalidades [...] com muito mais":** Neville Chamberlain a Winston S. Churchill, 11 de maio de 1940, Churchill Papers, 20/11, citado em Gilbert, *Never Surrender*.
p. 100: "A rainha foi firme [...] métodos administrativos de Winston": Lorde Halifax, diário, 11 de maio de 1940, pp. 119-20.

p. 100-101: "Gabinete de Guerra anunciado [...] Horrível": Charles Stuart (ed.), *The Reith Diaries* (Londres, Collins, 1975), 11 de maio de 1940, p. 250.

p. 101: "Quando receber esta carta [...] menor atraso possível": Winston S. Churchill a *sir* John Reith, Churchill Papers, 2/398, 12 de maio de 1940, citado em Gilbert, *Never Surrender*.

p. 101: "essa vida noturna não me faz bem": Lorde Halifax, diário, 11 de maio de 1940, p. 120.

p. 101: "A reunião que Winston [...] sobre o assunto": Ibid., p. 121.

p. 102: certo ar de desconforto [...] deprimente": John Colville, *The Fringes of Power: Downing Street Diaries 1939-1955* (Londres, Hodder and Stoughton, 1985), 14 de maio de 1940, p. 103.

p. 102: "lhe reviravam o estômago [...] linha do Dyle": *Sir* John Sinclair: lembrança, 12 de maio de 1940, Davy Papers, citado em Gilbert, *Never Surrender*.

p. 102: "dois terços cheia [...] chapelaria que ficava embaixo": Sonia Purnell, *First Lady: The Life and Wars of Clementine Churchill* (Londres, Aurum Press, 2015), p. 149.

p. 103: "Não entre! [...] esquecia o que queria dizer": Chips Gemmell, entrevista para a TV, em Martin Gilbert, *The Complete Churchill*, parte 4: *Never Despair* (A & E Home Video, 1992).

p. 103: "um quase propósito [...] água morna do mar": Roy Jenkins, *Churchill: A Biography* (Londres, Macmillan, 2001), p. 712.

p. 103: "vestido como um imperador romano [...] até seu quarto": Mary Soames, *Clementine Churchill* (Cassell, Londres, 1979), p. 293.

p. 103: "depois de suas abluções [...] não olhem!": Purnell, *First Lady*, p. 149.

p. 103: "Estou saindo [...] melhor você olhar!": Elizabeth Gilliatt, entrevista para a TV em Gilbert, *Never Despair*.

p. 103: "um belo porco": Colville, *Fringes of Power*, 16 de junho de 1940.

p. 104: "Um livro sobre Churchill [...] muito divertida": Joseph Goebbels, diário, citado em Michael Paterson, *Winston Churchill: Personal Accounts of the Great Leader at War* (David & Charles, 2005), 3 de maio de 1941, p. 26.

p. 104: "cortesãos de "má fama": David Cannadine, *Aspects of Aristocracy: Grandeur and Decline in Modern Britain* (New Haven, Conn./ Londres, Yale University Press, 1994), p. 147.

p. 105: "Encontrei um caos total [...] [Churchill]": Lorde Hankey a *sir* Samuel Hoare, 12 de maio de 1940, Beaverbrook Papers, citado em Gilbert, *Never Surrender*.
p. 105-106: "dois ou três dias depois [...] por um longo tempo": Lionel Hastings, barão de Ismay, *The Memoirs of General the Lord Ismay, K.G., P.C., G.C.B., C.H., D.S.O.* (Londres, Heinemann, 1960), p. 116.

6. Sangue, trabalho árduo, lágrimas e suor

p. 110: "Absurdamente dramático [...] verdadeira ovação": R. R. James (ed.), *Chips: The Diaries of Sir Henry Channon* (Londres, Weidenfeld & Nicolson, 1993), 13 de maio de 1940, p. 252.
p. 111-112: "Eu peço que se proponha [...] forças unidas": Winston S. Churchill, discurso na Câmara dos Comuns, Hansard, HC Deb Series 5, 13 de maio de 1940, vol. 360, cd. 1501-3.
p. 113: "não foi bem recebida": James (ed.), *Chips*, p. 252.
p. 113: "Eu me congratulo com o país [...] qualquer época": David Lloyd George, Hansard, *Conduct of the War*, HC Deb Series 5, 8 de maio de 1940, vol. 360, cd.1510-12.
p. 113: "enxugou suas lágrimas": Harold Nicolson, *Diaries and Letters 1930-1964*, ed. Stanley Olson (Harmondsworth, Penguin Books, 1980), p. 183.
p. 113: "apenas as referências [...] despertavam entusiasmo": James (ed.), *Chips*, p. 252.
p. 113: "muito curta [...] mas direto ao ponto": Nicolson, *Diaries and Letters*, p. 183.
p. 113: "um pequeno discurso brilhante": John Colville, *The Fringes of Power: Downing Street Diaries 1939-1955* (Londres, Hodder and Stoughton, 1985), p. 102.
p. 113: "O novo primeiro-ministro falou [...] dramaticidade": James (ed.), *Chips*, p. 252.
p. 114: "Entrei na presença [...] no Parlamento": O muito honorável Malcolm MacDonald, *Titans and Others* (Londres, Collins, 1982), pp. 94-95.
p. 114: "a composição [...] às pressas": John Colville, in *Action This Day: Working With Churchill*, ed. *Sir* John Wheeler-Bennett (Londres, Macmillan, 1968), p. 69.
p. 115: "O poder da retórica [...] pela prática": Winston S. Churchill, "The Scaffolding of Rhetoric", Churchill Papers, CHAR 8/13.

p. 115: "*sudor et sanguis*": Lívio, *The Fifth, Sixth and Seventh Books of Livy's History of Rome: A Literal Translation from the Text of Madvig, with Historical Introduction, Summary to Each Book and* [...] *Notes, by a First-Classman* (Oxford, J. Thornton, 1879), pp. 157, 283.
p. 115: "Que é inútil [...] ou sangue": John Donne, *An Anatomy of the World.* Um fac-símile da primeira edição, 1611. Com um pós-escrito de Geoffrey Keynes (Cambridge, Cambridge University Press, 1951).
p. 115: "Ano após ano [...] para quê? para alugar!": Lorde Byron, *Age of Bronze*, IV: "Satiric – The Landed Interest" (Londres, 1823).
p. 115: "Lágrimas, suor, sangue [...] agora glorificado": Robert Browning, "Ixion", in *Jocoseria* (1883).
p. 115: "Não ofereço nem paga [...] e morte": "Offro fame, sete, marce forzate, battaglie e morte", discurso de Giuseppe Garibaldi, Praça de São Pedro, Roma, 2 de julho 1849.
p. 115-116: "Por causa do sangue [...] triunfos": Theodore Roosevelt, *American Ideals, and Other Essays, Social and Political* (Nova York, G. P. Putnam's Sons, 1897), p. 260.
p. 116: "apenas uma questão [...] sangue e lágrimas": Winston S. Churchill, *London to Ladysmith via Pretoria* (Londres, Longmans, Green, 1900), p. 96.
p. 116: "Tudo isso poderá parecer [...] próxima guerra": Winston S. Churchill, *Saturday Evening Post*, vol. 173, edição 1, p. 29.
p. 116: "registrar os árduos esforços [...] infindável planície": Winston S. Churchill, "The Eastern Front", in *The World Crisis, 1911-1918* (Londres, Macmillan, 1931), p. 17.
p. 116: "tolices de sangue e labuta": Winston S. Churchill, *Marlborough: His Life and Times* (Londres, Harrap, 1933), vol. 1, p. 217.
p. 116: "novas estruturas [...] se unir": Winston S. Churchill, "Hope in Spain, 23 February 1939", in Winston S. Churchill, *Step by Step: Political Writings, 1936-1939* (Londres, Butterworth, 1939).
p. 116: "o orador é [...] deve acreditar": Churchill, "The Scaffolding of Rhetoric".
p. 117: "a repetição [...] sentimento de otimismo": Richard Toye, *The Roar of the Lion: The Untold Story of Churchill's World War II Speeches* (Oxford, OUP, 2013), p. 42.
p. 118: "uma série de eloquentes [...] ser atacadas": Churchill, "The Scaffolding of Rhetoric".
p. 119: "[O senhor Fox] desafia-me [...] tanta energia": Winston S. Churchill, *A History of the English-Speaking Peoples*, vol 3: *The Age of Revolution* (Londres, Cassell, 1957), p. 296.

p. 119-120: "os que não refletem [...] direto": Churchill, "The Scaffolding of Rhetoric".
p. 120: "a arte de trabalhar [...] hábil e delicado": Plutarco, *Vida de Péricles*, citando Platão, *Fedro*, 271c, citado in Algis Valiunas, *Churchill's Military Histories: A Rhetorical Study* (Oxford, Rowman & Littlefield, 2002).
p. 120: "acolhida calorosa": *Daily Telegraph*, 14 de maio de 1940, *Evening Standard*, 13 de maio de 1940.
p. 120: "achava que um ataque aéreo [...] da situação": CAB 65/7/15 e CAB 65/13/7, 13 de maio de 1940.

7. O agravamento da situação

p. 124: "convivia-se com a batalha [...] a respeito": Winston S. Churchill, *The Second World War*, vol. II: *Their Finest Hour* (Londres, Cassell, 1949), p. 11.
p. 124-125: "não devemos encarar [...] adotada ou não": CAB 65/7/16, 14 de maio de 1940.
p. 125: "A Alemanha pretende [...] não nos faltará": CAB 65/7/17, 14 de maio de 1940.
p. 125-126: "tanques anfíbios [...] intenções dos franceses": Ibid.
p. 126: "navios mercantes [...] defesas com redes": Ibid.
p. 126: "da mais alta hierarquia fascista [...] entraria na guerra": Ibid.
p. 126: "o curso de ação mais prudente [...] à luz disso": Ibid.
p. 126: "curiosa e feia mobília [...] comprimidos e pozinhos": John Colville, *Action This Day: Working With Churchill*, ed. *sir* John Wheeler-Bennett (Londres, Macmillan, 1968), p. 49; John Colville, *The Fringes of Power: Downing Street Diaries 1939-1955* (Londres, Hodder and Stoughton, 1985), p. 103.
p. 126-127: "grupo variado apareceu [...] senhor Kennedy": Colville, *Fringes of Power*, p. 104.
p. 127: "muito agitado": Churchill: conversa por telefone com Paul Reynaud, Premier Papers, 3/188/1, citado in Martin Gilbert, *The Churchill War Papers*, vol. 2, *Never Surrender: May 1940-December 1940* (Londres, William Heinemann, 1993).
p. 127: "o caminho para Paris [...] desistir": Ibid.
p. 127: "Que ele [Reynaud] não devia [...] depois das 9h": Ibid.
p. 127: "a situação fosse [...] estava bloqueado": CAB 65/7/18, 15 de maio de 1940.

p. 128: "anunciar a rendição [...] perdas inúteis de vida": Ibid.
p. 128: "deve ficar claro [...] área particular": Ibid.
p. 128: "a situação se tornara [...] na Holanda": Ibid.
p. 128-129: "A guerra está chegando [...] meios econômicos": Coronel Roderick Macleod, DSO, MC, e Denis Kelly (eds.), *The Ironside Diaries: 1937-1940* (Londres, Constable, 1962), 15 de maio de 1940, p. 310.
p. 129: "poderia ser de alguma [...] *signor* Mussolini": CAB 65/7/18.
p. 129: "detalhes da mensagem [...] da situação": Ibid.
p. 129: "um bocado abalado [...] dessa responsabilidade": Lorde Halifax, diário, 11 de maio de 1940, Halifax Papers (Borthwick Institute, York), A7/8/4, p. 127.
p. 129-130: "Embora eu ocupe [...] forças armadas": De Churchill ao presidente Roosevelt, Churchill Papers, 20/14, citado in Gilbert, *Never Surrender.*
p. 130: "aeronaves de último tipo [...] do mesmo jeito": Ibid.
p. 130: "a visita de uma Esquadra [...] votos e respeitos": Ibid.
p. 131: "sendo construídos nos Estados Unidos e para os Estados Unidos": Martin Gilbert, *Winston S. Churchill*, vol. 6: *Finest Hour, 1939-1941* (Londres, Heinemann, 1983), p. 344.
p. 131: "nós [os Estados Unidos] podemos [...] Botwood [Terra Nova]": Ibid.
p. 132: "Agora que assumi [...] dado por nós": De Churchill a Benito Mussolini, Churchill Papers, 20/14, citado in Gilbert, *Never Surrender.*
p. 132-133: "Respondo à mensagem [...] que se apresente": De Benito Mussolini a Churchill, Churchill Papers, 20/14, citado in Gilbert, *Never Surrender.*
p. 133: "não havia dúvida [...] propôs lançar": CAB 65/7/19, 16 de maio de 1940.
p. 134: "A partir do momento [...] às chamas": Lionel Hastings, Baron Ismay, *The Memoirs of General the Lord Ismay K.G., P.C., G.C.B., C.H., D.S.O.* (Londres, Heinemann, 1960), p. 127.
p. 134-135: "mais uma vez enfatizar [...] (isto é, mais seis) amanhã": De Churchill ao Gabinete de Guerra, Churchill Papers, 4/149, citado in Gilbert, *Never Surrender.*
p. 135: "[Churchill ficou] muito satisfeito [...] a recebesse": Ismay, *Memoirs*, pp. 128-29.
p. 136: "terem sido confrontados [...] grau considerável": CAB 65/7/21, 17 de maio de 1940.

p. 136: "a vida do país [...] apenas 150": CAB 99/3, 16 de maio de 1940.
p. 136: "nós bombardeamos [...] ações em terra": Ibid.
p. 136: "é claro, dando toda [...] demandar tempo": CAB 65/7/21, 17 de maio de 1940.
p. 136: "suprema emergência [...] no dia seguinte": CAB 65/13/11, 18 de maio de 1940.
p. 137: "Você deveria ter gritado [...] com mentiras!": Colville, *Fringes of Power*, 19 de maio de 1940, p. 108.
p. 137: "uma semana fatigante [...] (...comidos por raposas)": John Colville, *Man of Valour: The Life of Field-Marshal the Viscount Gort, VC, GCB, DSO, MVO, MC* (Londres, Collins, 1972), p. 204.
p. 137: "seriam rigorosamente [...] nosso próprio exército": CAB 65/13/12, 19 de maio de 1940.
p. 138: "Depois de quarenta anos [...] sala do estúdio": William Manchester, *The Last Lion: Winston Spencer Churchill, Defender of the Realm, 1940-1965* (Londres, Michael Joseph, 1983), edição Kindle, Loc. 1549.
p. 138-142: "Dirijo-me a vocês [...] '...que seja feita'": Churchill, discurso por rádio à nação, 19 de maio de 1940, Churchill Archives Centre, CHAR 9/176A-B.
p. 142: "Você nunca fez [...] agradeço a Deus por você": De Anthony Eden a Churchill, Churchill Papers, 2/394, citado in Gilbert, *Never Surrender*.
p. 142: "O primeiro-ministro pronunciou [...] todos aqui": Capitão Berkley, diário, Berkley Papers, 20 de maio de 1940, citado in Gilbert, *Never Surrender*.
p. 142: "Ouvi sua conhecida [...] sobre você agora": Do conde Baldwin de Bewdley a Churchill, Churchill Papers, 20/1, citado in Gilbert, *Never Surrender*.

8. Medo, dúvidas e pressões internas

p. 145: "É sempre [...] front enorme": Lionel Hastings, Baron Ismay, *The Memoirs of General the Lord Ismay K.G., P.C., G.C.B., C.H., D.S.O.* (Londres, Heinemann, 1960), p. 129.
p. 146: "o limite absoluto [...] prosseguir na guerra": CAB 66/7/262, 18 de maio de 1940.

p. 146: "poderia desistir do combate": CAB 66/7/263, 18 de maio de 1940.
p. 146: "um telegrama para aqueles malditos ianques": John Colville, *The Fringes of Power: Downing Street Diaries 1939-1955* (Londres, Hodder and Stoughton, 1985), 19 de maio de 1940, p. 109.
p. 146: "palavras suaves": Ibid.
p. 146: "Não iremos consentir [...] vontade dos alemães": De Churchill ao presidente Roosevelt, 20 de maio de 1940, Churchill Papers, 20/14, citado in Martin Gilbert, *The Churchill War Papers*, vol. 2: *Never Surrender: May 1940-December 1940* (Londres, William Heinemann, 1993).
p. 147: "em um estado de indecisão": CAB 65/7/27, 21 de maio de 1940.
p. 147: "havia perdido a calma [...] completamente vencido": Coronel Roderick Macleod, DSO, MC, e Denis Kelly (eds.), *The Ironside Diaries: 1937-1940* (Londres, Constable, 1962), 20 de maio de 1940, p. 321.
p. 147: "centenas de milhares [...] francesas do norte": CAB 65/7/27, 21 de maio de 1940.
p. 147: "Em toda a história [...] incompetência administrativa": Colville, *Fringes of Power*, p. 110.
p. 147: "jamais ter visto Winston tão deprimido": Ibid.
p. 148: "apesar de seu [...] seu plano de guerra": Martin Gilbert, *Winston S. Churchill*, vol. 6: *Finest Hour, 1939-1941* (Londres, Heinemann, 1983), p. 57.
p. 148: "havia em Calais [...] a cidade": minutas do Supremo Conselho de Guerra, CAB 99/3, 22 de maio de 1940.
p. 148: "estava fora de questão [...] ao desastre": Ibid.
p. 148: "inteiramente satisfatórias": Ibid.
p. 148: "com uma nota de otimismo contido": Ismay, *Memoirs*, p. 130.
p. 148-149: "um ânimo quase alegre [...] com Weygand": Macleod e Kelly (eds.), *Ironside Diaries*, p. 328.
p. 149: "perdido uma chance [...] e munição": Colville, *Fringes of Power*, p. 111.
p. 149: "realmente preocupado [...] a esse ponto": Ibid.
p. 149: "observou que [...] para serem montados": CAB 65/13/15, 22 de maio de 1940.
p. 149: "não estavam preparados [...] iriam fazê-lo": Ibid.

p. 149: "me pareceu [...] meios para montá-la": O muito honorável Conde de Avon KG, PC, C, *The Eden Memoirs*, vol. 2: *The Reckoning* (Londres, Cassell, 1965), p. 108.
p. 149: "as forças alemãs [...] muito crítica": CAB 65/7/3, 23 de maio de 1940.
p. 150: "o sucesso todo [...] fariam isso": Ibid.
p. 150: "uma massa fervilhante [...] totalmente desmoralizados": Ibid.
p. 150: "o risco de fracassar [...] portos do canal": Ibid.
p. 150: "o *signor* Mussolini [...] declarar guerra": Ibid.
p. 151: "renova e reitera [...] 'Sim, senhor'": Do senhor Gurney Braithwaite a Churchill, Hansard, HC Deb Series 5, 23 de maio de 1940, vol. 361, c330W.
p. 151: "os alemães já estavam [...] fora iniciada": Gilbert, *Finest Hour*, pp. 384-85.
p. 151: "não havia razão [...] lugar à euforia" : John Colville, *Man of Valour: The Life of Field-Marshal the Viscount Gort, VC, GCB, DSO, MVO, MC* (Londres, Collins, 1972), p. 213.
p. 151-152: "a razão para Weygand [...] '...eles sucumbissem'": Jock Colville em conversa com Martin Gilbert, 21 de janeiro de 1981: Gilbert, *Finest Hour*, p. 385.
p. 152: "havia refletido melhor [...] plano do general Weygand": CAB 65/7/31, 23 de maio de 1940.
p. 152-153: "O primeiro-ministro [...] provavelmente imensas": Rei George VI, diário, 23 de maio de 1940, citado in John Wheeler-Bennett, *King George VI: His Life and Reign* (Londres, Macmillan, 1958), p. 456.
p. 153: "A guerra costuma [...] não haviam recebido instruções": Telegrama de Churchill ao general Weygand, 24 de maio de 1940, Churchill Papers, 20/14, citado in Gilbert, *Never Surrender*.
p. 153: "não tem (repito, não tem) [...] ataque sério": Ibid.
p. 153: "Aqui não recebemos [...] o quanto antes?": Ibid.
p. 153: "o tempo é vital, pois há escassez de suprimentos": Telegrama de Churchill a Reynaud, Churchill Papers, 20/14, citado in Gilbert, *Never Surrender*.
p. 154: "deveria-se solicitar ao presidente Roosevelt [...] lados opostos": CAB 65/7/32, 24 de maio de 1940.
p. 154: "que deveria ser dada uma resposta nesses termos": Ibid.
p. 155: "O único efeito de [...] em seu front": De Churchill ao general Ismay, Churchill Papers, 4/150, citado in Gilbert, *Never Surrender*.

p. 155: "tanques alemães [...] cidade e o mar": CAB 69/1-24 de maio de 1940.

p. 155: "Reforços urgente [...] será arrasada": "Narrative of Operations Conducted from Dover May 21-26, 1940: Calais" (o diário de guerra de Calais), in NA/PRO ADM 199/795, citado in Hugh Sebag-Montefiore, *Dunkirk* (Londres, Viking, 2006), p. 228.

p. 155: "Você deve obedecer [...] e lute": Diário de guerra de Calais, NA/PRO WO 106/1693 e 1750, citado in Sebag-Montefiore, *Dunkirk*, p. 3.

p. 155: "todos soldados de linha, e não preciso dizer mais nada": Ibid., NA/PRO WO 106/1697.

p. 156: "Por favor, descubram [...] lutarem até a morte": De Churchill a Anthony Eden e ao general Ironside, 25 de maio de 1940, Churchill Papers, 4/150, citado in Gilbert, *Never Surrender*.

p. 156: "Ao brigadeiro Nicholson [...] nome da Grã-Bretanha": Diário de guerra de Calais, NA/PRO WO 106/1750, 25 de maio de 1940, citado in Sebag-Montefiore, *Dunkirk*, p. 230.

p. 157: "[um] diplomata italiano [...] em uma recusa": CAB 65/7/33, 25 de maio de 1940.

p. 157: "muito provavelmente [...] a própria política deles": Ibid.

p. 157-158: "Se foi para honrar [...] qualquer evento que se apresente": De Benito Mussolini a Churchill, 18 de maio de 1940, citado in Winston S. Churchill, *The Second World War*, vol. II, *Their Finest Hour* (Londres, Cassell, 1949), pp. 107-8.

p. 158: "com uma abordagem [...] de fraqueza": CAB 65/7/33.

p. 158: "era muito provável [...] muito frágil": Ibid.

p. 158: "o público não tem a menor ideia da situação": David Dilks (ed.), *The Diaries of Sir Alexander Cadogan O.M., 1938-1945* (Londres, Cassell, 1971), 23 de maio de 1940, p. 288.

p. 158: "passeio em Paris [...] forças Aliadas": *Manchester Guardian*, 25 de maio de 1940.

p. 158: "aliados atacam [...] fortemente defendida": *News of the World*, 26 de maio de 1940.

p. 159: "França demite [...] '... o inimigo'": *Sunday Express*, 26 de maio de 1940.

p. 159: "nazistas afirmam [...] perdas do inimigo": *People*, 26 de maio de 1940.

p. 159: "marinha entra em ação [...] bombardeia o inimigo": *Daily Mail*, 27 de maio de 1940.

p. 159: "'enormes' perdas alemãs [...] até agora": *Evening Standard*, 27 de maio de 1940.

p. 160: "combates nas ruas [...] divisões blindadas alemãs": *Daily Express*, 27 de maio de 1940.
p. 160: "a marcha para o mar": Churchill, *Their Finest Hour*, p. 66.
p. 160: "estar preparados [...] Expedicionária Britânica": CAB 63/13/20, 26 de maio de 1940.
p. 160: "temos que encarar [...] nosso próprio Império": Ibid.
p. 160: "o principal desejo de Mussolini [...] paz na Europa": Ibid.
p. 161: "devemos estar naturalmente [...] continuem asseguradas": Ibid.
p. 161: "[P]az e segurança [...] direitos e de nosso poder": Ibid.
p. 161: "uma poderosa alavanca [...] paz em separado": Ibid.
p. 161: "os alemães fariam [...] com a Inglaterra": Ibid.
p. 162: "nossa capacidade [...] fábricas [aeronáuticas] deles": Ibid.
p. 162: "embora estivesse disposto [...] no Mediterrâneo": CAB 65/13/21, 26 de maio de 1940.
p. 163: "não estávamos preparados [...] na guerra": Ibid.
p. 163: "aguentasse firme outros três meses [...] totalmente diferente": Ibid.
p. 163: "a última coisa que [...] teria que avaliar": Ibid.
p. 164: "excessivamente divagante [...] e temperamental": Dilks (ed.), *Diaries of Sir Alexander Cadogan*, 23 de maio de 1940, p. 288.
p. 164: "seria inacreditável [...] aceitaria na mesma hora": Neville Chamberlain, diário, 26 de maio de 1940, citado in David Reynolds, "Churchill and the British 'Decision' to Fight on in 1940: Right Policy, Wrong Reasons", in Richard Langhorne (ed.), *Diplomacy and Intelligence during the Second World War* (Cambridge e Nova York, CUP, 2003), p. 152.
p. 164: "Na discussão [...] cessão de território": CAB 65/13/23, 27 de maio de 1940.
p. 165: "não há limite [...] tivesse como fazê-lo": CAB 63/13/21, 26 de maio de 1940.
p. 165: "ao mesmo tempo [...] combate sério": Ibid.
p. 165-166: "talvez bem maior [...] problema em tentar": Ibid.
p. 166: "assumir uma linha independente [...] pontos de vista": Ibid.
p. 166-167: "melhor não decidir nada [...] da Força": Ibid.
p. 167: "nenhuma opção [...] deveríamos nos separar": Ibid.
p. 167: "Ao mesmo tempo [...] *signor* Mussolini": Ibid.
p. 168: "que Paris provavelmente [...] servir a algum propósito?": Ibid.
p. 168: "se acharmos possível conseguir [...] não aceitá-los": Ibid.

p. 169: "Ele tem uma centena [...] flagrantemente perigosas": citado in Nassir Ghaemi, *A First-Rate Madness: Uncovering the Links between Leadership and Mental Illness*, Londres, Penguin, 2011, p. 61.

p. 169-170: "O primeiro-ministro [...] costa francesa": CAB 65/7/26, 20 de maio de 1940.

p. 170: "andando com ímpeto de um lado para outro [...] nunca iríamos desistir": Capitão Berkley, diário, Berkley Papers, 26 de maio de 1940, citado in Gilbert, *Never Surrender*.

p. 170: "A Operação Dínamo foi iniciada": Ordem enviada do Almirantado, citado in L. F. Ellis, *The War in France and Flanders, 1939-1940* (Londres, HMSO, 1953), p. 182; Gilbert, *Never Surrender*.

p. 171: "combater até o amargo fim": Ismay, *Memoirs*, p. 131.

p. 171: "uma das mais dolorosas da guerra": O muito honorável conde de Avon, KG, PC, MC, *The Eden Memoirs*, vol. 2: *The Reckoning* (Londres, Cassell, 1965), p. 109.

p. 171: "excepcionalmente silencioso [...] evidente falta de vontade": Ismay, *Memoirs*, p. 131.

p. 171: "Sinto-me fisicamente doente": Ibid.

9. Crise no Gabinete e liderança

p. 175: "uma situação ruim [...] aproximam de Dunquerque": Do vice-almirante Somerville a Churchill, 7h15, 27 de maio de 1940, Premier Papers, 3/175, citado in Martin Gilbert, *The Churchill War Papers*, vol. 2: *Never Surrender: May 1940-December 1940* (Londres, William Heinemann, 1993).

p. 175: "o rei dos belgas [...] com a Alemanha": CAB 65/7/36, 27 de maio de 1940.

p. 175: "havia se transferido [...] na luta": Ibid.

p. 175: "considerou que a ação [...] proteção de *Herr* Hitler": Ibid.

p. 175: "ressaltasse bem [...] presente opção": De Churchill a Roger Keyes, 27 de maio de 1940, Churchill Papers, 20/14, citado in Gilbert, *Never Surrender*.

p. 176: "[E]stamos pedindo que se sacrifiquem por nós": De Churchill a lorde Gort, 27 de maio de 1940, Churchill Papers, 20/14, citado in Gilbert, *Never Surrender*.

p. 176: "devemos ceder [...] nossa dívida de guerra": CAB 65/7/36, 27 de maio de 1940.

p. 176: "uma oferta desse tipo [...] nossa segurança: Ibid.

p. 176: "Os Estados Unidos [...] poderia nos ajudar": Ibid.

p. 176: "expedir uma ordem [...] de derrota": CAB 65/13/22, 27 de maio de 1940.
p. 176: "sobre quais são [...] a Itália também": De Churchill a Ismay, 27 de maio de 1940, Churchill Papers, 20/13, citado in Gilbert, *Never Surrender*.
p. 176: "Cadogan": O honorável *sir* Alexander Cadogan, subsecretário Permanente de Estado para Relações Exteriores.
p. 176: "Sinclair": O muito honorável *sir* Archibald Sinclair, baronete, deputado, ministro de Estado para a Força Aérea.
p. 176: "Bridges": O secretário do Gabinete, *sir* Edward Bridges.
p. 177: "Se o *signor* Mussolini [...] seus desejos": CAB 66/7/50, 26 de maio de 1940, "Abordagem Sugerida ao *signor* Mussolini".
p. 177: "O presidente Roosevelt [...] o memorando": CAB 65/13/23, 27 de maio de 1940.
p. 177-178: "nada iria resultar [...] aliado enfraquecido": Ibid.
p. 178: "encorajaria os alemães [...] termos de paz para nós": Ibid.
p. 178: "Se ficar claro que [...] essas abordagens": Ibid.
p. 178-179 : "Ele se sentia cada vez mais [...] tirania nazista": Ibid.
p. 179-180: "embora ele concordasse [...] recusa completa": Ibid.
p. 180: "foi geralmente aceito [...] curso de ação a tomar": Ibid.
p. 180: "leva a gente realmente [...] pensar e refletir": Lorde Halifax, diário, 27 de maio de 1940, Halifax Papers (Borthwick Institute, York), A7/8/3/, p. 142.
p. 180: "profunda diferença de ponto de vista": CAB 65/13/23, 27 de maio de 1940.
p. 180: "Ele não conseguia [...] ao desastre": Ibid.
p. 181: "Na presente ocasião [...] desastre evitável": Ibid.
p. 181: "se sentiria grato [...] ministros do Gabinete de Guerra": CAB 65/13/21, 26 de maio de 1940.
p. 181: "W. C. [Churchill] disse [...] contentar com isso": Neville Chamberlain, diário, 26 de maio de 1940, Neville Chamberlain Papers (Universidade de Birmingham), 2/24A.
p. 182: "Guerras travadas por ideias [...] melhor ainda": Andrew Roberts, *The Holy Fox: A Biography of Lord Halifax* (Londres, Weidenfeld & Nicolson, 1991), p. 289.
p. 183: "Se *Herr* Hitler estivesse [...] seria uma coisa": CAB 65/13/23, 27 de maio de 1940.
p. 183: "era muito improvável [...] nesse sentido": Ibid.
p. 183-184: "O ministro do Exterior [...] discuti-los?": Ibid.

p. 184: "Achei que Winston [...] iriam se separar": Lorde Halifax, diário, 27 de maio de 1940, p. 142.
p. 185: "ficou surpreso e abrandou o tom": Ibid.
p. 185: "que não se juntaria à França [...] considerá-los": CAB 65/13/23, 27 de maio de 1940.
p. 186: "bom ânimo [...] presidente Roosevelt": Ibid.
p. 186: "Não consigo mais trabalhar com Winston": David Dilks (ed.), *The Diaries of Sir Alexander Cadogan O.M., 1938-1945* (Londres, Cassell, 1971), p. 291.
p. 186: "Bobagem: suas fanfarronices [...] no calor do momento": Ibid.
p. 186: "a hipérbole que [...] ser evitado": Roberts, *Holy Fox*, p. 298.
p. 186: "cheio de desculpas e de afeto": Lorde Halifax, diário, 27 de maio de 1940, p. 142.
p. 186-187: "esperava que ele realmente [...] decisões precipitadas": Dilks (ed.), *Diaries of Sir Alexander Cadogan*, p. 291.
p. 187: "O Gabinete defende [...] e independência": John Colville, *The Fringes of Power: Downing Street Diaries 1939-1955* (Londres, Hodder and Stoughton, 1985), 19 de maio de 1940, p. 109.
p. 187: "ainda mais desesperadora [...] durante a empreitada": CAB 69/1, 27 de maio de 1940.
p. 187: "estavam agora pagando [...] agora se defronta": Ibid.
p. 187: "telegrafara ao seu [...] 27 para 28 de maio": Conversação telefônica entre o major-general *sir* Edward Spears e Churchill, 27 de maio de 1940, Cabinet Papers, 65/7, citado *in* Gilbert, *Never Surrender*.
p. 187: "O Comitê de Defesa [...] armistício belga": CAB 69/1, 27 de maio de 1940.
p. 187-188: "importância de assegurar [...] invadissem Dunquerque": Ibid.
p. 188: "deveria ser expedida uma declaração [...] pemitir fazer isso": CAB 65/7/38, 27 de maio de 1940.
p. 188: "à meia-noite [...] subiu e foi deitar": Colville, *Fringes of Power*, p. 109.
p. 189: "um dia muito negro": Lorde Halifax, diário, 28 de maio de 1940, p. 143.
p. 189: "Governo belga [...] rompido de vez": CAB 65/7/39, 28 de maio de 1940.
p. 189: "Todos os movimentos dos soldados [...] será esmagada": Ibid.
p. 189-190: "Um número considerável [...] ficaria grave": Ibid.

p. 190: "de uma declaração sincera [...] pronunciamento curto": Ibid.
p. 190-191: "A situação dos exércitos [...] nossos inimigos": Churchill, Hansard, HC Deb Series 5, 28 de maio de 1940, vol. 361, cd. 421-2.
p. 191: "[Nós] sequer chegamos perto [...] deste país": Mr. Lees-Smith, in ibid.
p. 191: "a digna declaração [...] de toda a nação": *Sir* Percy Harris, in ibid.
p. 191: "uma atmosfera [...] iminente infortúnio": Roberts, *The Holy Fox*, p. 300.
p. 191: "resposta absolutamente negativa": CAB 65/13/24, 28 de maio de 1940.
p. 191: "devíamos dar uma clara indicação [...] Itália como mediadora": Ibid.
p. 191: "claro o propósito dos franceses [...] essa posição": Ibid.
p. 192: "que deveríamos afirmar [...] concessões à Itália": Ibid.
p. 192: "os franceses estavam tentando [...] esse país": Ibid.
p. 192: "espectro mais amplo [...] considerar esses termos": Ibid.
p. 193: "não devíamos ignorar o fato [...] daqui a três meses": Ibid.
p. 193: "O *signor* Mussolini [...] para nós agora": Ibid.
p. 193: "tão errado [...] nos fossem oferecidos": Ibid.
p. 193: "[A]s nações que caíram [...] como capitulação final": Ibid.
p. 193-194: "era necessário levar em conta [...] às pessoas": Ibid.
p. 194: "embora dolorosos [...] no momento presente": Ibid.
p. 194: "uma das mais extraordinárias cenas da guerra": Martin Gilbert, *Winston S. Churchill*, vol. 6: *Finest Hour, 1939-1941* (Londres, Heinemann,1983), p. 419.
p. 196-197: "À tarde [...] pelo próprio sangue": Ben Pimlott (ed.), *The Second World War Diary of Hugh Dalton* (Londres, Jonathan Cape, 1985), pp. 27-28.
p. 198: "Ali ocorreu [...] quase todo o povo": Winston S. Churchill, *The Second World War*, vol. II, *Their Finest Hour* (Londres, Cassell, 1949), p. 88.
p. 198-199: "Eles não expressaram [...] tão enfático": CAB 65/13/24, 28 de maio de 1940.
p. 199: "Outro Gabinete a 4 [...] abordagem de Roosevelt": Lorde Halifax, diário, 28 de maio de 1940, p. 144.
p. 199: "Um clarão branco [...] de ponta a ponta": Churchill, *Their Finest Hour*, p. 88.

10. "Lutaremos nas praias"

p. 201: a "Luftwaffe [...] 25 navios": Douglas C. Dildy, *Dunkirk 1940: Operation Dynamo* (Oxford, Osprey, 2010), p. 9.

p. 203: "mágico [...] sendo enviadas a Roma": General *Sir* Edward Spears, *Assignment to Catastrophe*, 2 vols. (Londres, William Heinemann, 1954), vol. 1, p. 255.

p. 203-204: "Nesses dias sombrios [...] e a nossa Causa": Churchill aos ministros do Gabinete e altos oficiais, 29 de maio de 1940, Premier Papers, 4/68/9, citado in Martin Gilbert, *The Churchill War Papers*, vol. 2: *Never Surrender: May 1940-December 1940* (Londres, William Heinemann, 1993).

p. 204: "a entrada da Itália na guerra [...] e apenas dele": CAB 65/7/41, 29 de maio de 1940.

p. 204: "desagradável": David Dilks (ed.), *The Diaries of Sir Alexander Cadogan O.M., 1938-1945* (Londres, Cassell, 1971), p. 292.

p. 204: "orientações definidas [...] em último recurso": CAB 65/13/25, 29 de maio de 1940.

p. 204: "continuar a luta [...] aos alemães": Ibid.

p. 205: "[Ele] não estava totalmente [...] do massacre": Ibid.

p. 205: "[e]m uma situação desesperadora [...] a lorde Gort": Ibid.

p. 205: "Um comandante [...] resistir e capitular": Ibid.

p. 205-206: "lorde Gort pode muito bem [...] linhas sugeridas [por Attlee]": Ibid.

p. 206: "[uma] horrível discussão [...] teatralidade": Dilks (ed.), *The Diaries of Sir Alexander Cadogan*, p. 292.

p. 207: "essencial que os franceses [...] reduzidas ao mínimo": De Churchil a Anthony Eden, general Ismay e general Dill, 29 de maio de 1940, Premier Papers, 3/175, citado in Gilbert, *Never Surrender*.

p. 207: "Seus relatos muito [...] o que quer que eles façam": De Churchill ao general Spears, 29 de maio de 1940, FO Papers, 800/312, citado in Gilbert, *Never Surrender*, p. 000.

p. 207: "Se você ficar sem [...] em suas mãos": De Churchill a lorde Gort, 29 de maio de 1940, Premier Papers, 3/175, citado in Gilbert, *Never Surrender*, p. 000.

p. 207: "em grande forma": Coronel Roderick Macleod, DSO, MC, e Denis Kelly (eds.), *The Ironside Diaries: 1937-1940* (Londres, Constable, 1962), p. 344.

p. 207: "a dedicação de Winston é impressionante": John Colville, *The Fringes of Power: Downing Street Diaries 1939-1955* (Londres, Hodder and Stoughton, 1985), p. 115.

p. 207: "os soldados franceses participassem [...] uma nova FEB": De Churchill a Reyanud , 29 de maio de 1940, Premier Papers, 3/175, citado in Gilbert, *Never Surrender*.
p. 207: "isso é apenas para [...] soldados na França": Ibid.
p. 207: "com total camaradagem [...] francamente comigo": Ibid.
p. 208: "Deus o abençoe [...] ir com você": Capitão Pim, rememorações, 29 de maio de 1940, Pim Papers, citado in Gilbert, *Never Surrender*.
p. 208: "ainda ensopado [...] nossa salvação": John Spencer-Churchill, *Crowded Canvas* (Londres, Odhams, 1961), pp. 162-63.
p. 208: "a neblina estava agora [...] na evacuação": CAB 65/7/43, 30 de maio de 1940.
p. 208: "O general Weygand [...] toda a diferença": CAB 65/13/26, 30 de maio de 1940.
p. 208-209: "como deveremos fazer [...] no presente momento": Ibid.
p. 209: "sempre preferiu ver as coisas [...] em primeira mão": Lionel Hastings, Barão Ismay, *The Memoirs of General the Lord Ismay K.G., P.C., G.C.B., C.H., D.S.O.* (Londres, Heinemann, 1960), p. 136.
p. 209: "exército britânico [...] pudesse prosseguir": CAB 69/1, 30 de maio de 1940.
p. 209: "dano irreparável": Ibid.
p. 209: "massas desordenadas [...] o mais rápido possível": Ex-detetive inspetor W. H. Thompson, *I was Churchill's Shadow* (Londres, Christopher Johnson, 1951), p. 41.
p. 209: "era corajoso [...] ocupar sua mente": Ismay, *Memoirs*, p. 133.
p. 209-210: "até o meio-dia daquele dia [...] aos britânicos": CAB 99/3, 31 de maio de 1940.
p. 210-211: "Dunquerque não poderia [...] do Norte": Ibid.
p. 211: "Ele não conseguia acreditar [...] em poucos dias": Ibid.
p. 212: "concordava inteiramente [...] em sua história": Ibid.
p. 212: "no momento psicológico crucial [...] valor inestimável": De *sir* Ronald Campbell a lorde Halifax, 31 de maio de 1940, Foreign Office Papers, 800/212, citado in Gilbert, *Never Surrender*.
p. 212: "Ele lidou com os franceses [...] à submissão": Ibid.
p. 212: "desordenada [...] revela-se irritante": Lorde Halifax, diário, 30 de maio de 1940, Halifax Papers (Borthwick Institute, York), A7/8/4, p. 146.
p. 213: "tipicamente voltada para [...] na plateia": Definição de peroração, *Oxford English Dictionary* (Oxford, Oxford University Press, 2017).

p. 213: "O rei diz [...] França também!": Ben Pimlott (ed.), *The Second World War Diary of Hugh Dalton* (Londres, Jonathan Cape, 1985), 31 de maio de 1940, p. 31.

p. 213: "Operação Dínamo [...] e expectativas": Ismay, *Memoirs*, p. 135.

p. 213: "Dunquerque valia [...] Estados Unidos": Lorde Halifax, diário, 30 de maio de 1940, p. 147.

p. 213: "os acontecimentos [...] Estados Unidos": CAB 65/7/46, 1º de junho de 1940.

p. 214: "a respeito de enviar [...] vamos derrotá-los": Colville, *Fringes of Power*, p. 115.

p. 214: "Acredito que devemos [...] deve ser permitida": De Churchill a Desmond Morton, Premier Papers, 7/2, citado in Gilbert, *Never Surrender*.

p. 214: "destacou a importância [...] perdas navais": CAB 79/4, 1º de junho de 1940.

p. 215: "Há poucos motivos [...] as forças": Harold Nicolson, *Diaries and Letters 1930-1964*, ed. Stanley Olson (Harmondsworth, Penguin, 1984), 1º de junho de 1940, p. 186.

p. 215: "Qual será o aspecto da Europa [...] Alemanha invadiu": Pimlott (ed.), *Second World War Diary of Hugh Dalton*, 3 de junho de 1940, p. 34.

p. 215: "Tudo conspira contra [...] imensa ilha": R. R. James (ed.), *Chips: The Diaries of Sir Henry Channon* (Londres, Weidenfeld & Nicolson, 1993), 2 de junho de 1940, p. 255.

p. 215 : "Durante todos aqueles dias terríveis [...] Grã-Bretanha dependia": *Sir* John Martin, *Downing Street: The War Years* (Londres, Bloomsbury, 1991), p. 5.

p. 216: "um pouco rude com o Alto-Comando francês": De Anthony Eden a Churchill, 3 de junho de 1940, Churchill Papers, CHAR 9/172/104.

p. 216: "Embora os Estados Unidos [...] mais sombrio": Churchill, anotações para o discurso em 4 de junho de 1940, Churchill Papers, CHAR 9/172/23.

p. 216: "expresse compaixão! [...] e desaparecidos": Ibid., CHAR 9/172/16.

p. 216-217: "tremendo cuidado [...] forma de salmo": Entrevista com *sir* John Martin em 1973, BBC Archives, "Remembering Winston Churchill", <http://www.bbc.co.uk/archive/churchill/11021.shtml>.

p. 217: "[um] milagre de libertação [...] de evacuações": Churchill, Hansard, War Situation, HC Deb Series 4, 4 de junho de 1940, vol. 361, cd. 787-98.
p. 217-218: "Poderia haver um objetivo [...] milhares de aviadores": Ibid.
p. 218: "Nunca houve [...] nobre cavaleiro": Ibid.
p. 218: "tiranos continentais": Ibid.
p. 218-219 : "Eu próprio tenho [...] libertar o velho": Ibid.
p. 219: "O discurso foi [...] às lágrimas": James (ed.), *Chips*, 2 de junho de 1940, p. 255.
p. 219: "que tinham o coração de leão [...] dar o rugido": Churchill, discurso no Westminster Hall, 30 de novembro de 1954, em seu aniversário de 80 anos, Churchill Papers, CHAR 5/56B/235.
p. 219: "Lutarei diante de [...] atrás de Paris": Georges Clemenceau, discurso em Paris, novembro de 1918, citado in Donald McCormick, *The Mask of Merlin: A Critical Study of David Lloyd George* (Londres, Macdonald, 1963), p. 143.
p. 219: "o orador é [...] da multidão": Winston S. Churchill "The Scaffolding of Rhetoric", Churchill Papers, CHAR 8/13/1-13.
p. 219-220: "refletia de modo eloquente e direto [...] múltiplas nuances": Winston S. Churchill, *Blood, Toil, Tears and Sweat: The Great Speeches*, ed. David Cannadine (Londres/Nova York, Penguin, 2007), Introdução, p. xxii.
p. 220: "De todos os talentos [...] a direcionar": Churchill "The Scaffolding of Rhetoric".

Epílogo: Se a verdade fosse contada

p. 222-223: "Todos os partidos [...] escrever essa história": Churchill, Hansard, Commons Sitting, HC Deb, 23 de janeiro de 1948, vol. 446, cd. 556-62.
p. 224: "Há mais sangue [...] nessas mãos": Ver por exemplo Nigel Jones, "Churchill and Hitler: At Arms, at Easels", *History Today*, vol. 64, edição 5, maio de 2014.
p. 224: "ao mesmo tempo simples [...] capcioso ou promotor de intrigas": Winston S. Churchill, *Blood, Toil, Tears and Sweat: The Great Speeches*, ed. David Cannadine (Londres/Nova York, Penguin, 2007), Introdução, p. xxii.

ÍNDICE REMISSIVO

Este livro foi composto em Adobe Garamond Pro e Bliss Pro e impresso pela
RR Donnelley para a Editora Planeta do Brasil em novembro de 2017.